集百强管理精髓　聚明源十年硕果

房地产项目运营最佳实践

★【行业最佳】凝聚地产百强运营管理智慧，沉淀行业最佳实践与经验
★【明源硕果】明源十年研究提炼，“管理 +IT”模式支撑项目运营落地
★【专业解读】强化利润管控，投资收益跟踪贯穿项目全生命周期管控
★【实战特色】弱化理论说教，强化实战落地；来于实践，再用于实践

明源地产研究院 ◎ 编著

中国建筑工业出版社

图书在版编目（CIP）数据

房地产项目运营最佳实践/明源地产研究院编著．北京：中国建筑工业出版社，2011.8
ISBN 978-7-112-13381-9

Ⅰ．①房… Ⅱ．①明… Ⅲ．①房地产－项目管理
Ⅳ．①F293.3

中国版本图书馆CIP数据核字（2011）第141501号

责任编辑：封 毅
责任设计：陈 旭
责任校对：王誉欣 赵 颖

房地产项目运营最佳实践
明源地产研究院 编著
*
中国建筑工业出版社出版、发行（北京西郊百万庄）
各地新华书店、建筑书店经销
北京京点设计公司制版
北京云浩印刷有限责任公司印刷
*
开本：787×960毫米 1/16 印张：17½ 字数：300千字
2011年10月第一版 2017年11月第十二次印刷
定价：48.00元
ISBN 978-7-112-13381-9
(21149)

内容提要

未来房地产项目运营管理应该成为房企做大做强过程中的规模发动机和利润监控者，目前整个国内房地产项目运营管理正在从粗放型向规范型过渡，但不同企业在不同发展阶段和一二三线城市差异性布局也带来项目运营管理策略和方法的差异性。本书立足当前国内房地产跨区域、多项目发展背景，根据国内200多家标杆房企的管理实践和经验教训，最终沉淀出一套相对成熟且实战的项目运营管理理念和模式，强调对于房企项目运营管理模式而言，没有最好最完美，唯有合适才是选择关键。全书共分8章，包括：项目运营概述；房地产项目组织选择与管控；房地产项目投资收益跟踪管理；房地产项目计划管理；房地产项目运营会议决策管理；房地产成本管理；房地产项目营销管控；房地产项目运营绩效管理。

本书读者群主要为房地产中高层管理者，尤其推荐给房地产企业的董事长、总经理、项目运营负责人以及房企集团业务职能线的负责人和管理者。

本书编委会

序

这本书在命名时，我们曾在“项目运营管理”和“项目运营最佳实践”反复斟酌，但思绪再三，终究还是选择了略显拗口的“最佳实践”，我们将书名朗朗上口的标准彻底让位于价值凸现的标准。信息时代，我们往往不缺理论，而真正基于客观现实和实战真知基础上的“最佳实践”，往往成为一种稀缺，而这本书，正是立足中国房企项目运营管理实战的经验教训，广泛吸收地产百强先行一步所沉淀的经验教训与成败得失，规律的总结，经验的沉淀，实战的落地，榜样的力量——这些正是我们选择最佳实践所要表达的价值。

伴随持续的宏观调控和市场竞争的持续加剧，依靠土地增值的粗放时代已经一去不复返了，转而以勤练内功，依靠运营增值的模式渐渐为广大房企所接受。某种意义上，中国房地产企业做大做强必将走向不同业态以及不同区域的跨区域、多项目运营状态，而在这条成长的路上，能够在同一时间同时运作多个处于不同区域、不同开发周期的项目，成为每个成长规模房企必须磨练的基本功，也更是一个房地产开发企业管理成熟的标志。

诚然，本书阐述了中国诸多标杆房企先进的管理模式和实战的策略思想，但我们更想强调的是，对于当前国内房地产项目运营管理模式和策略而言，没有最好，唯有最合适，以至于万科、龙湖卓越的项目运营模式并不一定就适合你的企业。运营管理首先强调认清企业现实，然后才是因地制宜，量体裁衣。在现实的项目运营管理中，并非粗放就一定坏，而同样精细管理也不一定就合适，与企业现状、人力、物力、财力、文化等客观匹配的管理才是答案！

对于诸多还在项目运营管理起步阶段的房企而言，学习标杆，结合自身变通的拿来主义往往是非常快捷实效的策略，而本书“最佳实践”的沉淀正是百强运营管理精髓所在，属于先行者摸着石头过河经验教训的系统总结，而在具体的模仿与变通学习时，我们相信，学习标杆的过程往往不是学习标杆做了什么，而更多是告诉你项目运营管理不做什么？很多时候做战略的减法、理性的务实更为实效。

另外，本书提炼和总结的项目运营管理最佳实践虽然已经在诸多房企中模仿学习和实践落地，也展现出它强大的生命力和实战性，但是我们依然清醒这套体系和做法只是过去和当前房企项目运营做得比较优秀的，它也存在一定程度的局限和不足；另外，伴随房地产行业持续演变和企业竞争格局的改变，整个项目运营管理体系还在动态的调整和不断优化中，未来是否走向类似制造企业的运营管理，我们不得而知，但有一点我们却肯定无疑，那就是我们愿意与广大地产同仁一起，共同研究和协助提升中国房地产项目运营管理的整体水平。路漫漫其修远兮，我们一直在求索！

明源地产研究院院长　姚武

2011 年 7 月于深圳

目录 CONTENTS

房地产项目运营最佳实践

第1章

项目运营：规模发动机、利润监控者

第2章

房地产项目组织选择与管控

第3章

房地产项目投资收益跟踪管理

第4章

房地产项目计划管理

第5章 房地产项目运营会议决策管理

第6章

房地产成本管理

第7章

房地产项目营销管控

第8章

房地产项目运营绩效管理

第一章

CHAPTER 01

项目运营：规模发动机、利润监控者

为什么做了10年项目与做了2～3年项目的管理水平差别不大？

为什么万科300个人做10个楼盘，而东京建屋却是60个人做20个楼盘？

为什么单纯做一个项目游刃有余，而一旦同时运作三五个项目就手忙脚乱？

为什么一个项目运营的错误，却在集团不同区域、不同项目交替出现，一犯再犯？

……

一场基于房地产企业“项目运营管理”提速的迫切需要，在每个房企运营老总心里呼喊。

随着房地产企业集团化、规模化优势的凸显，跨区域多项目发展成为众多房地产企业战略的不二选择，这种基于战略突围、规模膨胀和加速布局的扩张动力，也带来了地产行业洗牌的广度和竞争的深度，整个行业迅速步入战略重组、结构调整、竞争白炽的变局阶段，越来越多的房地产企业开始由早期的关注外部转向依靠自身内部管理来应对外部多变的环境，投机主义慢慢被扼杀，一场基于内部管理变革，强化内功的管理比拼同样“山雨欲来风满楼”。

第一节 为什么需要项目运营管理

一、内忧外患，项目运营管理“提速”势在必行

1. 经营转型：从“土地增值”到“运营增值”转型

珠江新城L2地块“晒太阳”12年升值11倍！金沙洲地块闲置近3年升值21倍！

这是2010年网络爆出的两条新闻，11倍，21倍，这些数字让我们惊诧，但这种依靠土地增值的投机发展模式已经渐渐成为房地产发展初期的产物，面对越来越规范的房地产市场，依靠土地增值的模式已经一去不复返。

从2008年7月1日起，深圳加大了对闲置土地的处理力度，如超过约定期限不开工的，每年按土地出让金的20%收取闲置费；闲置两年以上的，政府将依法收回土地。截至2008年9月26日，深圳市已依法收回闲置土地87万平方米，另有多宗闲置土地正在进入依法收回程序。此外，深圳已征收土地闲置费11276万元，其中一宗地块涉及的土地闲置费高达5640万元。而广州国土房管局也针对国土资源部清理的1457宗闲置土地黑名单，将旗下54宗闲置土地的33宗用地作出限期开发处置，并相继收取土地闲置费3325万元，目前基于土地闲置的严打依旧在继续。

2. 外围挤压：政策调控，竞争加剧，强化管理内功是对策

中国楼市就是典型的“政策市”，无论过去调控的既成事实，还是将来一段时间的政策演变，中国楼市“热也政策、冷也政策”的格局依旧显著，我们清晰看见无论是这些年的土地交易政策还是营业增值税等各项税收政策；无论是按揭比率还是建筑户型比例；无论是基于行政力的限购政策还是金融的限贷政策，国家宏观调控可谓“面面俱到并且来势汹汹”，这种持续多轮的宏观调控也直接造成了2008年、2010年等多轮的楼市寒冬，总有一大批房地产企业相继破产，

顺驰便是庞大破产队伍中一个代表。

3. 管理瓶颈：运营乏力，强化项目运营管理势在必行

随着房企跨区域、多项目发展，企业管理的半径、管理的幅度、管理的复杂度都迅速增加，尤其是对项目管理只注重项目业务操作，而不关注项目管理经验和业务知识的有效沉淀，导致很多项目总经理无奈说道："做了十多年的房地产项目，我们现在的问题不是不知道如何把一个项目做好，而是没有足够的经验同时开发管理多个项目。"

这似乎是一种必然，因为当多项目同时推进的时候，项目负责人会发现原来简单易行的工作难以完成了，决策需要的信息开始复杂和多维，单人决策的风险越来越大，各项目开始争夺有限的资源（资金、技术、人力等），而项目参与各方很难步调一致地推进项目，部门间扯皮和矛盾越来越多。

这种内部管理矛盾和问题也自然带来项目计划完成率延期，项目指标接二连三地下滑，目标成本变动率、月度资金计划偏差率都在大幅度增加，而总部与一线也定位不清，很多工作总部抢着干，很多工作又相互等着对方干，最终带来项目运营目标整体不佳。

综合而言，项目运营管理水平将直接决定整个项目的最终收益率，项目运营管理能力将成为房地产企业最重要的核心竞争力之一。

二、新锐房企"先人一步"，运营管理"硕果累累"

1. 项目运营管理组织相继构建

强化和提速项目运营管理能力，在许多标杆房企早已启动，而在这个过程中，组织流程制度的构建往往是根本保障。对此，华远地产在2004年就针对运营管理成立计划信息部，2006年更名为运营管理部，其部门职责核心针对华远内部组织管理、项目计划管理、资本运作管理、商业经营管理以及流程建设和信息化管理。首创也在2005年成立运营管理中心，上海世茂地产在2006年成立运营管理部，华润置地也在2007年成立运营管理部，龙湖也相应成立了极具特色

的 PMO 项目管理办公室。

项目运营组织在企业中究竟如何定位？项目运营组织本身不应该是一个权力机构，不能像董事会一样拍板决策，也不会去审批预算或者批准合同；同时也不完全像一个职能部门，负责某一方面（例如成本管理）的专职业务，它的成立在于为项目整体运营提速提效。

2. 项目运营管理水平加速度提升和蜕变

标杆企业不仅构建了项目运营相应的组织、流程和制度，同时也在快速稳健地推动项目运营管理的落地，从早期单项目管理，到多项目粗放式管理，再到区域化、专业化运营管理，最后到通过运营筹划支撑企业发展战略，运营管理的水平和能力在快速蜕变，其运营管控对象也由早期的“计划督办”到“多项目协调”，再到“以项目运营分析实现项目规划目标”，最后到“在战略框架下支撑投融资管理”的转变。项目运营管理在房地产企业整体经营和业务发展中所扮演的角色越来越重要，而其带动的整体效率和效益的倍增价值更是不可小觑。

3. 成就竞争优势，标杆越来越重视项目运营

越来越多的房企开始强调自身项目运营管理的重要性，其中龙湖地产在《2009 年龙湖债募集说明书》中强调“健全的项目运营管理体系”是龙湖的三大核心竞争力之一。龙湖整个健全的运营管理体系包括进度计划管理模块、阶段性成果管理模块、成本管理模块、运营决策会议管理、采购及分供方管理模块、知识管理、资金预算管理等。在项目运营过程中，项目团队可以借助公司设立的标准化工具、流程、模板进行快速的运营决策和操作，以实现项目规模化发展（图 1-1-1）。

国内最大的房地产 W 企也对项目运营尤为重视，W 企一直坚持项目快周转的运营策略，具体通过改变关键流程即通过工作前置，实现项目运营的效率和时间周期，并在管理上通过集中决策快速支撑项目运营，通过产品标准化、部件模块标准化等缩短技术研发和技术决策的周期，最终缩短项目开发周期。最终 W 企也因为高效运营管理，实现项目平均占用资金降低 25%，资金成本降低 60 元 / 平方米，集团净资产每年也多周转 0.2 次，集团平均开发规模可提高 20%。

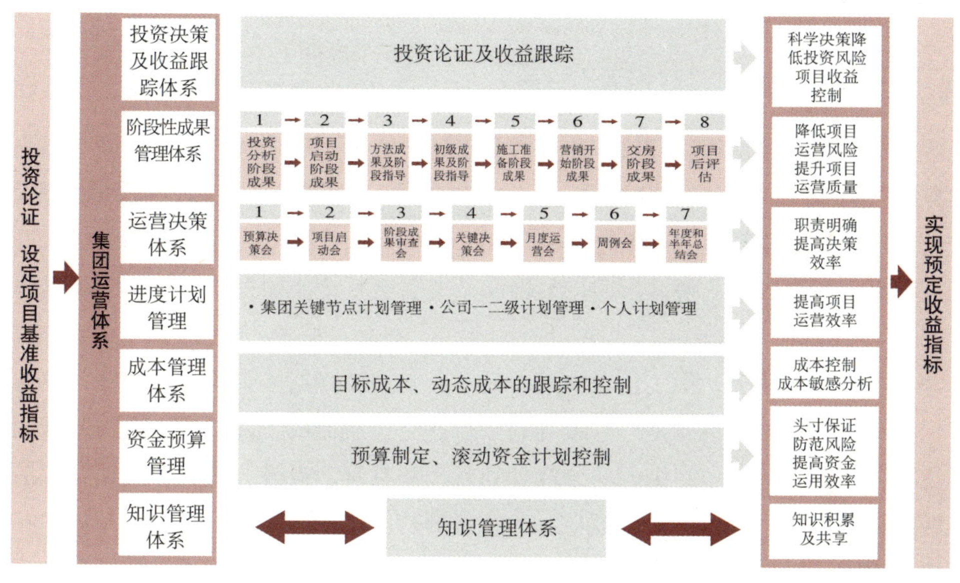

图 1-1-1

三、项目运营：规模发动机，利润监控者

1. 房企规模“发动机”

做大做强是每一个房地产企业发展的目标，而房企做大更多体现在项目销售收入、总资产、规模面积、项目多少等诸多指标。因此如何通过商业模式和管理内功做强的同时去兑现企业规模的扩大，这就需要强有力的项目运营管理能力。

项目运营管理本身强调项目的运转速度，也就是项目运营的效率，卓越的项目运营管理很大程度上体现在项目整体运营周期长短、项目运营收益多少、资金周转次数等，它也必然带来项目数量、体量乃至规模的整体增加。某种意义上，项目运营管理成为房企规模的发动机。

2. 房企利润的“监控者”

项目运营管理组织好比军队中的参谋部，它不是一个负责某一方面专职业务的职能部门，而是站在集团层面、战略的高度、运营集团标准化运营管理体系，从项目整体经营管理的角度来发现问题、分析问题并协助相关职能部门或项目公司提出解决问题的协调部门。某种意义上它是整个集团公司决策层的参谋和智囊。

在具体业务上，很多企业认为项目运营管理就是对项目计划的管理，整体保证整个项目进度也就是一二级计划节点按时按质完成，并在这个过程中强调集团、城市、项目之间纵向的分级计划管理和投资、设计、工程、营销等职能线的横向协同。这应该说是项目运营管理的初级阶段，不少标杆房企开始站在更高视野去管控项目运营，那就是做好公司和项目利润的监控，具体按照价值链和利润特点针对项目价值链的前端进行严格管控，对项目运营的整个投资收益过程进行监控和追踪，最终成为项目利润的监控者。在具体利润监控中，项目运营负责人往往通过投资收益跟踪体系、项目关键节点、项目运营里程碑会议和项目运营绩效考虑去实现利润的有效监控。

第二节 项目运营管理是什么

一、房地产项目运营管理的昨天与今天

不少房地产项目总经理说，我们做了十几年的房地产，最大的问题不是如何做好项目，而是不知如何管理好项目。而这种无奈在面临企业跨区域、多项目发展时尤为显著。

项目运营管理本身部门跨度大、时间周期长、各类风险多，尤其是大多职

能式项目组织的企业，早期的项目运营就仅仅聚焦项目的计划管理，强调各职能部门按照起初制定的项目关键节点按时按质完成，但往往计划经理毫无职权，且专业的复合型严重不足，在跨部门协调和平衡时，往往缺乏决策实权而且自身又很难给出专业意见，整个岗位沦为摆设，最终项目运营在基本的计划管理上也依旧粗放。

现代的项目运营管理需要从“运营”的角度，实现对项目整体、跨职能线的全方位管理。即在“关注项目整体、具体运作”的同时，也密切“关注项目的资金运作、项目的利润与投资收益率”，这与早期的工程项目管理大有不同，具有鲜明的房地产特色。

现代项目运营管理特点具体如表 1-2-1 所示。

现代项目运营管理特点 表 1-2-1

管控点	传统项目运营管理	现代项目运营管理
工程质量 PK 工作质量	普通的项目质量管理更多关注工程建造的产品质量	关注项目工程计划完成的工作项质量，而工作项质量是基于工程质量基础之上
产品工艺质量 PK 客户视角产品设计	站在设计师角度，关注产品设计风格和细节，因此存在很多“设计细节、产品工艺没问题，但客户却对细节不认同”问题，比如住宅具有一定裂缝工艺是达标的，但客户却不愿意看见	站在客户需求的角度，关注产品设计，满足客户习惯
建造过程 PK 项目全过程	将项目管理片面地聚焦在关注工程建造的进度	全程聚焦项目开发的全生命周期，不只是关注项目 / 产品的“建造过程”
工程付款计划 PK 动态现金流	工程付款计划仅仅只关注付款，没能与计划联动	实现资金收支双线管理； 计划管理与资金管理联动，计划变了资金计划也就相应变了
业务效率 PK 管理效率	只关注业务效率，而不是管理的协同效率	强调“横向科学分工，纵向合理授权”不只是处理各专业部门的“业务功能”，同时还关注“实时的项目协同与共享”

二、房地产项目运营管理“是”什么

1. 房地产项目管理的含义

运营管理（Operations Management）本身是什么？它是指在分析企业内、外部环境的基础上，通过融资、投资、调度等运营策划与管理手段，把控企业经营状况，从而实现资源效率的最大化。

房地产项目运营管理（POM，Project Operation Management）则重点聚焦房地产项目开发的全生命周期，从项目进度、质量、成本和现金流四条主线实现对整个项目的全面管理，覆盖项目发展（包括项目论证、项目策划）、规划设计、项目建设（包括采购招投标、施工等）和销售及服务等项目运营管理的重要阶段，从而实现对整个项目规范化、流程化和精细化的全方位运营管理。另外，在科学集分权下的集团管控模式和专业高效的各专业职能线的支撑和辅助下，整个项目运营管理水平将不仅直接决定整个项目的最终收益率，还将真正反映出一个房地产企业管理的真实内功。

为更好理解房地产项目运营管理含义，我们不妨看一下某标杆房地产企业项目运营管理的职能描述。

【案例】某标杆房地产企业项目运营管理的职能

➢ 战略定位：项目运营好比房企集团决策层的参谋和智囊，它需要站在集团层面，战略的高度，从项目经营整体运营角度针对项目运营各阶段问题、资源进行整体协调。其次，项目运营管理要针对国家政策、行业走势、市场竞争等进行宏观的研究，也要对内部运营规章制度、流程、信息化等管理进行研究，最后运营管理属于项目运营职能线的协调者，在权责上，应该说项目运营管理部门本身没有决策权，但有建议权，它好比军队中的参谋部。

➢ 项目运营规章制度：为更好地提升项目运营效率，强化各职能部门有效协同，围绕项目整体管理，制作相应整体和各专业线的运营规章制度。

➢ 项目绩效考核：根据考核办法，参照运营计划，对实际工作绩效进行量化考核，目前房企比较欠缺的是基于项目运营去构建绩效驱动管理体系。

➢ 运营管理报告：针对项目运营具体执行情况，根据自己管理水平和执行力，设立关键性成果报告、月度运营报告等，以此作为信息传达和会议的必备材料。

➢ 项目预警和强控：根据经验值、调研研判项目风险，将风险提前识别并采取对策，有效规避和减弱风险，比如真实成本管理超支一定比例时进行提前预警，如果超过更多比例时达到警戒值，集团就对项目的成本合同等直接叫停。

➢ 流程优化：根据风险管控、战略发展和客户增值需要，对业务流程提出调整优化。

➢ 项目开发知识管理：建立项目经验分享机制，设立项目开发的经验值和管理标准。

➢ 运营信息归集：项目档案建立，搜集、建立各项目基本资料，类似身份证和个人简历一样，针对项目进行信息归集，另外针对项目运营构建月度运营报表。

➢ 团队建设人才培养：通过系列培训，训练操作团队，做好人才培养。

2. 如何评价运营管理能力：W 房企的评价方法

国内某标杆房企 W 企管理层认为，为更好顺应外部市场竞争和宏观政策环境的变化，W 企需要加快项目开发节奏，缩短项目从立项到开工的时间，进而增加开工面积和竣工面积，通过这种“均好中加速”的策略，以期实现公司有质量的增长，提高资产回报率、人均产出水平。为此，W 企通过对项目开发流程进行了调整，通过将项目决策前置，缩短项目开发周期。并在具体操作上，W 企针对所有分公司，由集团项目运营委员会负责根据各一线公司、各项目运营计划及实际管理情况，对一线公司的项目运营能力进行评估和考核，其选取的指标称之为项目营运能力指数，其定义为：以项目为基本单位，项目在开发计划、盈利水平、资金流等方面的实际操作，与计划比较的相对差距；具体而言，以项目运营能力为综合指数，由项目开发能力、项目经营能力、项目现金流完成能力三个指标加权平均形成。

项目运营能力指数的构成如图 1-2-1 所示。

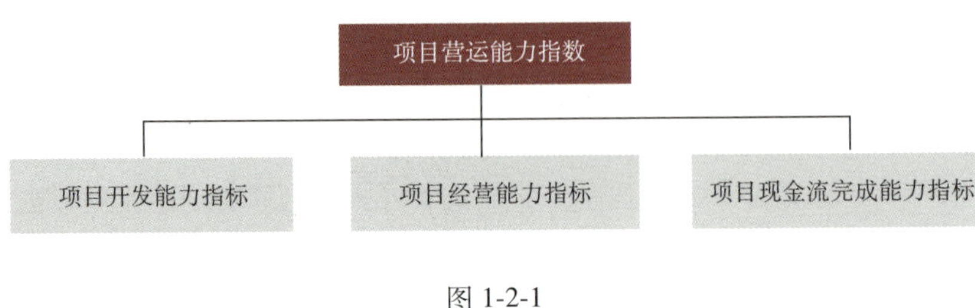

图 1-2-1

其中：

➢ 项目开发能力指标：年度内项目各期项目开发计划执行偏差，主要强调对方案阶段、施工图阶段、主体施工、开盘 4 个关键阶段的计划执行偏差。

➢ 项目经营能力指标：本年度项目实际项目销售利润与计划的差异，强调对销售、成本的达成控制。

➢ 项目现金流完成能力指标：年度项目实际项目现金流与计划的差异。

项目营运能力指数的计算如下：

项目运营能力指数 = $A1\times$ 项目开发能力指数 +$A2\times$ 项目经营能力指数 + $A3\times$ 项目现金流季度完成能力指数

其中，$A1$、$A2$、$A3$ 系数根据项目的是否开盘确定不同的数值（图 1-2-2）。

	$A1$	$A2$	$A3$
未开盘	100%	0	0
已开盘	30%	40%	30%
最后阶段（无开发计划）	0	50%	50%

图 1-2-2

W 企选取项目运营能力指数进行考核，该指标涵盖了计划、销售、成本、财务等多个环节，可谓内涵丰富，是其多方面运营能力的综合反映。通过对一线项目的运营能力指数进行统一管理和考核，有力地保障和促进了项目的高效运营。

三、房地产项目运营管理“管”什么

那么，房地产项目运营究竟该管什么？

确实，房地产项目运营管理在国内管理实践的周期不长，整个项目运营管理本身还处于发展的初期，粗放是这个阶段的典型特点，结合众多房地产项目运营管理的实践经验和研究总结，我们提出在当前的国内房地产发展阶段，项目运营管理应该从“管目标”、“控进度”和“防风险”三大层面发力。其中，管目标是根据企业战略导向下的经营目标实现项目维度的运营目标分解，在事前就做好目标的严格分级和管控；控进度是指针对项目总控计划的关键里程碑节点（一级计划等）进行严格管控；而防风险主要是对利润风险的防范，它属于项目运营管理的高级阶段，它要求项目运营从项目整个价值链前端（项目论证、拿地、方案设计）的阶段性成果和工作进行重点管控，最终保证未来项目利润和收益。而在项目执行过程中，基于投资收益进行跟踪管理，在项目重大节点和事件节点进行投资收益跟踪回顾，最终保证项目运营结束时完成既定目标。

1. 管目标：承接经营计划管理，实现指标的 PDCA 循环管理

1）经营目标下的项目运营维度的分解

项目的年度经营计划需要基于公司战略导向和公司年度经营计划，它保证了项目经营有效承接公司战略，整个项目经营计划执行遵循“战略规划—经营目标—年度经营计划”的分解逻辑，而后我们将根据企业年度经营目标科学分解为经营指标和计划管理两大体系。其中经营指标需要在项目维度展开，对于专业型房企而言，公司的利润主要来源于项目的利润，公司的经营指标需要在项目维度进行分解。而计划管理体系则是对经营指标的关联和承接，并对项目的运营进行分级管理，以集团关键节点为刚性目标进行严格管控，最终保证项目按时完成（图 1-2-3）。

在具体项目经营计划分解中，房企需要平衡现金流项目和利润项目的有效组合，比如当前星河湾就属于纯粹的利润型项目，而恒大和碧桂园就属于通过

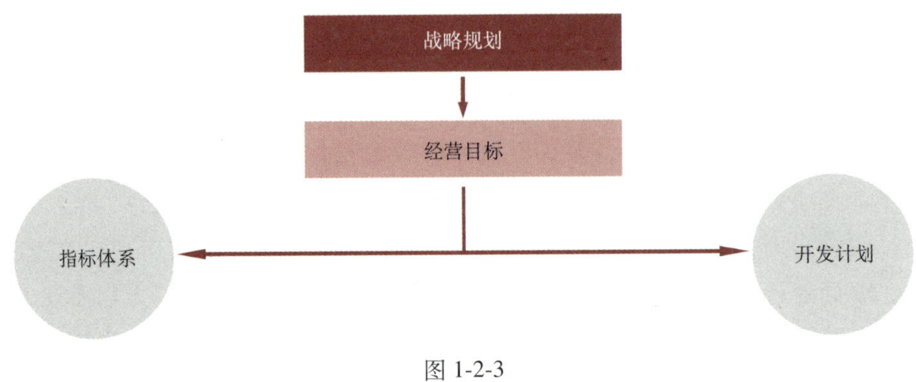

图 1-2-3

快周转纯粹现金流项目，对于普通房企而言，则大多属于利润和现金流项目的组合。房企需要基于经营计划做好利润和现金流的匹配，最终实现多个项目之间在资金和现金流的削峰填谷，稳健运营。另外，基于经营指标分解还需要围绕业务线组合（高中低档次产品的搭配，也就是房企自身的产品结构）、城市组合（一线、二三四线城市搭配）等。

2）《年度经营目标责任书》编制与跟踪管理

每年初，集团总部对各城市公司都会下达《年度经营目标责任书》，按财务、客户、运营、学习成长与可持续发展四个维度划分，涉及城市公司所有职能部门的主要年度目标。城市公司负责人的年度绩效评定以该《责任书》为主要指标，城市公司各分管副总的年度绩效指标也需包括其中对应的指标。

年初定目标：经营目标制定时，总经办主任组织总经办依据各项目的总控计划与各项目的目标收益模型，制定城市公司年度经营目标初稿，提交总经理及分管副总，为经营目标设定提供参考。

年中目标执行：经营过程中，总经办定期（按月、季）对《年度经营目标责任书》中经营性指标实现的过程进行统计、回顾，并将重大风险提供给总经理及城市公司经营管理团队。

年末指标考核：《年度经营目标责任书》中所有指标经集团各分管部门审核评价后，总经办负责对所有指标进行汇总统计。年终，在城市公司对年度目标达成情况自查基础上，集团本部相关职能部门将对各年度指标进行评价与考核。考核结果即为城市公司年度绩效，直接影响城市公司上自董事长、总经理，下至最基层员工的年度收入。

3）设置“4+1”管理指标体系

4 大经营指标和 1 个项目开发计划。

4 大经营指标——应该说企业发展不同阶段、企业管理不同水平、企业经营发展典型问题等决定了其管理指标的选择，企业需要根据自身实际问题和发展方向来选择规划管理指标。按照房企管理指标的各自实践，我们最终可以总结归纳为四大类管理指标：经营类、销售类、现金类和财务类指标（图 1-2-4）。

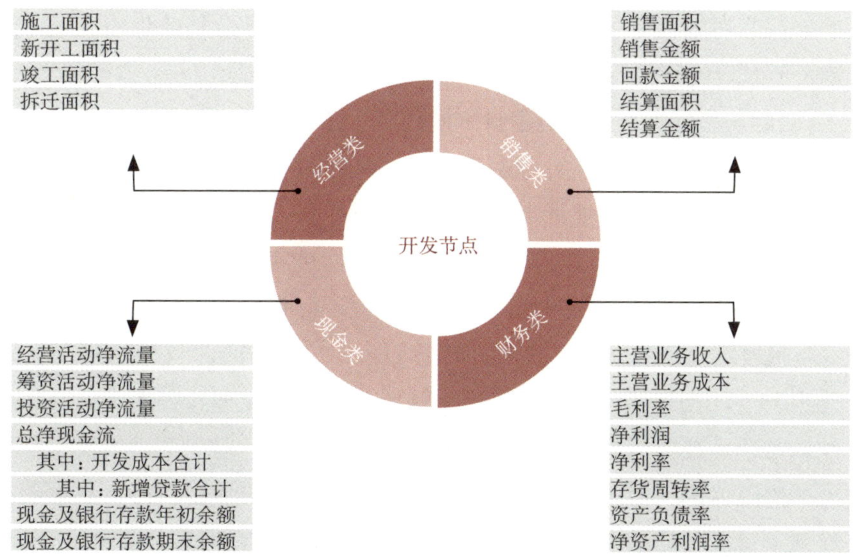

图 1-2-4

➢ 经营类指标：此为最常用的管理指标，它具体包含施工面积、新开工面积、竣工面积和拆迁面积指标。经营类指标大多以项目面积为核心，经营面积本身也是销售额、现金流和其他财务类指标的具体转化。

➢ 销售类指标：具体包含销售面积、销售金额、回款金额、结算面积和结算金额指标。

➢ 现金类指标：主要包含筹资活动金流量、投资活动净流量以及经营活动净流量。在这三类现金流指标中，管控的难点在于经营活动的净流量，因为它与企业众多项目实际关键节点达成和项目运营情况休戚相关，给管理和预测带来很大挑战。

➢ 财务类指标：按照财务维度，房企关注管理指标主要有主营业务收入、主营业务成本、毛利率、净利润、净利率、存货周转率以及资产负债率、净资产利润率等。它是其他所有指标的总归集。房企作为商业型机构，财务指标是每个房企关注之核心所在。

1 个项目开发计划——一般而言，在集团对项目运营不会首先全部规定集团的各大关键节点时间，而是对最典型的拿地、开工、开盘、竣工和入伙时间先行确立，然后根据合理工期和预估最终前后排出项目运营的集团关键计划节点。这个节点就成为集团重点关注的项目运营节点。

4）目标与指标追踪——经营计划的跟踪，建立运营视角的产销匹配

目标跟踪关键在于经营计划的跟踪，在具体执行中，需要结合产销匹配的视角进行跟踪和分析。即根据生产进度来分析存货指标，根据存货指标分析可能的销售进度，根据销售进度来预估可能的回款进度，而回款进度最终又可以给生产进度指标以借鉴。而整个项目生产进度、存货指标、销售进度和回款进度情况就直接决定了利润完成进度的可能性。

较为典型的例子是，国内某标杆房企由于机会主义导致很多土地都集中在三四线城市，在某年经营目标下，分解的有生产进度，但问题是销售进度却很难与生产进度匹配，原因就在于其拿地过于集中在某个城市，而市场中的需求本身有限，可以预计的后果是绝对不能支撑对应的年度经营目标下的项目年度销售目标。因此产销匹配对于经营计划的落地就至关重要（图 1-2-5）。

➢ 生产进度：核心在于围绕证照办理进度，而基于项目整体的关键节点则在于项目开工节点、开盘节点、交房节点。而交房节点的关键在于竣工备案的节点。

➢ 存货指标：关键在于对销售货量情况的统计和分析，强调数据统计的准确性和及时性。

➢ 销售进度：核心在于累计销售进度的统计，最好能及时、全面形成跨区域、

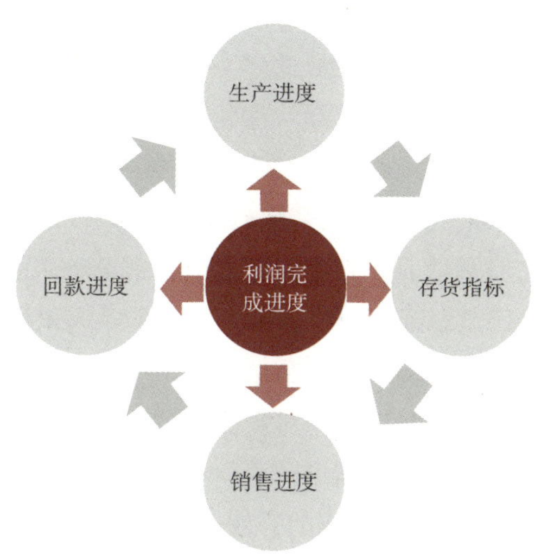

图 1-2-5

多项目的年度、季度、月度和每天的销售进度统计，具体执行方式以销售报告和短信形式体现，落地工具最好用信息化系统实现。另外在销售进度关键环节，针对首次去化率和产品业态销售分析进行。

➢ 回款进度：主要针对已签约未回笼（欠款）进行统计，并对预计回款进行规划。

➢ 利润完成进度：此指标的过程管控在于按照城市公司维度，对季度利润完成比率进行统计。

2. 控进度："七控"强化协同与防范风险，实现开发目标的过程监控

房地产项目的典型特点是投资周期长，专业职能壁垒高，众多项目大多 2 ～ 5 年，更有不少大型项目甚至 10 年以上，因此项目进度管理就是项目运营中的关键一环，毕竟项目周期的长短本身就对应着资金的时间成本，而房地产项目的关键节点就是将整个项目运营在关键环节的时间锁定。这个节点往往具有典型的管理意义和里程碑意义。

项目运营管理的基本功就在于进度管理，即通过分级计划管理的机制（构

建以集团关键节点计划、项目主项计划、专项计划和部门月度计划的四级计划管理体系），充分聚焦项目开发，强化集团 - 城市 - 项目纵向协同和投资、设计、工程等职能线的横向协同，并通过部门月度计划实现项目计划的有效承接，最终实现开发目标的过程监控，支撑项目快速高效运营。

一控：项目关键节点，实现开发目标的过程监控

就集团关键节点计划而言，它本身是房企用来设定、监督、控制项目开发计划推进情况的重要工具，通常可以看成是项目的重大里程碑事件。关键节点计划推行的目的，就在于让最稀缺的高层时间锁定在最关键的环节上，避免将高层的管理精力陷入细化的具体的项目工作中去。另外关键节点计划常常用来对项目负责人或者城市公司总经理进行绩效考核，因此项目运营关键节点计划也常常是企业监控经营指标能否达成的有效工具。

绝大部分房企集团关键节点设置来自于四个方面：五证办理完成时间点、工程的重要节点、影响项目现金流的节点、影响项目利润规划的工作节点。因此，集团关键节点大多包含拿地、开工、开盘、竣工、入伙等，当然不同的房地产企业对具体执行的集团关键节点会相对设置更多。一般而言房企集团关键节点大致有 10 ~ 20 个左右。比如某标杆房企的集团关键节点设置为：①取得国土使用权证；②交地；③完成方案设计；④完成初步设计；⑤完成施工图设计；⑥取得施工许可证；⑦项目开工；⑧售楼处、样板区开放；⑨取得预售许可证；⑩开盘；⑪完成 40% 的销售金额；⑫完成 70% 的销售金额；⑬完成 95% 的销售金额；⑭景观施工进场；⑮竣工备案；⑯交房；⑰交房完成率 95%。

对项目关键节点的管控到底对项目运营和管理有何价值？首先，项目关键节点本身是财务收入预测、资金预测的时间基础；其次，关键节点与面积指标的结合，是制定公司经营管理最重要的基础数据；再次，项目关键节点本身是项目运营的重要环节，它体现了管理抓大放小的思路，集团只需要管控以上四个关键节点（开工日期、开盘日期、竣工备案日期和交房日期），就基本可以管控整个项目的运营。

例外的节点往往体现了企业的管理重点或者企业核心竞争力：比如，在某个企业中，项目质量是重点关注的内容，这个企业就在项目开发过程中设定几个质量检查停止点，当项目推进到该节点时，由运营管理部门组织相关部门对项目进行联合质量检查，确保质量安全，避免返工带来的成本风险。再如，某企业是健康住宅的领先企业，因此强调将该项目做到极致，因此“健康住宅专项技术设计完成”成为集团直接操作的法定节点。有些强调客户体验的企业，则会将工地开放日作为集团本部操作的法定节点。

二控：专业能力比较弱、影响品牌和利润的重要节点

房地产组织能力本身有强有弱，这就决定了管理者需要针对专业能力比较弱的重要节点进行特别管控。这主要是针对集团职能部门或项目职能单位专业能力强弱进行分析，一般而言，公司会针对项目一级计划中的重要节点进行更细致的组织安排和管控。另外集团会针对影响利润和企业品牌的重要节点进行特别管控。具体情况如下：

➢ 价值链前端——项目利润影响大的重要节点管控：多数为与设计相关的，因为设计决定了80%的成本，同时在很大程度也决定了市场能否接受，例如：项目策划、方案设计。且方案设计的责任人很多企业都是放在集团总部或集团总部管控。

➢ 价值链中端——专业能力较弱情况重要节点管控：招投标管理、初步设计、施工图设计等以及运作时间不长的公司、或者项目总经理个人能力相对较弱的项目。

➢ 价值链后端——影响客户对项目体验的重要节点管控：比如景观设计、公共部位的精装修方案设计，针对项目品牌和企业品牌的管控。

总之，对以上节点的特别关注和管控，主要目的在于基于价值链前端进行利润管控，平衡项目前期的风险，而在执行中避免价值链各环节出现明显的短板，提前规避或减轻风险。

三控：涉及多部门、跨层级协同频繁的关键节点

这是站在纵向和横向协同的视角，对项目节点管控的另一种提法，因为涉及的协同复杂，出问题的风险就相对较大，因此需要管控。典型的横向多部门协同的关键节点有“开盘、交房”，典型的纵向协同的关键节点有“方案设计、单体设计”。有的企业会要求制定出关键节点的责任矩阵。

每个部门对横向协同都非常关注、都会有抱怨，这在弱矩阵、职能型的组织中更为严重。最典型的就是工程部门或工程项目部，项目工程进度受公司高层关注，但工程进度往往受限于其他职能的前置工作是否到位影响。一级公司计划管理人员困惑的是如何才能让各职能部门重视项目计划达成及部门间达成协同的共识。

纵向协同是一线公司负责人及项目负责人非常关心的问题。一线公司负责人、项目负责人常受制于纵向的管控要求而影响项目操作，典型的问题有资金计划的管控、设计的跨层级协同、集中招标的跨层级协同。因此一线公司负责人、项目负责人特别期望至少在制度层面明确纵向协同的权责。

对多部门、跨层级协同频繁的关键节点的管控，主要是提前防范可能的执行风险，尽可能降低内部协同风险，最终保证项目整体进度的完成。

四控：控制项目关键路径上的重要工作项，把控项目开发周期

项目开发周期直接关系到企业现金流和利润，因此企业在项目管控中需要审核主项计划以此控制项目开发周期。具体执行中要注意主项计划需要吻合公司经营指标的要求，并且主项计划必须吻合客户的工期要求。

在分级管控原则明确的基础上，项目实际的管控过程中，纵向的管控一般都会往下一级来审视项目风险，前置性地将上一级计划达成风险降低。

关键节点计划管控层次很高，一般是难于调整，而项目主项计划颗粒度相对更细，常易发生调整，这时就需要运营负责人或计划管理专员审视主项计划是否吻合关键节点计划，所以绝大部分房地产企业中，项目主项计划都需要得到地区公司的运营总审批通过。

五控：与收入达成休戚相关的关键节点和专项计划

项目的关键节点指的是能够反映项目获取、设计、生产、销售和收入实现的标志性时间，最典型影响资金收支的直接关键节点为“开工日期、开盘日期、竣工备案日期、交房日期”，大多房企都会对这个节点进行集团管控。

专项计划本身是对项目某一方面、某一工作项、某一组工作项制度的更明晰的进度计划。比如基于职能划分的设计专项计划、营销专项计划、报建专项计划等；基于多部门协同才能有效完成的关键协同类专项计划，比如开盘计划；还有就是基于风险类的专项计划，比如施工许可证办理专项计划。开盘和交房这两大专项计划直接和收入相关，其成败直接影响现金流入、收入实现和客户满意，管理者必须高度重视。因此绝大多数房地产企业都有开盘专项计划、交房专项计划。

开盘本身是项目的重大事件，所涉及的职能部门包括营销（市场宣传、蓄客、销售定价、现场活动策划、销售流程准备）、工程（售楼处、样板房、示范区效果和进度）、报建（预售许可证办理）、财务（开盘收款准备）及其他（现场安保、后勤保障）等，内联外联工作特别多、特别复杂。因此房地产企业经常是由总经理和营销总监牵头，协同各职能负责人成立专门的开盘工作领导小组，制定开盘的专项计划，来有序地组织进行开盘相关工作，力争取得开门红为后续的项目持续销售奠定良好基础。开盘事件涉及内外协同多、市场影响大（第一次接受市场的检验）、对项目资金影响大（开盘成功则意味着后续现金流入有保障）。

交房专项计划涉及内外协同更多，相对开盘，至少多了物管、客服、公共关系部门的参与，工作内容还多了交房前的内部模拟验房；交房事件特点是市场影响大（易出现群诉事件或重大质量投诉，在市场上给项目造成不良影响），并且直接影响项目结利（交房后财务才能将预收账款转为收入）。对开盘和交房专项计划的关注，核心目的在于确保资金回笼、收入实现，并在这个过程中实现客户满意和品牌提升，总体实现收入和品牌的双丰收。

六控：受外部政府影响的证件管理

房地产项目建设、销售全程中，涉及大量的受政府职能部门控制的证件办理，这是房地产企业最不可控的。开发商不可控、不易控的证件主要是五证：国土使用权证、建设用地规划许可证、工程规划许可证、施工许可证、预售许可证。具体如下：

虽然政府对证照办理有严格的法规要求，但政府的办理效率和弹性的审查时差、地产公司的资金压力，迫使相当多的房地产企业不能严格遵守证照办理的相关法规来操作项目，往往出现“三边工程”。三边工程的情况下，房地产企业反向就更需要重视和积极推进相关证照的办理，避免因违法违规而被处罚。在实际五证办理过程中，涉及政府职能部门的关系协调工作，一般都需要公司高层参与甚至直接负责。对五证的管理，关键在于充分保障项目建设及销售的进度不受或少受外部约束的严重影响。

七控：类似质量停止检查点的特殊管控点

公司为控制项目工程质量的管控，当工程形象进度达到某个时点时，需要暂停施工，接受并通过组织内部的质量检查后才能继续施工，这个与工程进度密切相关的质量检查时间点称为“质量停止检查点”。目的是避免重大质量问题的发生，在现实中很多标杆企业特别重视对质量的管控，比如2009年，某标杆L房企为保障工程质量，专门设置5个质量停止检查点——即基础至正负零、主体封顶、交房样板、外架拆除、工地开放日前，并且将这个5个质量停止检查点放到项目一级计划模板进行管控。

现实中，考虑到目前房地产行业的工程建设质量普遍较高，因此并非所有的企业都会在集团层面设定质量停止检查点。工程施工过程中的其他更细的质量检查，不在集团、公司层面去进行管控，由工程管理部门（或工程项目部）、监理单位直接负责。

3. 防风险：强化价值链前端管控、构建投资收益跟踪管理体系

风险管理是项目运营管理必不可少的环节。一方面，风险包括证件风险、质量事故、人事动荡、现金断流、营销不力、客户群诉等，可谓风险重重，但在这里，我们强调项目运营最大的和最基本的风险还在利润和现金流，对项目运营管控的整个风险都围绕利润风险去展开！另一方面，项目运营更高层次的管控已经不再是项目运营过程中进度和跨部门协同，而是站在项目运营的利润角度，整体平衡和协调各职能线利益得失，综合考虑和决策项目运营的矛盾，这就好比集团项目运营副总成为公司利润的监控者，因为集团公司的利润本身就是项目利润的叠加。而城市公司计划经理则是项目利润的监控者。

在现实操作中，项目运营负责人如何防范和监控利润和现金流风险？根据诸多标杆企业的管理实践，我们认为在理念上基于项目运营价值链特点，对事关利润的项目前端的阶段性成果进行严格管控，因为这往往是项目运营收益的“七寸”，前端项目论证、规划设计就基本决定了整个项目的成本，甚至收益（市场不大变的前提）。其次需要在项目运营过程中，具体构建项目投资收益的过程跟踪体系，最终整体形成“事前利润规划、事中利润跟踪和事后利润考核的全过程”利润管控体系。

1）事前组织监控——价值链前端的阶段性成果管理

房地产是典型的项目运作制，从项目运营前端到后端依次表现为“项目论证、土地获取、项目策划、方案设计、工程建设、营销管理、客户服务”七大标准环节，在整个项目的七大环节中，对利润贡献和风险表现为从前端向后端影响力是依次递减，越靠前端风险和利润贡献越大，越往后端利润贡献和风险相对越小。从整个项目环节对利润的贡献和风险来分析，我们可以将项目运营分解为典型的两大阶段，即利润规划区（投资策划、土地获取和项目策划）、利润实现区（方案设计、工程建设、销售管理、客户服务等）。在项目运营整个价值链中，前端决定了利润目标，中端讲究利润的过程管控，并监控成本和进度，而在价值链后端需要关注结果的兑现，并在这个过程中实现对客户资源和客服品牌的增值。

综上，项目利润的可能实现关键就取决于项目利润规划区的管控，即对投资策划、土地获取、项目策划的好坏直接决定了该项目的理论利润空间（市场环境不大变的前提下），对项目前端的管控本身就属于对项目利润的整体战略规划，从管理角度而言，项目运营负责人就需要针对这个阶段所产生的关键阶段性成果进行严格管控，具体针对《项目可行性研究方案》、《项目运营目标书》、《产品规划和单体方案设计书》、各阶段成本测算结果以及营销总案等进行直接管控。尤其是在高地价时代，不拿地王，拿合适的地，做好成本管控，方能最终保证目标利润（图 1-2-6）。

对项目前端成果管控，将直接影响到项目过程的可控性和项目的成败，因此大部分企业对项目前端的“项目策划、方案设计”等关键成果进行严格的评审，且一般都需要得到集团的批准通过才能继续推进项目。为实现管控标准化，越来越多的企业已将项目阶段性成果作为特殊的工作项列入项目主项计划模板中，以实现对所有项目的关键成果管控；如果并联开发项目较多，集团总部一般只管控项目前端的关键成果。

在项目价值链前端，房地产企业一般都会设立项目成功标准，有的企业叫做项目成功标尺，具体项目成功标尺可能包含多维度的项目成本、项目收入、项目利润、IRR、一次性交房通过率等指标，其中“项目利润”静态地反映了项目收益；“IRR”则是考虑了项目进度因素，能综合反映资金利用效率，因此它

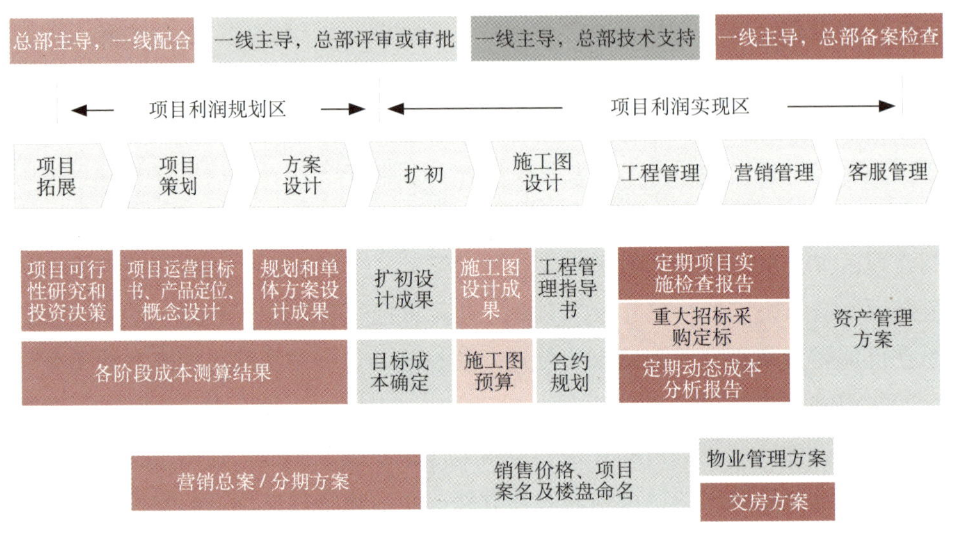

图 1-2-6

是反映项目收益的最重要指标；“一次性交房通过率”则体现了客户最终对项目的满意度，但无论如何以 IRR 为代表的项目收益指标是整个项目最核心的目标。

2）事中过程监控——构建投资收益过程跟踪体系

➢ 站在项目全局高度，跨职能线考虑项目运营

利润规划除了在前端进行价值链阶段性成果管控外，还需要在项目运营过程中，由项目运营的负责人对项目利润整体进行管理和监控，项目运营负责人需要站在项目整体高度，跨职能线、全盘考虑和平衡问题。比如，项目进度与成本之间的两难权衡问题，如项目运营和成本负责人发现某个招标对应目标成本 100 万元，但现实招标后为 120 万元，成本部门要求重新招标，但工程部认为重新招标势必会影响工程进度延期，那么是减少成本，还是延误进度，这个时候单一的职能部门已经很难做出判断，而此时运营负责人就需要站在项目全局高度，组织各条专业职能部门，以利润和公司其他经营要求为出发点，做出通盘性考虑和选择，最终达成公司整体项目经营目标。

➢ 建立定期回顾机制，构建投资收益跟踪体系

在项目初期设定了项目的成功标准即类似成功标尺后，后期就需要针对项目具体推进过程进行投资收益的跟踪管理。这种机制在于保证项目运营过程会始终围绕目标值，及早地纠偏和防范可能的风险，最终保证项目在结束时达到初期设定的目标。

构建投资收益跟踪体系固然形成对目标的追踪和落地，但其收益跟踪和回顾却常因为企业管理水平和执行力而有所差异。在收益回顾的触发方式上，主要有两种模式：

一类是以时间为周期的定期回顾。目前大多数房企按半年或是季度进行回顾，管理相对精细的房企往往可以做到月度回顾；在项目各阶段的开始或完成时的阶段性回顾，比如标杆企业在项目运营的方案设计和开盘结束后进行阶段总结。

一类是以事件为触发的不定期回顾。包括两种情况，一种是基于项目关键节点完成前后的回顾，比如不少企业设置项目运营的里程碑会议，如项目启动会、项目交底会、项目开盘会、项目入伙会、项目后评估会等，在这些会议上，集团城市公司需要对项目的整体收益进行回顾和分析，以此保证项目收益在这几个关键节点的达标；另一种是基于项目特殊事件所触发的回顾与调整，例如"项目关键节点调整、目标成本调整、销售价格调整"，这些调整都会直接影响项目收益，因此需要同步进行项目成功标尺的回顾及预测，以审视调整合理性。

➢ 项目投资收益跟踪管理的回顾要点

在具体回顾时，房企需要对哪些指标进行回顾？主要通过项目基准成功指标对比、月度报告回顾模型对比、各项指标对比评估。

在具体收益跟踪回顾内容上，房企需要针对成本执行、进度执行、销售回款、资金计划执行四大维度进行分析和汇报，这四大维度清晰地将项目投资收益进行各职能线的业务分解，最终综合形成项目收益的执行结果。至于四大报告的回顾频率，可以根据企业管理精细度和执行力确定采用月度还是季度，总之强调匹配和可落地为第一原则。

对投资收益各大指标的回顾，能够通过这些实际执行报告与对应项目成功标尺指标进行对比，通过对比的结果发现实际执行的偏差和好坏，并将指标与

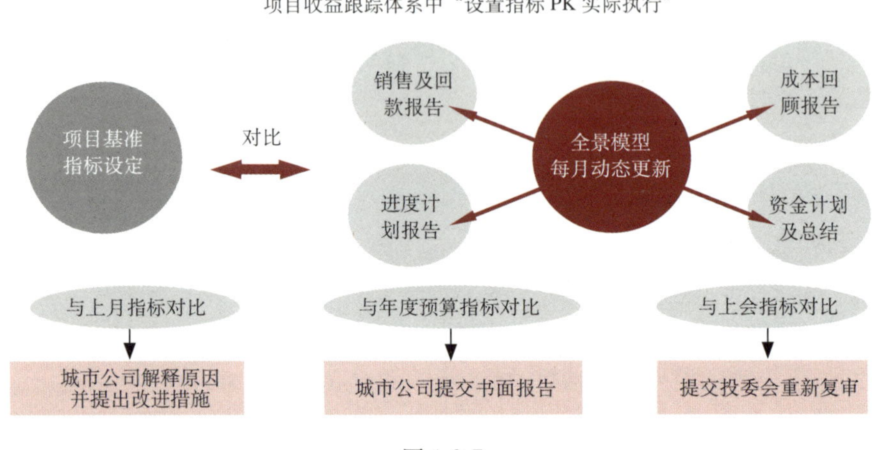

图 1-2-7

上月对比、与年度预算对比、与上会指标对比，由此找出问题，解决偏差，最终有效保障企业每一个项目在预定的成功标尺下执行不走偏，过程少波动，让每个项目都成为合格的项目（图 1-2-7）。

➢ 三项指标值的对比：当前值与项目启动会设定的目标值对比（反映与最初目标的偏差）；当前值与上月值的对比（反映变化趋势）；当前值与年度预算值对比（反映与年度预算的差距）。

如果偏差超过集团设定的目标值，则需上报集团审批，向集团说明原因及有效的改进措施。

改进措施的常见方法有：调整项目节点计划或并行安排工期；调整目标成本或项目售价等。

在实际执行中，某些标杆企业在调整集团关键节点、项目月度报告时，强制性要求项目负责人必须回顾项目成功标尺，这无疑是对项目成功标尺执行落实的保障。

第三节　项目运营管理怎么做

一、理论篇：PMBOK 项目知识管理九大体系

1. PMBOK 关于项目运营管理的定义

项目管理是指“在项目活动中运用专门的知识、技能、工具和方法，使项目能够实现或超过项目关系人的需要和期望。”这一定义不仅仅是强调使用专门的知识和技能，还强调项目管理中各参与人的重要性。项目经理不仅仅要努力实现项目的范围、时间、成本和质量等目标，还必须协调整个项目过程，满足项目参与者及其他利益相关者的需要和期望（图 1-3-1）。

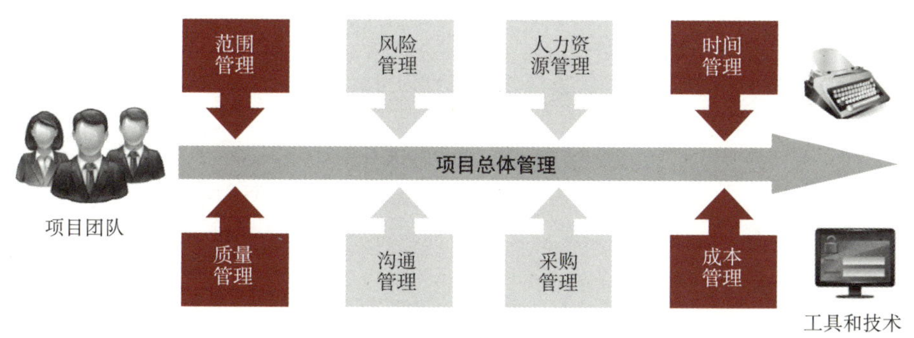

图 1-3-1

按照美国项目管理协会（PMI）制定的 PMBOK 关于项目管理知识体系的阐述，一个项目管理除了必要的项目团队构建与先进项目管理工具和技术外，还需要从项目的综合管理、范围管理、风险管理、人力资源管理、时间管理、质量管理、沟通管理、采购管理和成本管理九大方面进行规范管理（表 1-3-1）。

项目管理九大知识体系 表 1-3-1

序号	模块	功能和价值
1	项目综合管理	识别、确定、统一和协调各项目管理过程与项目管理活动所需进行的各种过程和活动
2	项目范围管理	包括项目范围的界定、规划和调整等，包括哪些该做，哪些不该做，做到什么程度
3	时间管理	包括具体活动界定、活动排序、时间估计、进度安排及时间控制等工作
4	费用管理	包括费用规划、估算、预算、控制过程等
5	质量控制	包括质量规划、质量控制和质量保证，重点为质量控制过程和质量保证过程
6	人力资源管理	项目团队组建和管理的各个过程，项目团队包括项目分派的角色和职责人员
7	沟通管理	保证及时准确地生成、存储、传播、检索和最终处理项目信息的过程
8	风险管理	增加项目积极事件的影响，降低消极事件的概率和影响
9	采购管理	规范采购过程、节约采购费用

2. 项目管理九大知识体系在地产企业的运用

地产企业的项目管理有其特殊性，我们通过长期的研究与积累，并通过大量案例实践，对项目管理九大知识体系在房地产项目管理中的运用不断地提炼与优化，并形成了独具特色的地产项目运营管理体系，具体要点如下：

1）项目整体管理

地产项目整体管理的核心是项目总体经营计划的制订、执行及变更控制。还包括协调与统一各方利益相关人的要求，如政府、社会、金融机构、客户及各类合作机构等需求。

2）项目范围管理

➢ 项目目标（范围）：项目范围包含两方面，一是开发产品的范围，即产品构成、特征与功能；二是工作范围，即项目开发过程中必须完成的其他相关工作范围，包括项目基本信息、主要特征以及相关项目文档。

➢ 范围管理的内容：范围管理的核心在于达成项目经营目标所需完成的工作计划分解，而不仅仅是产品层面的工艺计划分解，并且在项目前期就需要明确规划各项计划完成的作业过程及完成的成果标准与评价体系。

3）项目时间管理

包括项目各项工作的定义、排序、资源及持续时间的估算、进度表管理。

➢ 项目计划编制：工作分解结构来源于项目范围。在编制时需要对工作项定义、排序、时间估算、资源分配、费用预算，从而形成项目的基准计划，此外基准计划也可在部门和个人维度进行年度/季度的计划切片。

➢ 计划执行管理：包括项目关键节点和阶段性成果管理、部门/个人工作管理、工作报告/反馈/批示以及工程进度及形象进度管理。

4）项目费用管理

地产企业项目费用管理包括项目成本、费用、税费等。成本管理、合同管理、资金管理是项目费用管理的三个重点，且三者之间互为因果，相互关联。

➢ 成本管理：地产项目的成本管理取决于科学合理的设计。借助经验与成本指标库，分区域、产品类别测算目标成本，成本测算应基于统一的测算体系，尽量细化至造价，以保证目标成本的科学性。项目结束时再根据结算成本进行成本归集与回顾，形成成本总结和成本指标库，为新项目测算形成指引和依据。

➢ 合同管理：基于目标成本形成合约规划作为成本执行的控制基线，并通过合同订立、变更、结算、支付为线索对合同全生命周期和全信息进行集中管理。

➢ 资金管理：通过月度资金计划的申报、审批、支付形成对资金的有效监控与管理。

5）项目质量管理

房地产开发企业一般没有自己的研发和施工队，因此对质量保证的定义，就是在关键的时候有没有得到我们想到的东西，并通过项目团队来管理各项工作成果，建立成果认定及标准评价。

➢ 阶段性成果管理：通过标准化、模板化的成果报告，对阶段性成果形成统一的汇报，以保证各项工作执行的质量。并且通过项目负责人、专业负责人及下游工作责任人对当前工作多角度评价，形成成果的评价体系。

➢ 客户质量反馈：地产项目不仅仅关注产品质量和经营计划执行质量，还包括客户满意度视角下的质量管理，因此还可以通过客户在后期的质量反馈来反映质量问题，以此改进下一个项目的质量问题并提升客户的满意度。

6）项目人力资源管理

➢ 项目团队管理：房地产项目团队都按项目组织结构进行工程、设计、成本、营销等业务角色的配置，不同组织结构比如直线职能制与矩阵制在对项目团队的角色分工、成员构成和权责方位都有所区别。

➢ 工作分配与责任矩阵：为促进项目执行落地，将项目的每个分解的工作项都确定相关责任矩阵，包括责任人、参与者和监督者。

7）项目沟通管理

地产项目涉及的利害关系人非常广泛，因此在项目沟通中关键是保证项目之间、人员之间的协同。地产企业常规的沟通方式为消息发布、进展报告及会议管理。

➢ 信息发布平台：公告信息、待办工作、待办流程、预警信息、基于角色业务包的订阅等。

➢ 工作报告 / 反馈 / 批示：基于对来自项目进度计划中的分配的工作项，责任人定期提交相关的工作报告，参与者提供反馈意见，监督者则可对相关工作进行批示。

➢ 知识管理平台：项目文档、图纸管理、视频图片管理、工程案例库、成本指标库等。

➢ 工作流平台：全面实现“业务流与审批流”的一体化管理，支持集中发起、在线发起流程两大模式，支持消息、短信、邮件等多种沟通方式，打造项目协同平台。

8）项目风险管理

➢ 项目风险管理：风险识别、风险分析（严重程度、出现概率）、风险计划（防范缓解计划、预案处理计划）、风险的跟踪与控制。

➢ 风险控制：通过事前将项目运营各项指标提前制定风险控制目标，并通过信息系统实时、全面跟踪记录分析项目运营的实际情况，一旦某些指标和数据超出目标范围和风险控制线，就可通过智能预警系统实现项目决策，提前防范控制或者尽可能降低风险。

9）项目采购管理

➢ 采购产品目录：标准产品目录、材料设备库。

➢ 合作伙伴管理：合作伙伴目录和台账、合作伙伴评估体系构建。

➢ 招投标过程管理：采购计划管理、招标预告管理、资格预审管理、标书编制管理、发标管理、回标管理、评标管理、定标管理、签约管理等。

二、体系篇：构建项目运营“双 PDCA”管理体系

我们把项目运营按照阶段划分为投资阶段、启动阶段、运营阶段和后评估阶段，并以此作为横坐标；把项目运营按照业务和管理进行划分，具体分解为投资管理、产品研发管理、计划管理、成本管理、招标采购管理、工程质量管理、营销管理几个环节，以此为纵坐标；横纵坐标交错就形成了房地产项目运营管理体系。而最底层“组织 / 用户数据、标准岗位角色、标准授权、标准流程、项目主数据、客户主数据、分供方主数据、产品主数据”等将成为支撑项目高效运营的业务标准平台，它是整个管理的基础所在。不少房企正是在业务流程、岗位角色、项目主数据等方面缺乏应用的标准和统一，就导致后期项目运营和执行细节上的冲突和资源浪费。因此构建一个高效的项目运营管理平台，离不开业务标准平台基础的有效支撑。

这个项目运营管理体系整体包含了两个 PDCA 戴明环，即围绕 P（计划）、D（执行）、C（核查）、A（处理）的事项闭环处理机制。

➢ 聚焦项目运营整体视角的大 PDCA 环：具体是以投资阶段（P）、启动阶段（D）、运营阶段（C）、项目后评估（A）四大阶段。整体聚焦投资收益管控，具体形成以投资收益目标设置、过程执行和调整保障项目投资收益目标达成，项目结束后的总结评估，为今后的项目运营提供经验和知识支撑。

➢ 聚焦专业职能目标的小 PDCA 环：聚焦部门职能，实现专业的 PDCA 循环。比如在项目运营的成本管理模块，可以先制定目标成本（分解到合约规划），然后执行过程中进行付款审批、变更 / 结算审批和合同审批，最后在事后进行成本的月度回顾和目标成本的预结版，专业职能的 PDCA 循环管理目的在于真正实现专业职能计划的有效达成，最终支撑项目整体的投资收益目标（图 1-3-2）。

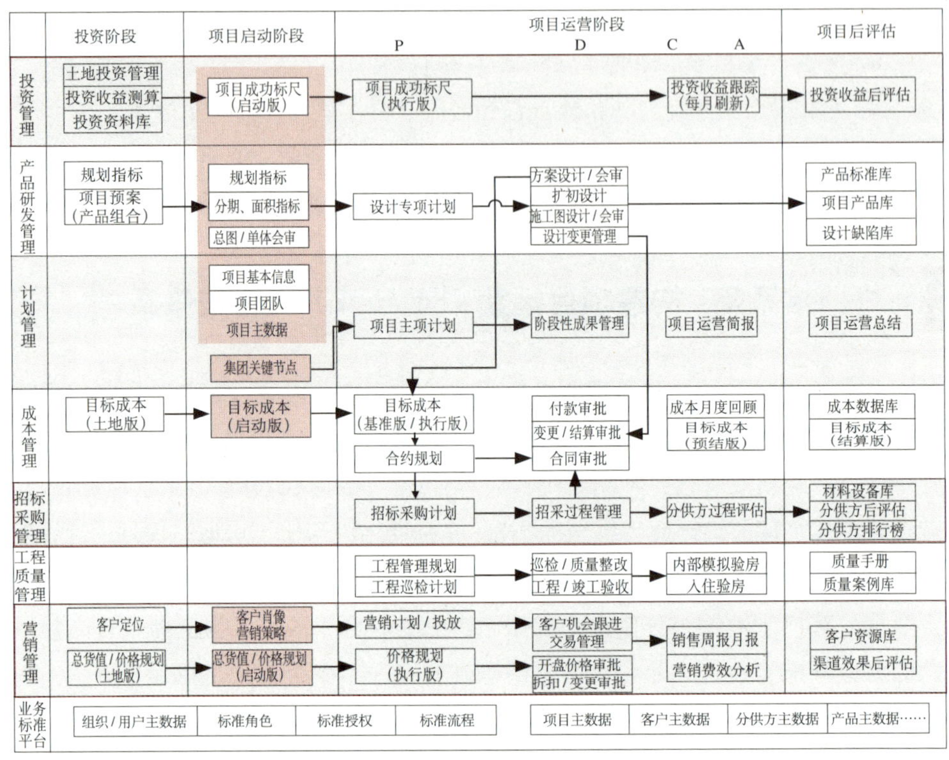

图 1-3-2

1. 启动阶段：强调前期目标合理设置，各条职能线目标前期锁定

项目启动阶段的关键在于合理设置目标，而对各条职能线的目标也在前期就清楚锁定，这个思路的价值就在于项目开工前就把目标规划好了，以避免很多企业边做边想边调整而带来项目运营整体目标丧失的问题。

➢ 投资管理环节：房企需要首先界定项目启动版的成功标尺，不同企业对项目成功标尺设定的维度不一样，但无论如何，对于内部收益率 IRR、销售净利润率等都会设定目标值。

➢ 产品研发管理环节：在项目设计前期设置规划指标、分期和面积指标、总图和单体的会审。

➢ 计划管理环节：在项目启动阶段会设置集团关键节点以及对应的关键节

点达成率目标、项目基本信息、项目团队、项目主数据等。

➢ 成本管理环节：设置启动版的目标成本，这个成本管控目标本身是对土地版的有效继承，也是后期方案基准版和执行调整版的参照。

➢ 营销管理环节：设置目标客户即所谓的客户肖像，以及对客户的响应营销策略；另外，需要从销售的总的货币值（总货值）以及价格规划进行设置，最终确定启动版的对应目标值。

以上启动阶段的对应目标值设置并非在中后期项目运营中严格不变，它仅仅为项目运营的启动版，即为后期的实际执行版提供参考和依据。比如目标成本按照项目运营的深入开展，会相继形成土地版、启动版、方案基准版和执行调整版。一般而言，后一个版本的总数值不能超过前一个版本，所以项目启动版具有参考意义。

对于具体项目成功标尺的设置，不同企业根据自身的发展阶段和管理成熟度而不同，比如房地产企业发展初期都没有成功标尺，如果有也只是基于单纯的财务维度；而对一些跨区域、多项目发展且自身管理有一定成熟度的企业，项目成功标尺已经开始涉及"在项目财务维度达标的前提下"，关注项目质量、进度成功指标；更有不少标杆房企开始站在更大管理视角，关注项目的知识沉淀、项目管理专业人才的培养输出计划，以及涉及品牌和客户满意度的相关指标。比如某标杆房企结合BSC（财务、学习、运营、客户）对所有项目成功与否给出了一个相对标准的答案——即"项目基准成功标尺管理体系"，具体从项目经营成功标尺、项目管理成功标尺、公司贡献标尺三大维度进行衡量。项目成功标尺有针对性地实现了项目各维度的评价，不仅有效承接了宏观层面公司扩张战略中人才与资金的战略需要，也从项目自身微观层面的财务、经营与管理三大方面进行了细化的评判，具体细则如图1-3-3所示。

2. 执行过程（小PDCA）：强调PDCA构建前期目标落地管理机制

前期设置的项目成功标尺只是属于目标管理中的目标，如何在过程和结果上落地就成为项目成功标尺落地的关键。因此项目运营强调在业务执行的具体过程中实现目标的紧密跟踪。目前，最典型的管理办法是通过构建项目运营执行过程中的PDCA体系。

项目经营成功标尺	项目管理成功标尺	为公司贡献标尺
财务视角： • 收益指标，销售净利润＞A% • 投资效率指标，内部收益率 IRR ＞ B% **运营视角：** • 质量指标，一次性交房成功率＞C% • 进度指标，项目一级计划达成率＞D %	**知识视角：** • 形成 PMO 制度下高标准的项目运作模板（项目启动会综合模板、别墅项目建造标准模板、报批报建流程模板） **人才培养：** • 锻炼出能打硬仗的项目团队，项目建设过程中向公司其他项目团队输送人才不少于 5 人	**战略实现：** • 奠定地区地产界的口碑及领先地位 • 项目品牌知名度进入前 5 • 单项目年度销售额进入前 5 **客户视角：** • 在客户视角提升项目品牌和客户满意度

图 1-3-3

➢ 投资管理：在项目具体运营阶段，在启动版之后设置具体的项目成功标尺的执行版，这个版本成为项目运营阶段的 P，即目标计划。而后在项目运营过程中，进行投资收益跟踪，具体针对执行情况进行核查，即大多进行季度的投资收益跟踪回顾，管理精细度更高的房企可以实行月度的投资收益跟踪管理。

➢ 成本管理：具体在前期设置项目的目标成本（基准版和执行版），而在执行过程中通过目标成本的合约规划等对合同签订审批、付款审批以及合同变更/结算审批，而在 C、A 环节则实现成本的月度回顾机制，即对动态成本实行每月回顾，最终形成目标成本的预结版。

➢ 计划管理：计划管理小 PDCA 强调在前期依照集团关键节点设置项目对应的主项计划，而在执行中形成阶段性成果管理，最终针对项目实际运营和调整以项目运营会议和形成项目运营简报来体现。

3. 后评估阶段——沉淀项目运营成果，指导优化后期运营

后评估是站在整个项目运营体系对项目进行收尾阶段的整体总评，这既是项目本身优化和不断进步的需要，也是公司和项目知识管理与沉淀分享的必要。后评估环节做好了，可以对今后同类项目发挥非常大的执行和管理借鉴价值，避免曾经教训重演，最终支撑项目的快速高效运营。

➢ 投资管理：通过前期目标设置和后期投资收益跟踪，最终形成项目的投资收益后评估体系。

➢ 产品研发管理：形成产品的标准库、项目产品库、设计缺陷库，这些后评估所沉淀的产品库对今后产品设计有非常大的借鉴和参考意义。

➢ 成本管理：形成该项目目标成本结算版以及非常重要的成本数据库，在今后同类项目前期拿地测算时，以前项目后评估的数据就非常有参考意义，最终有效指导项目科学拿地。

➢ 招标采购管理：形成材料设备库、分供方后评估数据库和分供方排行榜，这些数据库的沉淀对于今后公司寻找供应商可以直接借鉴和快速招标，尤其是已经合作的供应商的分级管理以及战略合作供应商，更是保证了项目工程和运营的整体效率。

➢ 质量管理：后评估阶段会形成基于项目的质量手册和相应的质量案例库，用于指导今后的项目工程建设和优化供应商的选择。

➢ 营销管理：后评估阶段沉淀客户资源库和营销投放渠道的效果后评估，用于今后在项目营销中，进行客户资源库的精准分类营销，以及对营销媒体的选择更加匹配和有效，避免撒胡椒面式的营销投放。

三、落地篇：构建“144”项目运营管理平台

卓越的项目运营管理，需要高效落地，为此结合众多标杆房企的实践和探索，我们提炼总结出一套卓越项目运营管理高效落地的方法。即构建一个“144”管理平台（图 1-3-4）。

一个经营目标：即充分聚焦项目运营的全生命周期，并构建以投资收益的全过程跟踪管理体系，实现项目运营既定经营目标。

四大核心要素：项目运营最核心在于构建规范高效的计划管理体系、成本管理体系、销售管理体系和资金管理体系。

四大支撑体系：构建以高效项目运营管理体系、成果管理体系、绩效驱动体系和信息化支撑平台，最终有效支撑和推动高效运营管理的落地。

项目运营管理平台

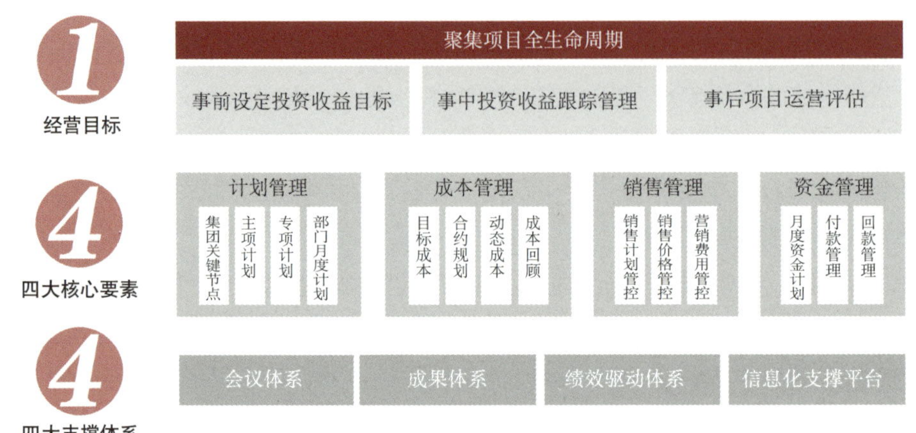

图 1-3-4

1. 一个经营目标——项目运营围绕经营目标，聚焦项目全生命周期

项目运营管理本身是基于企业年度经营目标的分解和落地支撑，它侧重在外部市场环境和内部企业环境双重变化下能够始终围绕经营目标落地执行。具体项目运营首先要基于纵向的“企业经营目标—投资收益管理—业务单元落地”展开，在这条线中，投资收益管理是重心。其次，项目运营管理需要横向聚焦项目全生命周期，即从项目投资论证、拿地、规划设计、工程建设、策划销售、竣工入伙全过程管控。

2. 四大核心要素 ——计划、成本、销售、资金（图 1-3-5）

四大核心要素

计划管理：集团关键节点、主项计划、专项计划、部门月度计划

成本管理：目标成本、合约规划、动态成本、成本回顾

销售管理：销售计划管控、销售价格管控、营销费用管控

资金管理：月度资金计划、付款管理、回款管理

图 1-3-5

作为常规项目运营管理，质量和进度是双维考量。其中进度就是项目的计划管理，即通过集团关键节点、主项计划、专项计划和部门月度计划最终保证项目开发进度按规定时间完成，而质量维度主要体现在资金层面（当然产品质量也是关键，这里我们暂且不阐述），通过对以成本管理、销售管理为收支双线的管控来保证投资利润和项目正常的现金流，而资金管理则具体聚焦项目运营维度的付款和回款管理，而运营中月度资金计划往往成为成本管理和控制的咽喉。

1）计划管理：聚焦经营，强化协同，实现开发目标的过程监控

➢ 实现计划的四级管控体系：集团关键节点、项目主项计划、项目专项计划、部门月度计划。

➢ 项目范围管理：包括项目的基本信息、特征信息、项目产品构成、户型构成以及最新的产品库存等相关信息。

➢ 项目计划与进度则从多个角度来反映项目最新进展，包括时间进度、工程量进度、成本进度、形象进度，避免了从单一角度看待项目进度带来的管理偏差，实时、全面、直观地反映项目总体进度状况。

2）成本管理：从“成本核算”迈向“成本控制”，打造“以合约规划为中心的成本控制体系”

➢ 实现成本全生命周期管理：从成本测算、目标成本与合约规划、动态成本回顾到成本总结与成本数据库。

➢ 实现成本三级管控体系：包括“目标成本、合约规划、合同执行”的分级授权与管控，支撑房地产企业“跨区域、多项目运作”业务发展的需要。

➢ 基于先进的“目标成本”+“责任成本”+“作业过程控制”的现代成本管理体系：以合理的成本结构分类作为成本管理的基础，以目标成本作为成本控制线，实现以合同为中心的“全动态成本管理”。

3）销售管理：监控销售计划，实现销售价格管控，做好营销费用管控

➢ 销售计划管控：通过销售目标解决“做什么”，销售计划解决“怎么做”，具体销售计划分解到季度和月度，并在过程中通过信息化系统实现销售去化率和计划完成率实时、全面监控。

➢ 销售价格管控：通过销售总货值实现公司长期利益和项目短期利益平衡，

具体通过项目收益、客户需求和市场竞争来确定合理销售价格和销售去化率。

➢ 营销费用管控：通过营销体系内部的价格管控，建立月度费用预算和审批，构建营销投放效果数据库，最终为营销费用投放提供决策参考。

4）资金管理：实现预算资金的计划内、外的规范流程审批，严格把控资金进出

➢ 付款管理：针对项目的支出，即成本进行严格的管理，实现目标成本下的动态成本管控。

➢ 回款管理：针对销售回款的银行按揭和客户自缴款实现基于信息化系统的自动提醒、工作前置等，提高回款的速度和质量。

➢ 月度资金计划管理：通过月度资金计划管理控制付款申请和付款审批两大环节，前者看是否在月度付款计划科目中，后者看付款数量是否超出对应月度资金预算，做好规范管控。

3. 四大支撑体系——会议体系、成果体系、绩效驱动、IT 支撑（图 1-3-6）

图 1-3-6

1）会议体系——拒绝粗放、低效会议，构建规范、标准、高效的会议体系

针对当前诸多地产企业会议效率低下、会议重汇报、轻决策以及会议随意性、粗放性强等问题，我们提出真正构建以会议为核心方式的运营决策体系，并根据工作性质不同而建立不同例行会议机制，最终整体提升企业会议效率。

➢ 通过合理规划项目运营会议降低会议体系上的低效，具体通过合理设置项目运营会议尤其是里程碑会议，提升关键会议的整体决策效率。

➢ 通过会议卡片工具实现会议决策管理工具化，并对会议的输入输出、会议结果进行可行性分析和规范，最终实现会议体系来源于业务，又高效返回和指导业务实践。

➢ 项目运营管理会议分类：项目运营里程碑会议（如预案决策会议、项目关键决策会议、项目启动会、阶段成果审查会等）和项目日常运营会议（如项目周例会、项目月度运营会议、项目半年度 / 年度总结会等）。

2）成果体系——不以事项结束为结束，以事项对应成果的质量好坏为结束

成果管理不以“工作项按时完成”为结束，而是以“工作项完成质量”为结束，而项目阶段成果是衡量项目完成质量好坏的直接依据，地产企业只需要通过对项目各阶段成果的审查与把控，就可从根本上有效降低项目运营风险，提升项目管理和执行效率，最终提升项目运营。

➢ 分阶段与责任人建立项目成果矩阵，明确各个阶段的核心成果与责任人，让成果落实到人，做到真正管理受控。

➢ 成果标准化、模板化后，配合相关流程与规范，便于一线员工提炼与应用。

➢ 形成“成果管理体系”，通过成果的积累与沉淀，形成案例库，为新项目开发提供参考。

3）绩效驱动体系——绩效目的不在于考核，而在于驱动和牵引

将项目运营过程中的核心业务环节和职能管理的考核相分离，可以实现对项目运营过程的精准管控。涉及项目开发计划等核心业务环节，由企业内部的计划运营管理部主要负责，人力资源部只是审查其考核的合规性与公平性；而对于项目负责人、行政人力等管理部门或职能部门员工，则主要由人力资源部负责考核。

➢ 绩效分解：项目绩效指标要契合管理目标，岗位绩效指标要适宜具体岗位，绩效分解要基于项目计划，具体基于项目总控计划分解到部门月度计划到个人月度计划，并设置不同权重 A/B/C 予以考核。

➢ 考核方式：基于工作项完成的进度和质量双维度进行考核。

4) 信息化支撑平台——支撑集团区域管理层查阅监控，支撑工作汇报、工作推进和沟通协调

➢ 集团城市管理层的管控工具：实现集团对重点节点检查工具，区域公司的进度管理工具，经营分析会议的数据采集器。

➢ 项目管理层的汇报和沟通协调工具：作为 WBS 工作的进度汇报与相关评价；作为项目工作周报与项目周例会的数据采集器；作为项目主项计划与专项

计划的配合与协同。

➢ 项目工作人员工作推进的参考工具：基于工作包构建责任矩阵，并进行工作推进，实现工作流程中信息获取、知识复用和成果认定，作为个人工作计划的推进、汇报和认定。

四、价值篇：实现项目运营可知、可控、可预测

什么是卓越的项目运营管理？或者成功的项目运营管理的标准又是什么？这个问题有很多答案，但其实又没有一个明确的答案，或者它的答案应该是多元的。在这里，我们明确提出卓越项目运营管理是实现管理的“可知、可控和可预测”三大要求，这只是一种基于管理状态和管理终极价值的解读，算是给大家一种思路启发和管理参考。

1. 实现项目运营“可知”

卓越管理的首要前提即是可知，没有对项目运营内外部复杂经营信息的知情，理性决策就失去了根基。而管理可知的前提就在于如何根据企业、项目的年度经营目标确定管理者的管控对象和 KPI 指标，而管理的可知正是对这类管理指标和管控对象的一种全面、及时、尽可能接近真相的知情权（图 1-3-7）。

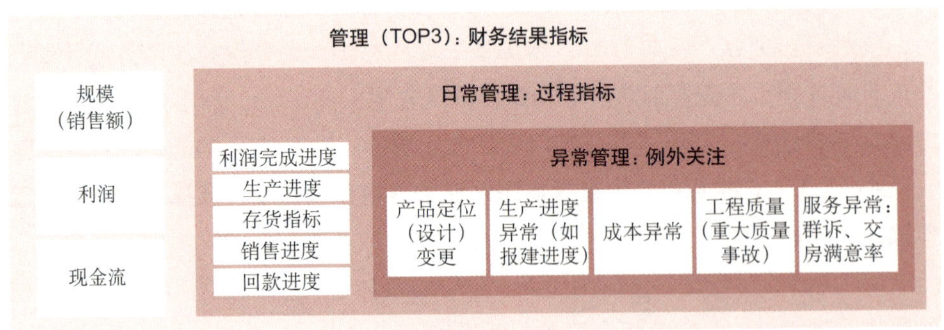

图 1-3-7

对于专业性房地产企业而言，企业（项目）的核心经营目标表现为总资产、销售额、利润额和目标市场占有率自是必然，但更为聚焦和可落地的可知信息在于“财务结果指标、过程管理指标和异常经营风险”三大类。

1）对项目运营财务维度的 KPI 指标可知

➢ 销售额：规模指标，它体现企业经营层面的规模经济效应以及规避不被行业边缘化的重要筹码，而地产行业每年 TOP100 更是强化了销售额的较量。规模型指标具体表现为投资型指标、建设型指标和销售型指标。投资型指标主要聚焦年度的直接投资额；而建设型指标主要聚焦为新开工面积、在建面积和竣工面积；销售型指标主要聚焦为销售面积和销售金额两大类。

➢ 利润值：成长指标，它是保障企业快速成长和扩张的关键指标。对于专业性房地产公司而言，公司利润主要来源于项目的利润，而对项目利润而言，项目前端的论证、定位、设计三大环节往往被定义为利润规划区，而后端的工程建造、销售则为利润兑现区。因此，公司利润值的管控具体就锁定在所有项目的《项目论证》、《产品定位》、《方案设计》和《目标成本》的可知和可控。利润指标具体表现为基于主营业收入、成本费用总额和利润总额的收益型指标，基于资产总额、资产负债率、资产周转率和总资产报酬率的资产负债型指标以及基于人工成本、劳动生产率的人力效率型指标。

➢ 现金流：健康指标，它属于企业经营健康型指标。没有健康的现金流，企业的生存都会受到威胁，某商学院在针对某轮地产商倒闭原因的分析发现，80% 的企业破产倒闭都是因为现金流出现问题，而这其中不乏较强盈利能力的企业。具体而言，现金流的重点在于经营性现金流的可知，而影响经营性现金流的关键因素在项目关键节点是否准时完成。需要强调的是，计划节点的背后就是现金流的支出。依据房地产行业特有的属性，企业决策管理者对两类节点必须进行“可知”，其一是与政府相关的证照节点，即土地使用证、用地规划使用证、建设工程规划证、工程施工许可证、预售许可证等五证；其二是与内部运营相关的项目开发重大节点，根据抓大放小的管控原则，企业需要在项目开工、开盘、竣工备案和交房四大节点进行重点关注。

2）过程指标——聚焦日常管理

过程指标重点聚焦例行的进度管理，具体而言主要包含生产进度、存货进度、销售进度、回款进度和利润完成进度五大类，其中，最核心的是利润完成进度。

3）异常信息——聚焦风险管理

对于管理实务而言，业务正常的不需要管控，只需要关注；真正管控的要点还在于对业务异常的快速有效处理，而项目运营中的业务异常主要表现为产品定位变更（设计）、生产进度异常、成本异常、工程质量重大异常以及服务异常（群诉、交房满意率）。对这些业务异常，决策者要第一时间了解并快速解决。

2. 实现项目运营“可控”

伴随房地产企业跨区域、多项目的集团化发展逐渐深入，集团总部对区域城市和项目一线的地理半径和管理幅度都在迅速扩大，越来越多地产企业开始感觉到总部管控手段的缺乏及集团管控模式调整困难。而另一方面集团总部确立的管理指标体系又如何执行到位，管控策略和管控手段就至关重要。

1）可控的策略——项目前端管利润、中端管质量、后端管客服与品牌

对众多大小不同的经营指标和工作项的有效管控，需要回归到指标和工作项本身发展的生命周期去控制，即充分聚焦在指标（工作项）的事前目标设置、事中过程管控、事后结果考核的全过程。不同集团管控模式以及不同管控对象也对应不同的管控重心，比如操作管控型企业会关注业务项的整个过程，而财务管控型企业往往重点聚焦事后的结果管控。而在具体项目全生命周期中，要针对前端的项目定位、设计管利润，在项目工程、建造管控好质量，而在后端管控好客户服务与客户满意度。

2）可控的机制——强调指标体系的过程动态回顾

对于以上项目运营“可知”的各类关键指标，企业管理者需要针对指标进行动态的监控，而非单纯事后的静态管控，对这些指标的可知与管控关键在于指标过程中的反复将目标值与实际值进行对照，并从差距中发现业务执行和管理的各类问题，具体而言需要通过 PDCA 戴明环的管理方式嵌入到指标的动态回顾中。

3）可控的手段——管控的五种典型手段

管控从手段上细分，主要表现在直接操作型、过程关键点决策、主动监控和预警、通过获得信息进行监控以及事后的审核监控五种。具体管控所呈现的

形式为抄送、会签、审批、决策。围绕房地产项目拿地、设计、工程、营销、客服全生命周期的价值链，考虑直接决定和左右项目利润和规模经济优势的“项目论证、定位策划、战略采购”等环节，大多集团化房企直接操作和关键点参与；而对于项目动态成本和客户关系集团则属于主动监控与预警，重点对动态成本异常和客户群体投诉等进行事前和事中管控。对于财务审计、制度流程审核以及工程审计则只需在事后进行审核监控。

3. 实现项目运营“可预测”

事实上，管理不仅要对当前的业务现状和问题及时处理管控，更要对业务经营和管理潜在风险进行提前预测。作为经营高风险和业务高协同的房地产行业，提前科学理性预测对企业经营和管理至关重要。

1）预测的管理基础：核心在于构建项目投资收益跟踪的回顾机制

对于专业型房企而言，科学预测需要建立在基于众多项目运营数据和现实信息之上，最终叠加出公司级的整体预测。更为重要的是房企需要构建基于项目投资收益跟踪体系（包含项目计划管理、成本管理、销售管理）的运营回顾机制，通过投资收益回顾机制的建立，充分实现企业对项目运营生产进度和资金（现金流）流动的及时、准确、全面的刷新和掌控。

2）预测的对象：聚焦利润和现金流，核心在于经营性现金流预测

房企预测的对象其实就是利润值和现金流两大指标，其中现金流的预测是重点。

➢ 现金流预测：对于房企现金流预测而言，其执行的难点在于经营性现金流的预测，而预测经营性现金流的关键又在于对项目关键节点（拿地、开工、开盘和入伙）的预估和判断。项目关键计划节点完成的时间本身就直接决定了企业现金进与出的频率与占用周期。在现金流具体预测时，首先需要特别关注土地的现金流情况，具体要对历史已付、本年已付、本年待付和明年待付进行准确把握，其次需要有效结合销售计划对应的销售回款以及其他费用、税金等，最终相对准确预测到企业整体的现金流情况。

➢ 利润预测：在利润预测上，建议重点考虑在方案设计、扩初设计、施工图设计阶段进行目标成本的逐渐准确测算，并配合销售计划和既有的去化率去预测未来的销售收入，最终不断刷新利润预测的准确性。

3）预测的保障：事件促发和时间促发两大策略去推动预测

在预测时，可以通过事件促发和时间促发两种策略去预测和洞察项目利润。具体如下：

➢ 事件促发：主要是针对项目运营关键事件即拿地、开工、开盘、入伙等重大里程碑事件进行管控和预测。

➢ 时间促发：具体是指房企在关键的时间节点针对项目运营的操作执行情况进行回顾，比如在最为关键的投资收益跟踪管理环节设定每个季度进行回顾，具体由财务部牵头各个城市项目，最终形成投资收益的季度时间点的回顾。

整体而言，时间节点促发和事件节点促发的项目执行回顾与总结不仅能对项目运营本身纠偏扶正，更重要的是可以实现对项目现金流和利润动态刷新，最终有效支撑企业整体现金流和利润率的动态监控。

可知是可控的基础，而可控是为了可预测。总体而言，可知、可控、可预测是科学管理的根本所在，但可知、可控、可预测实践的广度和深度也跟房企决策管理者自身水平有关，也有赖于企业管控模式、企业文化、制度流程等因素的支撑。

第二章

CHAPTER 02

房地产项目组织选择与管控

对于资产不断倍增、规模不断扩张的国内房地产企业而言，企业的组织开始从早期的项目制到公司制再到集团化发展，最后衍生到多元化产业发展，可以说房地产企业的组织架构和管控模式都在不断地演变和创新。就房地产企业组织管控而言，不可避免涉及总部对下属公司的管控方式以及集团或者区域城市公司如何管控项目的方式的选择。前者往往属于集团管控模式范畴，它决定了房地产企业集团总部究竟怎么管控下属公司，相对属于宏观级；而后者往往属于项目组织管控范畴，包含了职能式、矩阵制和项目制三种典型模式，它决定了房地产企业区域或城市公司如何对项目运营（拿地、论证、设计、工程到营销、入伙全过程）的管控方式和手段，相对属于微观级。

而在组织选择中，我们更看见一些房企开始在本地化组建虚拟组织，并以此成为后续异地化和全国化骨干人才需求的孵化平台，比如很多深圳房企就在深圳一个城市分别设立龙岗公司和宝安公司，房企因为这种组织的“分裂”，最终完成优质人才培养和异地扩张的团队移植。从这个例子可以看出，房企对组织选择目的本身是多元的，而企业自身发展规模、管理水平、执行力等都在不断演变，因此，组织选择往往不强调选择最好，而更强调最合适，它本身是对企业自身战略、资源、人力、文化等多重因素妥协、博弈的结果。因此无论本地化发展的房企，还是跨区域、多项目并进的房企，企业组织没有最好，只有最合适。

第一节 房企集团管控模式选择

一、解读房地产行业的集团管控模式

1. 广义范畴：三种典型集团管控模式选择

集团管控模式本身是一个涉及广泛、异常复杂的综合体系，它涉及三个层面问题：首先是狭义的管理模式的确定，即解决总部对下属企业的管控问题；其次是广义的管控模式，它除了包括狭义的管控模式外，还包括企业战略下治理结构组织系统的确定，总部及各下属公司的角色定位和职责划分，公司组织架构的具体形式选择（直线职能制、事业部制、矩阵制、子公司制），对集团重要资源的管控方式（如对人、财、物的管控体系），从目标、计划、监控、考核到激励绩效整套管理体系的建立；第三个层面是对与管控模式相关的一些重要外界因素的考虑，涉及业务流程、规则制度以及管理信息系统等保障落地系统。

具体集团管控模式核心内容如图 2-1-1 所示。

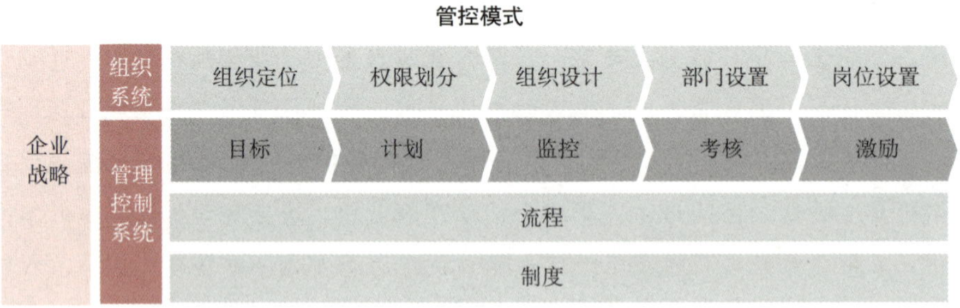

管控模式

企业战略

组织系统：组织定位 → 权限划分 → 组织设计 → 部门设置 → 岗位设置

管理控制系统：目标 → 计划 → 监控 → 考核 → 激励

流程

制度

图 2-1-1

集团管控模式目前主流理论认为主要包含三种类型，即战略管控型、财务管控型、经营管理型（操作管控型）。财务型管控中集团公司对下属企业主要进行投资管理，追求财务回报，极为分权；战略型管控中集团公司会对下属企业的重大方面如战略规划、经营预算、高级人才培养等进行管理，介于集权和分权之间；操作型管控（经营管控）中集团公司会对下属企业的许多核心业务和职能方面如采购、营销、人力资源管理、物流等都进行管理，极为集权。

1）操作管理型（经营管控模式）：上是头脑，下是手脚

中国绝大多数房地产开发公司都是属于这种情况。比如房地产公司和下属项目子公司的管控模式。通过母公司业务管理部门对控股子公司的日常经营运作进行管理，特别强调公司经营行为的统一、公司整体协调成长和对行业成功因素的集中控制与管理。为了保证战略的实施和目标的达成，集团的各种职能管理非常深入。总部保留的核心职能包括财务控制 / 战略、营销 / 销售、新业务开发、人力资源等。如人事管理不仅负责全集团的人事制度政策的制定，而且负责管理各下属公司二级管理团队及业务骨干人员的选拔、任免。在实行这种管控模式的集团中，各下属企业业务的相关性要很高。总部职能人数会很多，规模会很庞大。如 GE 公司在 1984 年以前采用的就是这种管控模式，导致总部职能人员多达 2000 多人。直到杰克·韦尔奇任 CEO 后才转变为战略管控模式，大大减少了总部参谋人员。这种模式可以形象地表述为“上是头脑，下是手脚”。

2）战略管理型：上有头脑，下也有头脑

集团核心功能为资产管理和战略协调功能。集团与下属子公司的关系主要通过战略协调、控制和服务而建立，集团总部很少干预子公司的具体日常经营活动。这种情况比较适用于相关产业企业集团的发展。比如，首创集团和首创金丰易居、北京万通股份和万通鼎安物业管理公司、中国建筑设计研究院和联安国际设计公司之间就是典型的战略管理型关系。具体而言，集团总部负责集团的财务、资产运营和集团整体的战略规划，各下属企业同时也要制定自己的业务战略规划，并提出达成规划目标所需投入的资源预算。总部负责审批下属企业的计划并给予有附加价值的建议，批准其预算，再交由下属企业执行。在实行这种管控模式的集团中，各下属企业业务的相关性也要求很高。为了保证下属企业目标的实现以及集团整体利益的最大化，集团总部的规模并不大，但主要集中在进行综合平衡、提高集团综合效益上做工作。如平衡各企业间的资源需求、协调各下属企业之间的矛盾、推行“无边界企业文化”，高级主管的培育、品牌管理、最佳典范经验的分享等。这种模式可以形象地表述为“上有头脑，下也有头脑”。目前世界上大多数集团公司都采用或正在转向这种管控模式。

3）财务管理型：有头脑，没有手脚

集团对下属子公司的管理控制主要通过财务手段来实现，而对下属子公司的具体经营运作管理基本不加干涉，也不会对下属公司的战略发展方向进行限定。集团总部只负责集团的财务和资产运营、集团的财务规划、投资决策和实施监控，以及对外部企业的收购、兼并工作。下属企业每年会给定各自的财务目标，它们只要达成财务目标就可以。在实行这种管控模式的集团中，各下属企业业务的相关性可以很小。典型的财务管理型集团公司有和记黄浦。和记黄浦集团在全球45个国家经营多项业务，雇员超过18万人，它既有港口及相关服务、地产及酒店、零售及制造、能源及基建业务，也有因特网、电讯服务等业务。总部主要负责资产运作，因此总部的职能人员并不多，主要是财务管理人员。GE公司也是采用这种管控模式。这种模式可以形象地表述为“有头脑，没有手脚”。对房地产行业而言，集团对非主营业务管控通常采取这种模式。如万通集团和万通东方策略公司、华润集团和华润房地产经纪有限公司、绿地集团和绿地建材有限公司等（图2-1-2）。

操作管控型和财务管控型是集权和分权的两个极端，战略管控型则处于中间状态。在企业实践中，往往不是采用单一的某种集团管控模式，而是根据不同的管控对象有差异性地选择管控模式，并且可能综合采用两种管控模式，甚至多种变种模式。但无论如何变化，都是以权责体系、管控有效性和业务灵活性平衡为约束的。比如，有的公司从自己的实际情况出发，为了便于管控，将处于中间状态的战略管控型进一步细划为“战略实施型”和“战略指导型”，前者偏重于集权而后者偏重于分权。

2. 地产行业：独特集团管控模式

不同集团管控模式对应不同的管控重心，比如操作管控型大多会关注项目全过程的管控；战略管控型往往聚焦项目前端和项目后端的头尾管控；而财务管

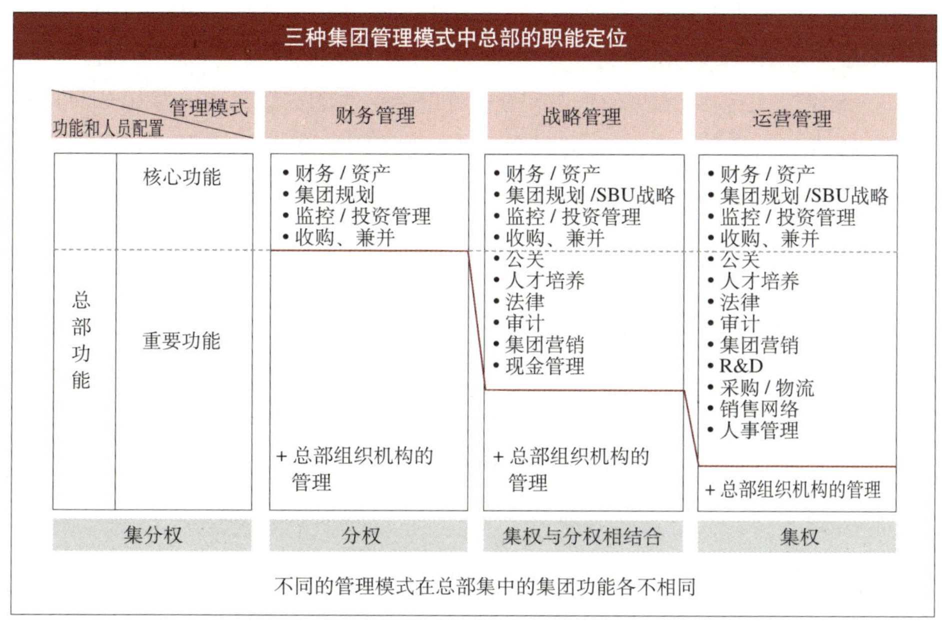

图 2-1-2

控型往往重点聚焦事后的财务结果管控。整体而言，集团公司会在整个项目运营管理中秉承抓大放小，对项目关键节点，也就是项目开发的一级计划节点进行严格管控。但就这种关键节点管控思路上，不同房地产企业在关键节点的管控思路和手段上又有所差异。

1）操作管控型下的两种细分管控模式分解——关键点管控型和运营监控型

在当前房地产企业的项目运营管控实践中，应当说，操作管控型应该是当前房企集团管控的主流模式。而在操作运营管控模式中又主要分解为两类，即关键点管控型和运营监控型两种模式。

➢ 关键点管控型：关键点管控型相对来说会直接针对项目运营从论证、拿地、定位、设计、工程、营销、客服等全过程的关键节点进行管控。一般集团和城市公司会针对项目各大环节的关键里程碑进行管控和操作。根据诸多标杆企业管理实践，许多房企集团一般会针对项目价值链前端从项目论证、项目策划和方案设计整个利润规划区进行操作。而对项目后端交由一线项目团队进行操作执行，集团只需要在后续关键节点进行管控审批即可。

➢ 运营监控型：运营监控型指的是对项目运营的关键节点，集团不直接参与操作和执行，即使在决定项目利润的论证、定位和方案设计环节，集团也直接交给项目一线团队去操作，集团只需要对方案和关键成果进行审核和监控。

2）两种管控模式的演变

一般而言，集团公司对项目的管控会随着企业规模和项目数量进行权责的权变调整，换句话说，没有一成不变的集团管控模式。在实践中，房企在本地化、异地化发展初期，集团考虑到跨区域多项目扩张的潜在风险，往往与本地化项目管理一样，会对项目利润和风险最集中的全段直接操作，指导方案设计完成以后才交由项目一线去操作，所以房企初期大多以关键点管控型为主。而随着房企跨区域多项目战略发展的推进，集团总部需要管控越来越多不同区域和众多数量的项目，管理精力越来越不足，而一线也需要更多的操作灵活性，因此集团开始对项目运营的管控进行适当放权，从原来的前端关键点操作管控开始放手让区域一线去直接执行，集团只需要对整个过程的关键节点进行审批监控即可，由此集团完全过渡到运营监控型。

3）项目运营各阶段集团角色分析

➢ 集团决策阶段：此阶段主要聚焦在项目运营前端即项目论证、项目策划和方案设计环节。在这个环节，地产公司负责具体运作，而集团以决策者身份进行审批决策。具体而言，集团负责对前期关键节点工作成果进行听证决策，比如对方案设计听证决策。

➢ 集团监督阶段：此阶段主要聚焦设计细化（扩初设计、施工图设计）、招标采购以及施工管理。在这个阶段，主要是集团监督，地产公司运作。集团监督主要是对目标成本的审批、项目决策、招标文件和招标计划，而在施工管理、进度和质量安全方面，集团主要采取备案的模式进行监督。

➢ 集团服务支持阶段：此阶段主要聚焦营销管理、客户关系，在这个环节集团主要提供专业服务和资源支持。具体而言，地产公司负责具体运作，比如营销策划及销售，投诉管理和客户满意度的执行。而集团则负责对营销策划进行审批，并在重大投诉中以总部名义进行支持和处理（图 2-1-3）。

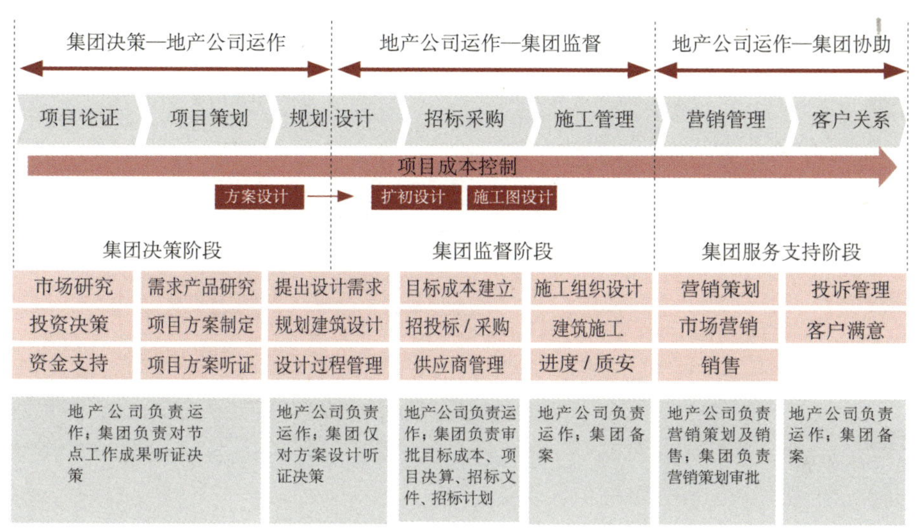

图 2-1-3

在标杆房企基于项目运营的管控过程中，大多会形成关键评审点、关键审批点、直接操作点、支持服务点和关键考核点。关键评审大多聚焦在项目前期的项目决策论证和方案评审。关键审批点主要针对项目关键里程碑节点审批，直接操作点和支持服务点大多汲取了集团的规划化、专业化、整体化的优势，比如万科、中海、龙湖对战略采购进行直接操作，这样比地区城市公司运作更有集团优势。比如对成本数据库和成本科目统一，万科和中海都提供相应的支持服务。最后集团还需要设置关键的考核点，比如对供方满意度考核、基于客户满意度排名考核。具体标杆企业主要管控"决策点"矩阵如图 2-1-4 所示。

二、房企集团管控模式构建思路

1. 房企集团管控模式的影响因素分析

应该说集团管控模式并不存在一个"标准"或"万能"的模式，也没有"最佳"的模式，只有"最适合自己"的模式，而且它们还将随一些外界因素的变化而

关键评审点	1.1 立项评审（万科）；1.2 项目决策论证（万科 / 中海 / 龙湖）；1.3 产品定位策划、项目运营目标评审（中海）；1.4 项目启动会 & 成果评审（龙湖）；1.5 概念 / 方案设计评审（万科 / 中海 / 龙湖）；1.6 营销策划方案含价格（中海 / 龙湖）；3+X 评审点
关键审批点	2.1 项目关键里程碑节点审批（万科 / 中海 / 龙湖）；22 目标成本审批（四个环节）（万科 / 中海 / 龙湖）；2.3 权限外战略采购（万科 / 中海）
直接操作点	3.1 新公司设计工作（万科）；3.2 战略采购（万科 / 中海 / 龙湖）；3.3 工程例行检查（万科 / 中海 / 龙湖）；3.4 销售风险检查（万科 / 龙湖）
	项目论证 → 项目策划 → 建筑设计 → 招标管理 → 工程管理 → 销售管理 → 客户服务 → 物业管理
支持服务点	4.1 产品品类及标准化研究（万科 / 龙湖）；4.2 成本数据库、成本科目统一（万科 / 中海）；4.3 标准化合同管理（万科 / 中海）；4.4 工程技术标准研究（万科 / 中海 / 龙湖）；4.5 客户服务标准（万科 / 龙湖）；4.6 物业服务标准（万科 / 龙湖）
关键考核点	5.1 成本考核（万科）；5.2 供方满意度考核（万科 / 龙湖）；5.3 工程检查排名（万科 / 中海）；5.4 客户满意度排名（万科 / 龙湖）；5.5 信息考核排名（万科）；5.6 资金计划考核排名（万科）

图 2-1-4

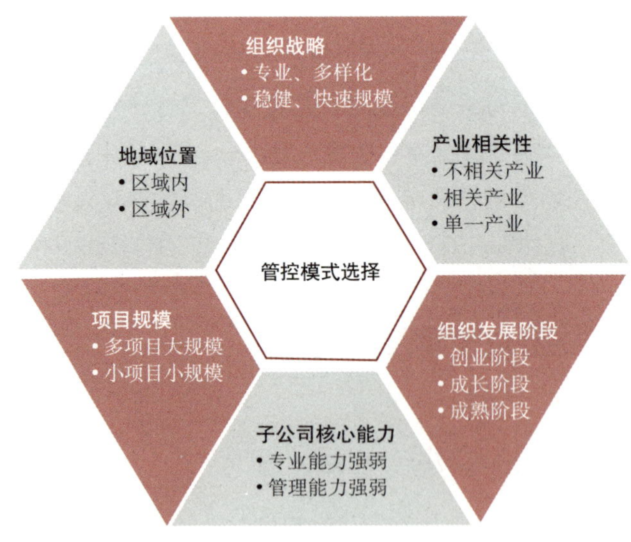

图 2-1-5

不断调整。影响集团公司组织结构具体形式的因素有组织战略、组织发展阶段、子公司核心能力、项目规模大小、地域位置、竞争环境、业务组合、行业特点、企业规模、管理传统、政府政策、法律规定、集团所处的不同发展阶段。因此，房企集团管控模式并非一成不变，万科等房企的管控模式不一定适合其他房企，更多的应该是领会集团管控模式与企业集团自身战略、现有规模和发展阶段相匹配的管控模式（图 2-1-5）。

1）房企的管控模式随房地产发展规模、组织架构和发展模式而变化

中国城市化和工业化正在迅速推进，这给中国房地产企业带来无限的良机。有研究表明，中国房地产行业至少还有 20 多年的黄金发展时期，诸多房企都在寻求做大做强，他们从本地走向异地、从异地走向全国，而组织架构也从“公司—项目”到“集团—城市—项目”三级架构,再到“总部—区域—城市—项目”四级架构，万科等是典型，房企规模的扩大也带来管控模式的相应变革和改善。从规模上来讲，当房企集团规模比较小，子公司较少时基本上分布在同一区域，经营管理复杂性较低，集团对子公司实施集权的经营管控，且利于最大化资源使用效率和提升集团整体竞争力。随着企业集团子公司区域分布分散度提高，协调控制难度加大，信息沟通更为困难，此时集团必须逐步放权，向战略管控模式、财务管控模式过渡。

2）管控模式与房企发展生命周期阶段相匹配

在创业期，房企一般是直接开展和参与生产管理活动，具有经营管控模式的特征。在成长期，企业集团迅速扩张，集团总部更多地依赖战略规划和经营计划监控子公司，常采用战略管控模式。在成熟期，企业集团可能仅仅关注其对母公司的资本增值贡献，此时常采用财务管控模式。

3）管控模式与房企集团类型相关联

根据经营性质，房企集团可划分为资本运作型、产业经营型。以资本经营为主的财团型房企集团，关注对子公司的财务控制和子公司的资本增值贡献，不关心其具体业务运作，多采用财务管控模式，比如华润集团与华润置地。而以房地产开发为主的产业经营房企，不但关注子公司的资本增值贡献，而且直接参与和监控子公司的生产经营活动，因此宜采用经营管控模式，比如万科集团。

4）管控模式选择与房企子公司布局分散度相关联

当前房企都在向外地扩张，如果子公司布局集中，离总部较近，则便于集中统一管理，适宜采用经营管控模式。若子公司布局分散度较高，离总部较远，则多采用战略或是财务管控模式，以便子公司根据当地实际情况和市场变化及时做出经营决策。

5）集团管控模式与房企母子公司各自的管理成熟度相关联

当母公司有较高的意愿和能力管理子公司时，母公司会更多地干预子公司的战略与经营，期望实现集团的统一管理、协调运作，因此适宜采用经营管控模式。反之，则倾向于采用战略管控模式、财务管控模式。与母公司管理成熟度相对，子公司管理意愿和能力较强时，集团总部倾向于减少直接干预，将更多时间和精力用于考虑集团长远战略和处理例外事件上，给予子公司更多的经营自主权，常用财务管控模式；反之，则宜采用经营管控模式。

6）集团管控模式随房企集团文化和领导人风格而改变

集权程度越高，越适宜采用集权型的经营管控模式；反之，宜采用财务管控模式。当母子公司具有相对一致的文化特质时，往往采用经营管控模式；但是母子公司文化存在较大差异时，集权型管控模式常常效率低下，甚至可能出现失控情形，所以此时宜采用战略管控模式或财务管控模式。

房企企业家领导风格。勒温研究发现，领导风格可分为独裁式、民主式和俱乐部式。当企业家偏好独裁式领导时，喜欢把握细节，事必躬亲，加强对子公司的经营管控；民主式的企业家倾向于关注战略事务和例外事件，喜好战略管控模式；俱乐部式的企业家偏爱以最低限度的努力实现业绩目标，常应用财务管控模式。

7）集团管控模式与房企集团信息化水平休戚相关

信息化水平越高，母公司越有能力收集和整合诸多子公司的全方位的及时信息，对关键信息点的监控能力也就越强，由此企业集团越有可能采用战略管控模式或财务管控模式，提高子公司的经营自主权和创新意愿。

8）管控模式与房企子公司战略重要度相关联

战略重要度是指子公司经营业务在整个集团中的战略地位，常以业务定位和关联强度衡量。业务定位越高集团越倾向于采用经营管控模式；反之，越可能采用财务管控模式。关联强度是指子公司的资源、能力与母公司、其他子公司经营业务之间的关联性高低。如果关联性高，则集团公司更有可能对子公司采用经营管控模式，以提高资源整合配置和利用效率（表 2-1-1）。

房企集团管控模式选择的影响因素　　表 2-1-1

管控影响因素	操作管控型	战略管控型	财务管控型
集团类型	产业集中战略	相关多元化战略	非相关多元化战略
产权关系	全资和绝对控股	相对控股子公司	参股子公司
总部功能定位	运营型总部	协调型总部	投资型总部
企业文化领导风格	权威型领导风格	民主型领导风格	参与型领导风格
企业发展周期	创业期	成长期	成熟期
子公司管理能力	管理素质低	管理素质中	管理素质高
信息化水平	信息化水平低	信息化水平中	信息化水平高
经营模式	产业经营	产业经营 + 资本经营	资本经营

2. 基于价值风险链的项目管控策略

房地产属于典型的项目运营制，尤其对专业型房地产企业而言，企业的利润和现金流绝大多数来源于众多项目！所以无论对于集团管控模式还是对于项目组织选择而言，都必须充分聚焦和认知房地产项目的特征，基于此，我们从利润价值链和运营风险两大维度，针对项目运营的全过程，也就是项目全生命周期（项目论证、土地获取、项目策划、规划设计、工程建设、销售管理、售后服务和物业管理）进行深入分析，以此实现更科学、更理性的集团管控和项目组织选择。

在整个房地产项目运营全过程中，利润贡献和风险从前端向后端所呈现的特点是递减。越前端风险和利润贡献越大，越后端利润贡献和风险相对越小。对整个项目环节对利润的贡献和风险来分析，我们可以将项目运营典型分解为三大阶段，即形成利润规划区（投资策划、土地获取和项目策划）、利润生产区（建筑设计、采购管理、工程管理）和利润兑现区（销售管理、入伙管理等）（图 2-1-6）。

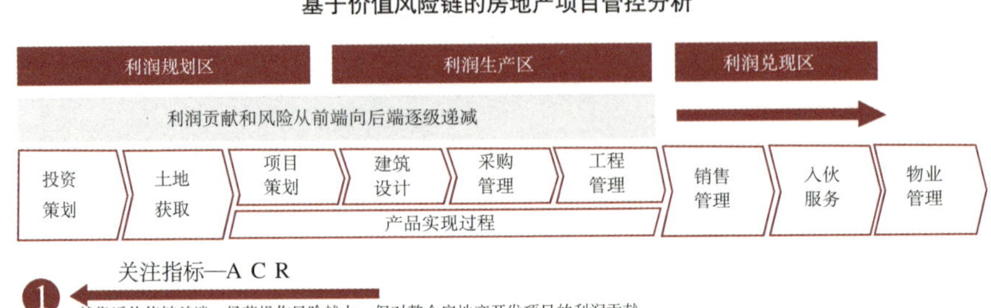

关注指标—Q C T

2

•价值链中段是整个房地产开发项目的质量和成本控制区间，决定了利润的最终实现大小，管控重点关注质量和动态成本的控制（工程管理、成本管理流程）

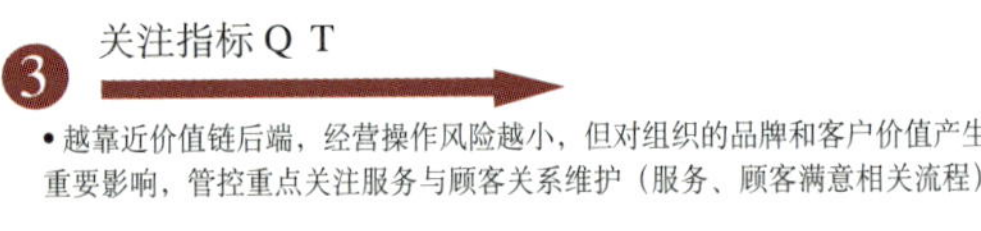

图 2-1-6

➢ 利润规划区：属于整个项目价值链的前端，投资策划、土地获取、项目策划的好坏直接决定了该项目的理论利润空间。它本身属于对项目利润的整体战略规划，从管理角度而言，在这个阶段需要特别关注风险控制和成本控制，尤其是在高地价时代，不拿地王，拿合适的地，方能有效保证利润！

➢ 利润生产区：属于整个项目价值链的中端，这个过程基本属于产品的实现过程，也属于利润的生产区。它具体按照前期的规划进行建筑设计和工程建设，在这个过程中，管控的重点在于关注项目的质量和动态成本的控制。如果说前端决定了项目的利润，那么中端则决定了项目的成本。

➢ 利润兑现区：属于整个项目价值链的后端，这个阶段不仅涉及现金流的快速大规模回笼，决定了销售任务和利润的直接兑现。更重要的是对于致力于长远发展的房企而言，这个阶段与客户交互过程中的产品、服务等品牌的整体渗透和客服也同样重要，客户对产品和服务的群体性意见往往决定了项目的销售和房企公司未来项目的优化。这个过程管控的重点在于关注服务质量和客户关系经营维护。因为在这个环节，房企收获的不仅仅是销售额，更是客户的口碑和忠诚度。

事实上，在项目运营的整个过程中，要在前端设置利润目标，在中端进行过程管控，监控成本和进度，而在后端需要关注结果的兑现，并对客户资源和客服品牌进行增值。

3. 项目组织设置“三大边界”原则

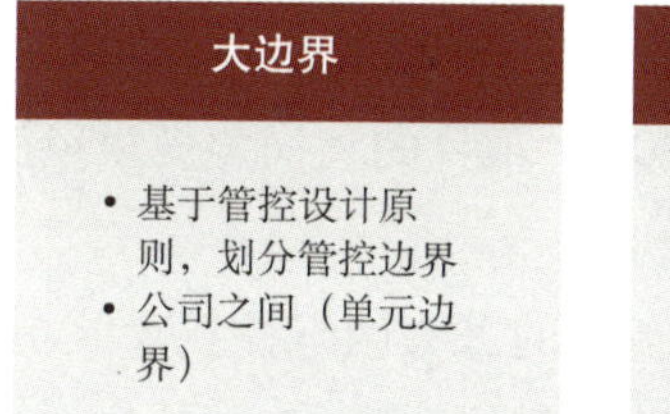

图 2-1-7

无论哪一种项目组织，专业职能化是必然的，应该说自上而下的职能垂直管理不涉及太多的灰色地带。

但是在公司之间、部门之间和岗位之间往往存在管控的灰色地带。因此，房企在设计组织管控时，一定要基于管控设计原则，划分管控的边界，即首先处理大边界即集团、城市和项目三者之间的权责边界（图 2-1-7），需要清晰：集团管什么？区域城市公司管什么？项目管什么？组织设置的小边界指的是基于边界进行职能细分，比如设计、工程、成本、销售、采招等职能之间的边界地带；职能与权责的背后必然涉及实际业务的流程，企业在公司、部门边界划分清楚后，就剩下对核心业务流程关键活动边界细分，最终让岗位设置解决业务活动的边界。

需要强调的是，“三大边界”只是组织设置中的一个原则，其核心目的还在于通过组织、部门和岗位的设置最终实现集团管控目标和支撑业务高效执行。

4. 集团项目管控的五种典型手段

无论集团管控模式的落地还是项目组织的运营，都离不开管控手段去实施。根据诸多标杆房企的管控实践，我们将房企管控手段归纳总结为五大类型，即主要表现为直接操作型、过程关键点决策型、主动监控和预警型、通过获得信息进行监控型以及事后审核监控型。

➢ 直接操作型：属于强管控范畴，意味着集团直接全程参与操作、运营和决策，基本就是全程管控式，此种管控手段大多应用于项目论证、定位策划、战略采购等重要环节，因为这些环节直接决定和左右了项目的利润和规模经济优势的有效发挥。

➢ 过程关键点决策型：介于强弱管控之间，体现的是集团管控抓大放小、选择关键点进行刚性管控，比如集团针对一线项目的设计评审和营销价格的评审，这种管控有效实现了集团关注项目关键节点和重要里程碑的管控，又让一线在具体业务运作细节有了更多的自主权和灵活性。

➢ 主动监控和预警型：强调的是事前防范，尤其针对关键业务运营信息比如项目的动态成本、客户关系进行监控和预警。比如集团成本部在对项目动态成本监控过程中，如果发现动态成本超过前期设定的目标成本时，集团就会对项目公司发出预警。

➢ 通过获得信息进行监控型：这属于典型的“集团备案”管理形式，集团通过下属公司业务信息的备案要求，充分查阅和获取集团基本的知情权，又很大程度上给予一线更多的经营灵活性，使得“手脚”放得更开。

➢ 事后审核监控型：这属于弱管控，这种管控手段相对被动，即对事后的结果进行审核监控。比如针对财务审计、制度流程审核以及工程审计（图 2-1-8）。

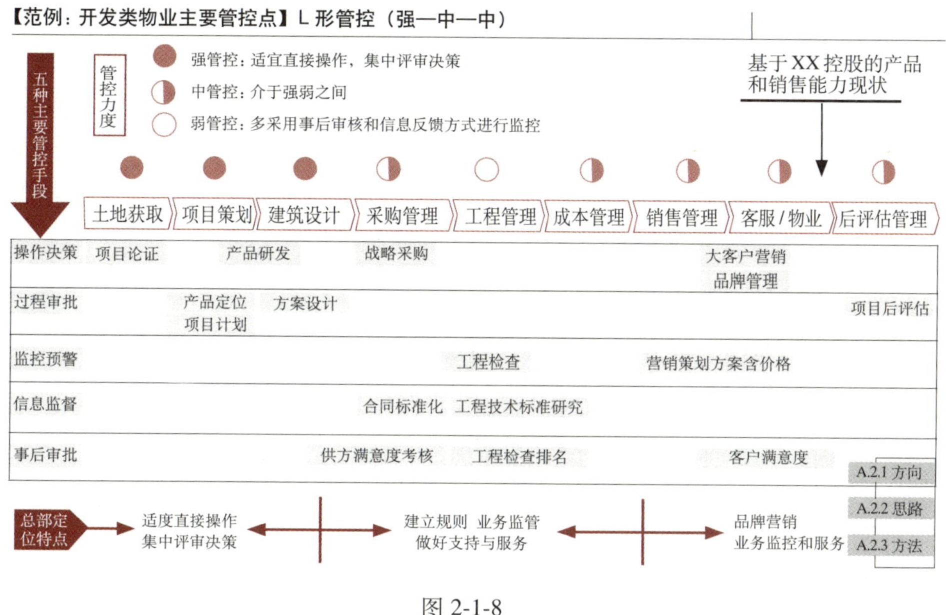

图 2-1-8

第二节　房企项目组织模式匹配

伴随房地产的快速发展，跨区域多项目的发展模式已经成为众多房地产企业的经营发展战略，单纯依托本地化的长期发展已经很难具有可持续性。在这样一种背景下，伴随管理半径、管理幅度等迅速扩大，房企既要解决项目运营业务模块的专业分工的高效率问题，又要解决专业分工所带来的部门壁垒、沟通不畅的协同问题，因此房企需要根据项目跨区域分布的远近、项目数量的多少、项目管理团队的成熟度、信息化管理方式的水平等多种因素去考虑如何构建合适的项目组织，最终形成集团和区域城市公司对项目全过程的有效管控。

根据房地产企业项目组织构建和运营的经验，房地产企业项目组织模式的选择主要表现为常规的职能制、项目制和矩阵制三种类型。一般来说职能制属于传统型组织，而项目制属于另一个“极端”，而矩阵型组织作为充满活力的组织，则是介于职能式和项目制两者之间，目前在西方和国内一些其他以项目运营为特点的企业中应用相对广泛。本节将依次对职能制、项目制、矩阵制各自特点、优缺点进行全面阐述。

一、常见的三种项目组织模式

1. 职能型组织——工程经理制

职能型组织存在大约有 200 年历史，政府部门及大多数企业的组织结构都是职能型的。采用职能型组织结构的执行组织中，部门是按职能来设置的，对房地产企业而言，其职能分工具体表现为投资、设计、采招、成本、工程和营销专业线。具体如图 2-2-1 所示。

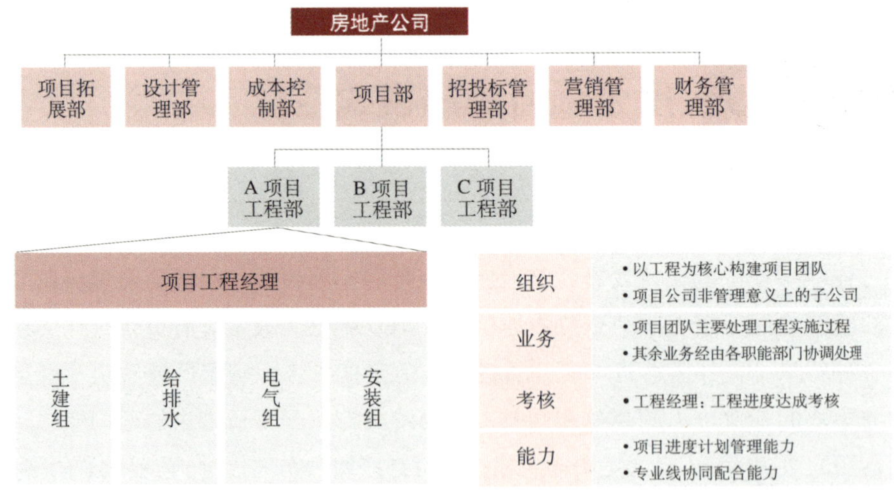

图 2-2-1

应该说，中国绝大多数本地滚动发展的小型房地产企业都采取职能型组织，这种企业最典型的特点就是，仅在单一城市（周边）开发项目，他的项目覆盖范围受限于公司的发展规模，会集中在相对狭小的地域范围内。

1）职能型组织结构的优点

➢ 业务分工专业化：对于此类企业而言，他们的项目公司并非真正管理意义上的子公司，更多的是以工程为核心构建项目团队，同时需要构建专业的职能部门，比如，拓展、设计、成本（造价）、采购、营销、财务等。由于聚焦专业分工，其业务流程和职责规范十分明确，利于把单一的业务做深做透。

➢ 管控清晰、权责有限：管控表现为典型的自上而下的垂直型权责结构，能实现很好的职能线上的专业控制。另一方面，项目团队不能对项目的利润和成本负责，主要以工程进度达标、质量达标、安全文明施工为考核指标；而对于项目的收益指标的保障主要是通过高管层协调实现的。

➢ 项目运营职能管控为主、协同为辅：项目管理的主体集中在公司层级，日常的工作开展主要是以职能线工作为主，项目协同为辅进行的。项目团队主要职能是对项目的工程实施部分进行管理，项目经理更多时候是作为工程经理而存在的。这种类型的公司为了加强公司各个职能部门对项目的支持，减轻项目经理协调各部门工作的难度，一般会在公司高管层找一个分管领导作为项目的总负责人。

➢ 适合多项目、大规模发展：在已有的专业化生产上容易采取大规模、多项目的生产。

2）职能型组织结构的缺点

➢ 没有一个直接对项目负责的强有力的权力中心或个人：缺乏专职人员对项目收益负责。一般情况下，工程经理只对项目工程进度负责，而真正投资收益和其他项目重要情况往往是城市公司总经理兼职负责。

➢ 不以目标为导向：各职能部门（如设计部、工程部、营销部、成本部）都很重视本部门的专业技术（业务），但没有对项目整体运营尤其是跨职能协同的重视。职能部门经理常常倾向于选择对自己部门最有利而不是对项目最有利的决策，因此所做计划常常是出于职能导向而很少考虑正在进行的项目。

➢ 客户问题处理不及时：因为不存在客户问题处理中心，因此所有的沟通都必须经过上一管理层，上一管理层充当了客户关系中心，并把复杂问题通过垂直指挥链分配到各个职能部门的管理者，解决问题的方案要获得各有关部门的一致同意，耗费大量时间，因而对问题的解决反应迟钝。由于信息必须经过多个管理层的传递，所以也容易失真。

➢ 协调十分困难：房地产很多业务需要跨部门协作和沟通，尤其在计划执行的关键节点达成上，需要上下游各部门整体高效协作，才能按时按质达成。而实际沟通和协调而言，公司缺乏专业专职的跨部门协作专员。要么是总经办人员不熟悉业务而无法协调，要么是计划专员没有对等的权责，很难去跨部门协调项目的进度。

3）职能型组织的管理难点

职能型组织在现实运营中，项目工程经理对项目工程进度的管理是没有问题的，经常出现的问题在于公司其他职能部门工作对于项目推进的影响，比如报建对开工的影响，设计对开工的影响，招投标对工程影响等。基于上，项目主要的管理难点在与责任的划分以及专业的协同，如何能够将项目运作过程中的各类型工作有效划分到各个业务部门，并清晰界定各个部门的工作交接的界面是难点。因此这类组织企业迫切需要提升的是：专业线的协同配合能力以及项目整体进度管理能力。

2. 项目型组织——项目经理制

项目型组织的企业典型的特点是房企在集团本部进行了较多项目的开发，而在异地项目运作上，刚刚处于起步阶段，这个时候往往对异地项目采取项目总经理制，并形成了异地项目标准的人力资源配置，即著名的项目“四人帮”——即给项目总经理配置“设计、工程、成本、销售”这四大核心专业职能，而在现实运营中，前期大多由总部牵头和协助管理，等到后期异地组织能力逐渐提高、人员能力提升以后再充分授权其独立运作。这类型的企业相对于“城市型开发企业而言”，管理幅度更大，面临的挑战也有所不同。另外，从企业整个经营和管控策略而言，他们主要还是聚焦在公司大本营区域进行项目开发管理，对于异地区域一般不会在战略规划的指引下进行有效的项目布局和开发，异地项目整个定位基本以单纯追求利润为主要的运营目标。

采用项目型组织结构的执行组织中，部门是按项目来设置的，具体如图 2-2-2 所示。

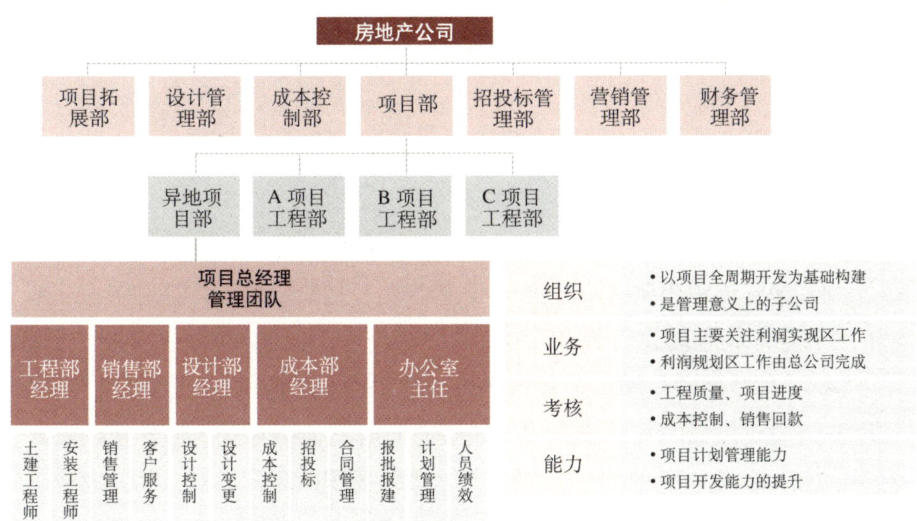

图 2-2-2

1）项目型组织的优点

➢ 目标导向明确：以任务为中心，目标为导向，最有利于开展项目的组织。

➢ 组织管控形成独立运营公司：在组织上，本地公司的组织架构几乎与城市型的开发企业无异，基本还是采用项目工程部的形式对项目进行运作和管理，但是对于异地项目管理的团队，将发生较大变化。首先，在公司形式上，异地项目基本已经是一个管理意义的子公司了，在异地子公司（项目团队）的组建上将包含更多的职能部门，比如会在项目团队中构建设计、成本、工程、销售等相应的职能，同时在总经办会构建计划管理和开发报建的职能。

➢ 项目管控分解为总部与项目公司管理层两级：异地项目管理的职责会分散到公司总部和项目公司管理层两个层级，日常的项目运作过程中，总部职能部门除了处理好本地项目的支持之外，还需要针对异地项目公司的运作情况提供服务，并采取必要的手段对其运作过程进行监控，而子公司的项目团队是项目过程的主要运作和实施组织，此时两个不同的管理层级可能对于项目运营过程中关注的阶段和要点会有所侧重。比如公司总部的人员关注的是项目运作前期的重要规划、设计等内容，甚至会直接操作项目的拓展、策划、设计等前端关键环节，而项目公司关注的是项目具体实现过程。总部公司对子公司的管控方式以在项目关键节点（目标成本、合约规划、重大采购、销售价格方案、月度资金计划）等进行决策管控为主。

➢ 项目管理团队与总部管理侧重差异化：项目管理高层团队日常更多的精力会放在协调外部关系，主要体现在办理相关证件方面，他们是项目的主要资源，因此对公司管理和团队建设方面一般较难投入大量精力。此时，作为总部专业部门往往会承担管理建设和团队建设的职能。

➢ 总部全面考核项目运营和结果指标：对于此类型的企业而言，项目子公司团队需要对项目的利润或者成本负责，此时总公司对其的考核指标主要以经营类（施工面积、竣工面积）、销售类（销售面积、销售金额、结算面积、结算金额）、财务类（主营业务收入、主营业务成本）、工程质量、进度为主，一般情况下不会要求项目的利润率、毛利率、现金流等财务和现金指标；在营销层面，由公司总部进行统一策划，项目团队的销售部门更多的是执行总部决定，此时这类型的项目公司总经理一般不对营销结果负责，但他一定需要对项目的成本负责。而对于现金流，总部一般会采用月度资金计划的形式进行严格管控。

2）项目型组织的缺点

➢ 一个项目配一套人马，工作、设备、人员都存在重复设置现象，资源使用效率低下。

➢ 每个项目中专业人员都可能是单枪匹马地奋斗，不像职能型组织，同专业的人员集中在一个部门，技术上可以相互支持。

➢ 某个项目完成后要等下一个项目到来，轻则是一段时间内资源闲置，重则要解雇职员。

3）项目型组织的管理难点

项目型组织的管理难点集中在公司总部与项目团队管理职责的划分，公司总部如何把握项目操作的深度。

具体而言，需要一个相对明确的划分清楚：在异地项目运作过程中，哪些事情应该由总部直接操作，哪些事情应该由项目团队自行操作，哪些内容应该由总部决策，哪些内容由项目团队决策、总部备案。

4）项目型组织的实践——老板加项目公司主导模式

此组织类型在现实中大多表现为“老板＋项目公司主导”的模式。在中国，有相当一部分开始实行跨地区、多项目发展的成长型地产企业，因人才外派项目而出现集团职能空心化现象，被动出现关键决策权力下放到项目，最终由老板及项目共同决策，大多数在本地未形成较成熟的集团职能管理能力的、刚开始异地多项目发展的企业都表现出该模式特征。

本组织类型的劣势在于：几乎靠的是人治，决策风险完全集中在老板一人身上，如果出现用人失误则可能导致该项目的失败，此类型的企业因资金实力并不雄厚，抗风险能力还比较弱，一旦出现一个项目失败很有可能直接影响到整个公司的元气。

解决思路：重新做强集团关键管控职能，尤其是聚焦于投资拓展和设计这两个风险与收益都巨大的价值链前端的环节。另外，通过信息系统和情报系统的建设，保证异地项目各种市场及运营关键数据及时传达到总部，提高总部的决策反应速度和准确度。

3. 矩阵制——介于职能制和项目制混合体

随着运营规模的扩大，一些大规模跨区域发展的企业将运营中心下沉到区域，采取区域分工模式。公司希望区域对项目这一层从两三个维度上，同时兼顾不同业务目标或群体的需要，如在发挥专业规模效应的同时，也能满足项目对响应速度的要求，或各专业领域之间相互转移或共享知识的需求，还能较有效规避风险，因此越来越多跨区域众多项目同时发展的大型房地产企业采取矩阵式架构。这一架构的特点是双重或三重汇报关系，沟通协调比较复杂，对很多缺乏职业化环境的中国房地产企业来说挑战很大。即便企业采取矩阵式管理，两三个维度中还是有一个处于比较强势的主导地位（往往是利润中心），其他维度起到的实际作用以支持和辅助性目的为主。

在矩阵型组织里，项目经理的角色类似于总经理，负责整合公司有关资源来完成项目目标。职能经理的角色类似于技术专家，对高质量地完成所承担的产品任务负责。每个员工有两个经理——项目经理和职能经理，项目性职责向项目经理汇报，职能性职责向职能经理汇报。

具体而言，矩阵型组织是职能型组织与项目型组织的混合体，具体组织结构如图 2-2-3 所示。

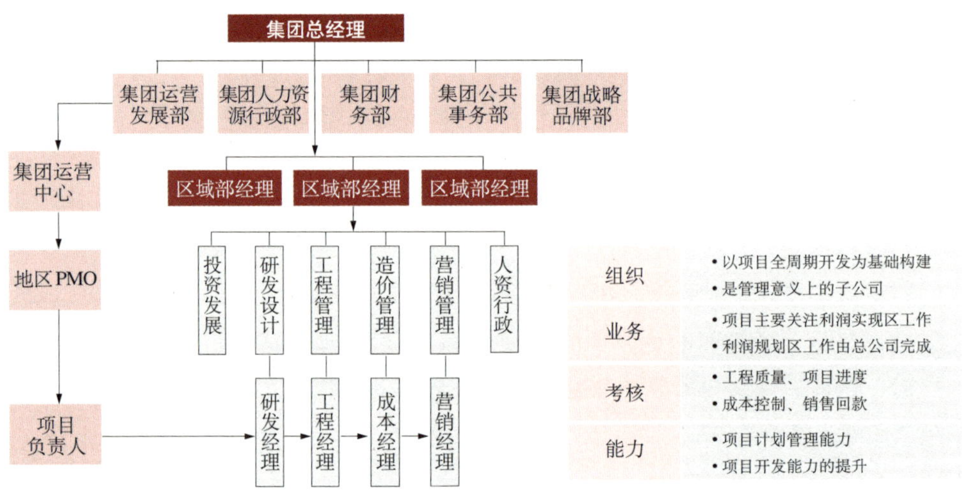

图 2-2-3

1）矩阵型组织的特点

矩阵型组织结合了职能型组织和项目型组织的优点，克服了二者的缺点，其具体特点如下：

➢ 项目负责制——能够以项目为导向，有了直接对项目负责的人。

➢ 高效沟通与业务协调——协调工作由项目管理队伍承担，可以跨职能处理客户问题和业务协同问题。

➢ 资源和知识分享复用——资源来自各职能部门，并且这些资源可在不同项目中共享。

➢ 人才资源有效利用——专业人员在技术上可相互支持，各专业员工组织上仍归属其职能部门，因此项目结束后，员工“有家可归”。

2）矩阵型组织的分类

按项目经理权力大小及其他项目特点，矩阵型组织分为弱矩阵、平衡型矩阵和强矩阵。表 2-2-1 列举了不同类型矩阵组织的项目特点。

不同类型矩阵组织的项目特点 **表 2-2-1**

项目特点	弱矩阵组织	平衡型矩阵组织	强矩阵组织
项目经理的权威	有限	小到中等	中等到大
执行组织中，全时为项目工作人员的百分比	0 ~ 25%	15% ~ 60%	50% ~ 95%
项目经理的角色	部分时间	全时	全时
项目经理角色的常用头衔	项目协调员 / 项目主管	项目经理 / 项目主任	项目经理 / 计划经理
项目管理行政人员	部分时间	部分时间	全时

资料来源：PMBOK。

➢ 弱矩阵应用——弱矩阵组织保留了职能型组织的许多特点，项目经理的角色更像协调人员而非一个管理者。对于技术简单的项目适合采用弱矩阵型组织。为什么呢？因为技术简单的项目，各职能部门所承担的工作，其技术界面是明晰的或比较简单，跨部门的协调工作很少或很容易做。

这种形式与职能组织非常相似，除了正式授权项目经理，使其负责项目活动的协调以外，职能经理负责其项目部分的管理；项目经理基本执行经理的职责：列时间表及检查表、搜集有关工作状况的信息、促进项目的完成。项目经理加快与监督项目权力是非直接的，职能经理负责大部分这方面的工作，并决定哪些人做哪些工作，以及何时完成工作。

➢ 平衡型矩阵应用——对于有中等技术复杂程度而且周期较长的项目，适合采用平衡型矩阵组织。采用平衡型组织结构，需要精心建立管理程序和配备训练有素的协调人员才能取得好的效果。

➢ 强矩阵应用——这是一种经典的矩阵形式，项目经理负责设定需要完成的工作，而职能经理则关心完成的方式。更具体地讲，项目经理制定完成项目的总体计划、整合不同领域的努力、制定时间表、监督工作进程；职能经理则根据项目经理设定的标准及时间表，负责人事的安排并执行其所属项目部分的任务。“内容与方式”的结合要求双方密切合作，共同进行技术与操作方面的决策。

在强矩阵组织中，具有项目型组织的许多特点：拥有专职的、具有较大权限的项目经理以及专职的项目管理人员。对于技术复杂而且时间相对紧迫的项目，适合采用强矩阵组织。这种形式试图在矩阵环境中营造出项目团队的“感觉”。项目经理控制着项目各方面的大多数，它包括机会权衡及职能人员的安排，项目经理还控制着专家何时工作、做什么工作，并对主要的项目决定拥有最后发言权。职能经理对其人员拥有权力，在需要时，项目经理会对其进行咨询。有些情况下，职能经理所在的部门可以作为项目的一个“分包工”，此时，他们将对专业化的工作有更大的控制权。例如，开发一个新的电脑系列，要求来自不同领域的专家在项目矩阵的方式下从事基本的设计和操作要求，一旦细节得以确定，某一组成部分（例如能源）的最终设计与生产就分别安排给职能小组来完成。

强矩阵制的项目运作方式，有资源共享、能在公司层面积累专业能力、应变灵活等诸多优点，但在实际操作中，容易出现一些突出的问题：

权责利不对等。项目经理拥有在项目上的行政权力，但是业务职能归属于各个专业部门，项目经理的业务权限有限，行政权力和业务职能之间很难达到平衡。项目经理对项目的责任大于其在项目上拥有的权利，在推动项目运作的过程中，容易遇到来自于公司职能部门的阻力。

工作职责交叉，划分不清晰。部门与部门之间缺乏统一步伐，协调动作的动力，各部门对自己的工作任务负责，而不对整体负责，当一项任务遇到阻力，工作目标没有完成，部门之间往往互相推诿责任，难以找到主责任人。

缺乏全局观，整体性、连续性。项目运行具有临时性和一次性的特点，项目结束后将重新配置任务，重新进行人员的组合，这种情况下，员工难以做长远打算，也很难从整体项目运行的角度上去开展工作。

人员接受多头领导。从各个专业部门派到项目上的人员，从隶属关系上来说仍然属于职能部门，员工在业务上接受业务部门的指导，在项目上又要接受项目经理的领导，员工被派到项目上，工作的意义就在于项目目标的实现，而长期来讲，员工个人的升迁、培训、考核等权利归属于相关业务部门的经理，这就容易使员工产生一种多头领导下无所适从的感觉。

3）矩阵组织结构分析

采取矩阵管理的第一个目的，是基于专业化的考虑。组织中任何一位成员均非全能，仅能在某些领域中，相对地比其他成员更专业些，透过组织的设计来强化管理，让不同领域中相对专业的成员彼此互补，以充分发挥每个人不同的专长，进而让组织的整体运作效能达到相对最佳化。专业考虑之外，矩阵管理也基于分工的需求。一个组织须具备的基本功能不少，若由同一名主管直接掌管不同的功能，时间上并不允许，透过矩阵管理则可达到专业分工的效果。此外，矩阵管理也是应组织运作统一化的需求而生，让组织运作得以依循统一的原则。例如，公司的人事制度必须各部门统一，即便因不同职系而略有差异，但仍旧在同一套系统下运作，主管无权在自己领导的部门内，擅自主张另外一套人事制度。基于这些考虑与需求，矩阵管理早已存在组织的运作中，甚至普遍到让人感受不到其存在，因此绝非一套特殊、新创的管理模式。

矩阵管理分为多种类型，其一为基本型。以组织中的人事、总务、财务等功能而言，各部门均依循统一的制度运作，在此情形下，其他功能的部门主管并未对其部门拥有百分之百的主导权。当产品规划部门的主管要选用干部时，必须遵循人事部门所制定的规则，其公务报支也必须经由财务部门的核可，否则，将无法进入公司的运作系统。这便是矩阵组织的基本特质，没有人会质疑这种运作方式。另一种矩阵管理属于局部型，其范围仅基于组织内某些部门间的互动，其产生的灰色地带较多，也较容易出现问题。例如业务部门的主管虽掌管销售功能，但其销售策略却不能完全自主，必须依照产品规划部门制定的原则，不能为了争取业绩而任意降价；对于客户的放账额度与时间，业务主管也必须经过财务部门的同意，不能擅自决定更改。

矩阵就像电波一般，在组织中无所不在，普遍到让人感觉不到其存在，因此不要用传统对组织的观念来看待，认为主管对其部门具有百分之百的主导权。事实上，一名主管能够顺利推动部门的运作，主因在于针对其无法主导的部分。

二、房企项目组织选择与典型比较

1. 三类项目组织的整体评价与比较

职能管理型、矩阵管理型和项目管理型三种项目组织完全体现了项目授权程度的差异性，三者究竟有何区别？我们从职责分工、各自优点、缺点和推行背景进行比较。具体如图 2-2-4 所示。

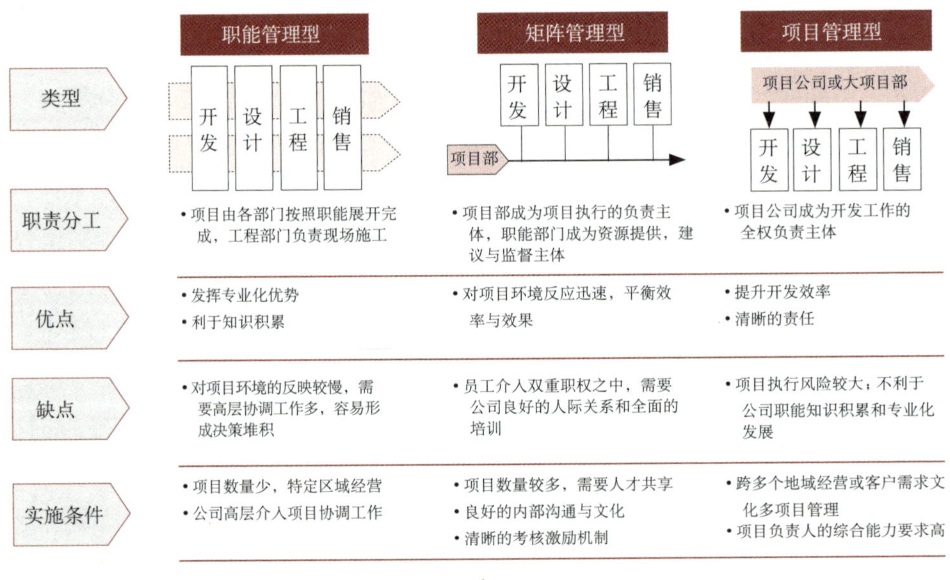

图 2-2-4

2. 三类项目组织的具体项目权责差异比较

按照房地产公司对项目运作控制的深度，从强到弱依次有以下几种方式：职能制、弱矩阵制、强矩阵制、项目公司制。图 2-2-5 从项目全生命周期各阶段，公司对项目参与程度的两大维度来综合诠释这几种项目组织特征。

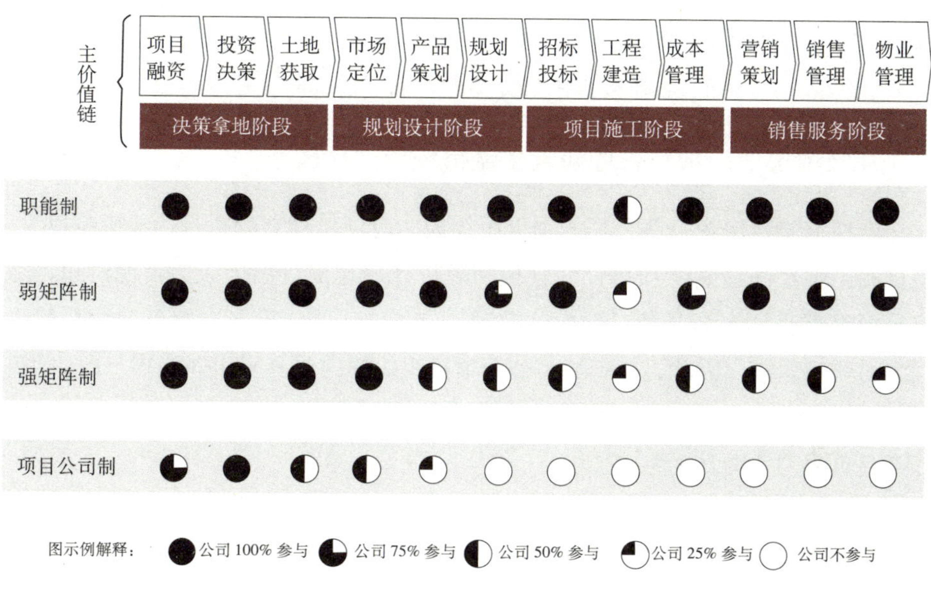

图 2-2-5

一般来说，如果公司同时运行的项目数量较少，适宜采取职能制的项目运作方式，以公司为平台进行项目运作和资源调配。如果是外地和本地项目兼有，且项目数量较多，或项目特性明显，则适于成立项目公司。项目公司相对比较独立，有一定的自主权，公司只在项目价值链前端、整个资金监管、骨干人才把控上面来把控项目。较多的房地产公司采取弱矩阵制的项目运作方式，例如万科、富力、金地等大规模房地产公司，虽然集团总部和区域公司多实行强矩阵制的管控方式，但是区域公司或城市公司和项目部之间的管控关系往往采用弱矩阵制方式。有的公司和项目之间直接采取强矩阵制，例如泰康置地，一是由于公司战略要求公司把更多的资源配置到养老社区运营环节上去，房地产开发环节并不是公司核心能力培养的重点；二是公司运作项目的能力有待培养，缺乏房地产项目开发的经验，寄希望于一个强项目经理通过强矩阵制的方式推动房地产开发环节任务的完成；三是由于跨区域项目的出现，公司决定采取强矩阵式的项目运作方式。

从整体项目运营组织模式而言，没有一成不变的组织模式，组织选择需要根据企业发展管理水平、发展阶段、战略选择等去决定与之匹配的组织模式。所以对于组织模式选择而言，不要追求最完美的，而要讲究与企业发展最匹配的！

3. 当前房地产项目管理两大主流组织模式比较

众所周知，房企一线公司的项目组织模式对项目计划的执行达成影响巨大，项目制、强矩阵最利于项目计划管理和项目计划达成。由于人力资源约束，城市公司很难找到多名具备"开发、设计、成本、工程、营销、财务"综合管理能力的项目总监，因此，房企城市公司项目组织模式更多采用职能式，即：项目经理一般为项目工程经理，项目的总控由总经理负责，项目各职能的工作由职能部门负责人负责。

1）职能式组织的项目运营模式（图 2-2-6）

职能式组织在项目计划管理中，普遍的问题是跨部门的项目计划难以在各部门中得到有效的执行。部门负责人一般只听从分管副总、总经理的安排；计划

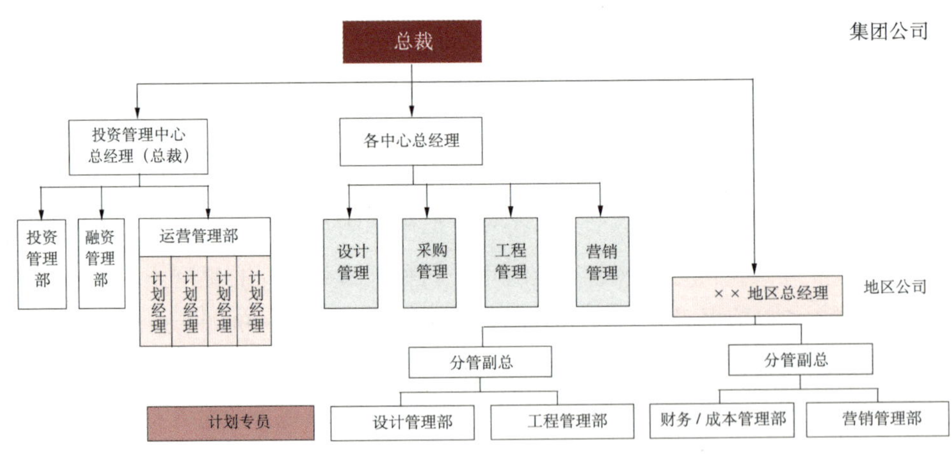

图 2-2-6

经理对项目计划的管理有责无权，部门月度计划的达成率都很高，但项目计划达成率总是很低；项目工程经理、计划经理常常成为项目计划未如期达成的“替罪羊”。

对于当前许多跨区域、多项目发展的房企而言，因为空间距离、文化与工作方式差异等原因，异地项目管控，集团与城市公司的纵向协同是个问题。当城市公司多项目并联开发时，职能部门的横向协同更是问题，效率下降、质量衰减的现象非常普遍。在这样一种背景下，房企将计划管理作为项目运营管理的核心所在，并以此解决项目纵向效率、横向协同等问题。在管理实践中，许多职能式主导的房企，开始构建集团运营管理部，并在运营负责人上选择总经办主任兼任计划经理，以此通过运营管理部和计划经理来统筹集团各职能部门的日常业务的沟通与整体协调。

在职能式项目组织中，基于集团、公司和项目计划管控大致分工如表2-2-2所示。

职能式项目管控分工 表2-2-2

序号	项目运营组织	关键职责
1	集团经营管理团队	由集团运营中心牵头制定计划管理体系，并动态监控运营各项指标，而在管控过程中分别针对拿地、开工、开盘、入伙等计划关键节点进行监控、审批和考核
2	公司运营副总	● 计划经理编制主项计划 ● 经营管理团队审核主项计划 ● 公司运营会议回顾经营目标 ● 完成并审核前段阶段性成果 ● 计划经理审核部门月度计划
3	项目工程	● 编制工程计划 ● 执行推进

➢ 城市公司总经办辅助总经理进行经营计划综合管控

在城市公司一级，很多房企的运营管理岗位一般只负责单纯的项目进度计划管理，缺乏以项目整体经营者的视角对项目计划进行综合审视，成了简单的上传下达的信息统计员。某些房企中，一线公司的运营管理岗位甚至是可有可无。

但在一些管理规范、重视运营的房企中，城市公司层面的运营管理职责往往由总经理及总经办负责（集团层面的运营管理职责由常务副总裁及总裁办负责），各城市公司总经办定位于辅助总经理进行经营计划综合管控，职责包括经营目标管理、项目收益管理、项目计划管理、信息化管理等，并根据城市公司并联开发项目的数量，设置合理岗位。总经办至少设置总经办主任、计划专员两个岗位。在并联开发项目较多时，还可增加计划管理人员及收益管理岗位。

➢《年度目标责任书》编制与跟踪管理

每年初，集团总部对各城市公司都会下达《年度目标责任书》，按财务、客户、运营、学习成长与可持续发展四个维度划分，涉及城市公司所有职能部门的主要年度目标。城市公司负责人的年度绩效评定以该《责任书》为主要指标，城市公司各分管副总的年度绩效指标也需包括其中对应的指标。

年初定目标：经营目标制定时，总经办主任组织总经办依据各项目的总控计划与各项目的目标收益模型，制定城市公司年度经营目标初稿，提交总经理及分管副总，为经营目标设定提供参考。

年中目标执行：经营过程中，总经办定期（按月、季）对《年度目标责任书》中经营性指标实现的过程进行统计、回顾，并将重大风险提供给总经理及城市公司经营管理团队。

年末指标考核：《年度目标责任书》中所有指标经集团各分管部门审核评价后，总经办负责对所有指标进行汇总统计。年终，在城市公司对年度目标达成情况自查基础上，集团本部相关职能部门将对各年度指标进行评价与考核。考核结果即为城市公司年度绩效，直接影响城市公司上自董事长、总经理，下至最基层员工的年度收入。

职能式项目管控的计划经理大多数来自房地产项目开发价值链的部门（例如：开发、设计、工程等），谙熟房地产项目开发流程，保证了其在专业上必须具备的基本能力。在能力要求上，计划管理人员不仅要求有一定专业能力，还要求有相当好的沟通协调能力，另外还需要企业的管理文化支撑。

➢ 通过部门月度计划管理，消除项目计划与部门计划的鸿沟

一般公司中，部门月度计划都是由部门负责人制定后，报分管副总批准即可。分管副总的审核一般不会过多考虑与项目计划的匹配性、相关部门的协同问题；

管理精细化的房企城市公司中，部门月度计划同样由部门负责人编制，但需要再通过信息平台提交给计划经理审核，最后才由分管副总或总经理批准。消除了项目计划管理与部门计划管理脱节的问题。

计划经理在审核部门月度计划时，重点审核部门月度计划的四个方面：一是部门计划是否有漏项。计划会议上确定的项目计划工作分解，部门负责人是否都列入了部门计划；需要前置性开展的项目计划是否已考虑了。二是部门计划的完成日期是否满足于各项目计划中的要求。三是涉及项目计划的工作项权重配比是否合理。避免项目计划中的工作在部门计划中被弱化。四是部门间的重点支持配合工作是否相互考虑了。规避和协调此类问题：A 部门列出某项工作需要 B 部门重点支持，但 B 部门的计划中并没考虑给 A 部门提供支持。分管副总及总经理在批准部门月度计划时，将综合部门负责人、计划经理的意见，最终形成各部门月度计划。

2）强矩阵组织的项目运营模式（图 2-2-7）

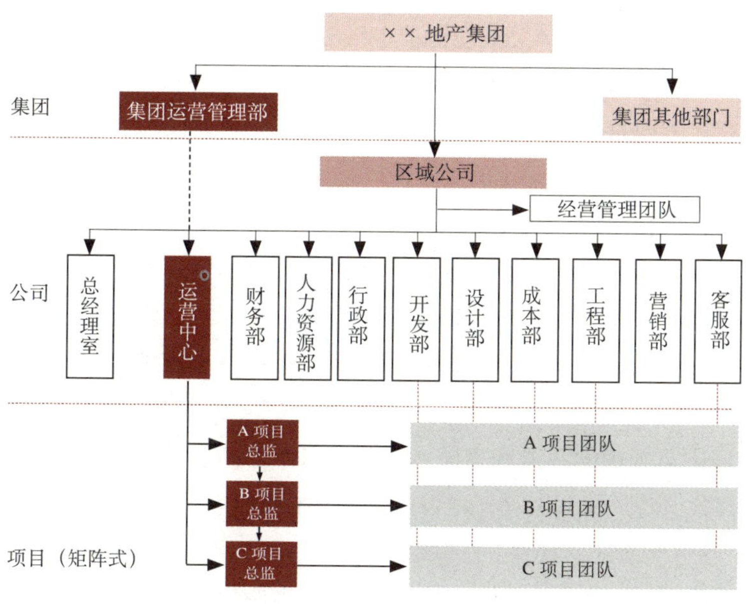

图 2-2-7

对于当前房地产企业而言，矩阵式比较典型，判断一个房企项目组织究竟是矩阵制还是职能式，关键一点就是项目经理到底承担什么职责，如果项目经理对整个项目的利润和整个计划运营负责，那就是矩阵制。职能式所谓的项目经理大多为工程经理，大多只对工程进度和质量负责。

矩阵制中集团会相应成立集团运营管理部，专门针对区域和一线项目的整体运营进行负责，其关键职责在于制定整个进度管理体系，并颁布计划管理流程，且在过程中维护和监控，在实际管控过程中集团会监控运营指标、审批、监控和考核项目运营的关键节点。整体而言，集团在项目运营中的职责体现为体系规章制度的确立和执行监督，以及过程中抓大放小，实行关键管控。

区域城市运营中心在项目运营的职责体现在对项目提交的关键节点进行审批，并通过公司级的项目运营会议监控运营指标，并对项目运营过程中所形成各条业务线的知识成果进行审核，以从质量维度衡量各条职能线业务工作的质量。这些知识成果大多体现为业务过程中关键报告、方案和关键文档成果等。

项目一线的职责主要在于具体执行项目计划的编制，通过项目例会进行反馈计划执行情况，并具体完成全段业务线的知识成果。

图 2-2-8 为某标杆房企的项目运营组织架构，其中涉及了两个重要岗位，其一是项目运营副总，其二是运营管理专员。在这一家标杆房企中，项目运营管理受到集团高度关注。

【城市运营副总】对于城市公司一级的运营副总而言，其直接上级为城市公司的总经理，属于行政范畴；间接上级是集团运营管理部总经理，属于专业职能范畴，这种双头领导属于矩阵制典型的特征。而在团队组成上，其所管辖的直接下级包含报批报建及市政配套中心经理、运营中心经理、项目总监及部门文员（图 2-2-9）。

项目运营管理的职能职责整体站在项目运营的整体纵向横向协同角度，推动项目高效运营。具体而言，项目运营副总的职能职责在于：

➢ 项目利润的监控者：很多企业对项目运营管理的对象就在于项目的整个进度，也就是一二级计划的按时按质完成，强调集团、城市、项目之间纵向的分级管理和投资、设计、工程、营销等职能线的横向协同，最终整体提升项目

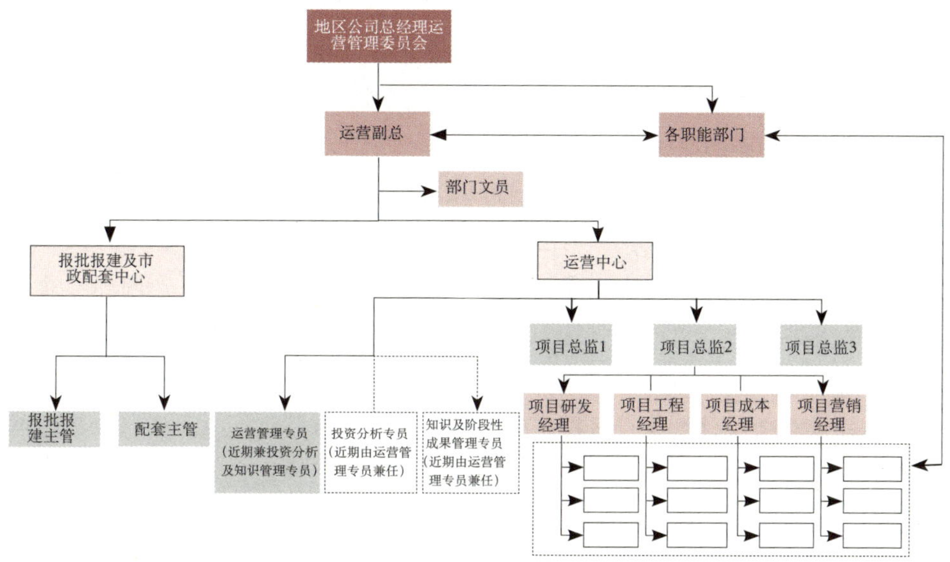

图 2-2-8

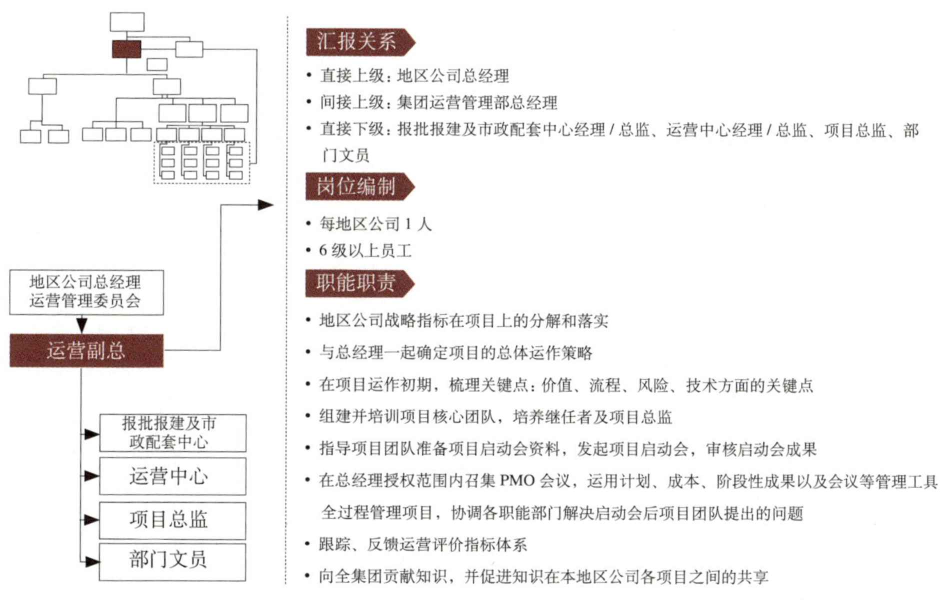

汇报关系

- 直接上级：地区公司总经理
- 间接上级：集团运营管理部总经理
- 直接下级：报批报建及市政配套中心经理/总监、运营中心经理/总监、项目总监、部门文员

岗位编制

- 每地区公司 1 人
- 6 级以上员工

职能职责

- 地区公司战略指标在项目上的分解和落实
- 与总经理一起确定项目的总体运作策略
- 在项目运作初期，梳理关键点：价值、流程、风险、技术方面的关键点
- 组建并培训项目核心团队，培养继任者及项目总监
- 指导项目团队准备项目启动会资料，发起项目启动会，审核启动会成果
- 在总经理授权范围内召集 PMO 会议，运用计划、成本、阶段性成果以及会议等管理工具全过程管理项目，协调各职能部门解决启动会后项目团队提出的问题
- 跟踪、反馈运营评价指标体系
- 向全集团贡献知识，并促进知识在本地区公司各项目之间的共享

图 2-2-9

运营效率。但不少标杆房企项目运营的负责人开始在更高视野去管控项目，那就是聚焦项目价值链的前端，对项目运营的整个投资收益过程进行监控和追踪，最终成为项目利润的监控者。

➢ 战略目标分解与运营目标设置：城市运营副总做好城市公司战略指标在项目维度上的分解与落实，并与总经理一起确定项目的总体运作策略，而在项目运作初期，梳理出关键点，尤其是针对项目价值、运营流程、风险和专业技术方面的关键点。

➢ 团队组建与学习成长：组建和培训项目的核心团队，培养继任者及项目总监。并针对项目计划执行过程中的关键项目知识进行沉淀，不仅向全集团贡献知识，并促进该知识在本地区公司各项目之间知识和经验共享，避免同一个问题在集团和地区内部重蹈覆辙。

➢ 运营管控和过程跟踪：指导项目团队准备项目启动会资料，发起项目启动会、审核启动会成果。并在总经理授权范围内召集经营管理者会议，运用计划、成本、阶段性成果及会议等管理工具全过程管理项目，协调各职能部门解决启动会后的项目团队提出的问题。在实际项目运营过程中，对出现重大异常和业务风险点进行监控，整个过程不断跟踪、反馈运营评价指标体系，最终确保项目运营过程中的合规性和目标完成性。

【项目运营管理专员】项目运营管理专员一般在每个地区公司编制 1 人，其直接上级是地区公司分管运营的副总经理，它是城市公司项目运营的底层执行者。具体职责在于（图 2-2-10）：

➢ 召集人：负责组织、支持项目启动会、项目阶段性成果审查会、项目决策会、项目周例会、项目月度运营总结会、项目年度 / 季度运营总结会。

➢ 监督者：参与项目进度计划制定、并参与监督运营各部门按既定计划推进项目开发，参与各项目月度计划的反馈和调整。

➢ 统计员：负责汇总及管理项目运营报表、部门月度工作简报、制定区域公司月度运营报表。

➢ 协调员：与集团运营中心就项目运营管理事宜进行沟通协调，并协调调动地区公司相关资源。

➢ 知识官：参与阶段性成果管理，协调相关资源。

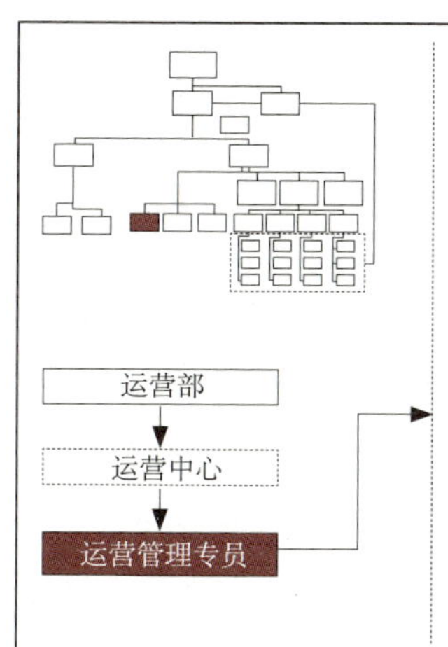

汇报关系

- 直接上级：运营副总
- 间接上级：无
- 直接下级：无

岗位编制

- 每地区公司 1 人
- 3/4 级员工
- 短期内公司运营管理专员兼任投资分析专员、知识及阶段性成果管理专员

职能职责

- 负责组织、主持项目启动会、项目阶段性成果审查会、项目决策会、项目周例会、项目月度运营总结会、项目年度 / 季度运营总结会。
- 参与项目进度计划制定，并参与监督营运的各部门按既定计划推进项目开发，参与各项目月度计划反馈调整。
- 参与阶段性成果管理，协调相关资源。
- 负责汇总及管理项目运营报表、部门月度工作简报，并制定公司月度运营报表。
- 与集团运营中心就项目运营管理事宜进行沟通协调，并协调调动地区公司相关资源。

图 2-2-10

3）两种组织的项目运营比较（表 2-2-3）

两种组织的项目运营比较　　　表 2-2-3

		矩阵制	职能制
总体	项目经理	项目负责人，负责整体项目成功标尺保障	工程经理，负责工程施工进度保障
	团队成员	完整项目团队，至少包含“四人帮”	工程项目团队，有的含造价工程师
	计划主导	项目负责人主导计划的推进与协同	计划经理主导计划的推进与协同
集团	规范	计划管理流程的制定、维护与过程合规性维护	计划管理流程的制定、维护与过程合规性维护
		监控运营指标达成	监控运营指标达成
	计划	审批关键节点	审批关键节点
		监控与考核关键节点	监控与考核关键节点
	成果	审批前段阶段性成果	审批前段阶段性成果
	质量	强制检查控制点	强制检查控制点
公司	计划	审核主项计划	计划经理编制主项计划
			经营管理团队审核主项计划
			计划经理核实主项计划执行情况
			各部门共同编制关键专项计划
	会议	通过公司运营会议监控主项计划风险	通过公司运营会议协同推进主项计划
	成果	审核前段阶段性成果	编制、审核前段阶段性成果
	部门计划		计划经理审核部门月度计划保证吻合项目要求
项目	计划	项目负责人编制主项计划；各职能经理承诺	编制工程施工计划，并执行推进
		项目职能经理编制关键专项计划	
		项目职能经理执行、反馈各级计划	
	会议	通过项目例会（周、月会）进行协同推进	项目现场工程施工协调会议
	成果	完成阶段性成果	

整体而言，在项目经理范畴，矩阵制的项目经理即为项目的负责人，整体负责项目成功标尺的落地，具体对项目利润指标负责，而职能式项目经理大多为工程经理，仅仅负责对工程施工进度和工程质量进行把控。而在团队成员中，矩阵制项目团队成员专业线非常完整，至少包含常说的项目四人帮“营销、工程、设计、施工”，而职能制的团队成员则属于工程项目团队，即土建、安装、园林等，有的含造价工程师。而对于项目的计划管控而言，矩阵制的项目负责人主导计划的推进与协同，而在职能制中则由计划经理主导计划的推进与协同。

➢ 集团管控层——无论矩阵制还是职能制，对于项目管控集团层级的职责是基本无差距的。整体而言，集团在规范层面制定、维护计划管理流程，并对过程执行的合规性进行检查，对运营指标达成情况进行监控。另外，集团会对计划关键节点进行审批，并在过程中监控，事后进行考核，在计划执行的质量维度，集团大多会对项目前端阶段性成果审批，成果的好坏和通过与否决定了计划工作质量的好坏。另外，集团从项目产品的质量角度，会设置产品质量检查控制点，以此防范异地项目可能出现的产品质量风险。

➢ 公司管控层——公司管控项目的运营层面，主要对计划、会议、成果和部门计划进行管理。在矩阵制中，公司对主项计划进行审核，而职能式则由计划经理编制主项计划，公司经营管理团队审核主项计划，在职能型中计划经理核实主项计划执行情况，各部门共同编制关键专项计划。在会议维度，项目矩阵制往往通过公司的运营会议监控主项计划的风险，而职能式则通过公司运营会议协同推进主项计划。

➢ 项目管控层——矩阵制中项目负责人具体编制主项计划、各职能经理承诺，而项目职能经理编制关键专项计划，并在过程中反馈各级计划的执行情况，执行中通过项目周会、月会进行协同推进，并在过程中完成阶段性成果的沉淀。对于职能式项目管控，大多工程经理只编制和推进工程施工计划，公司各职能部门编制关键专项计划。而对于工程施工需要协调的会议则由项目现场工程推进。

房地产的快速发展导致很多房地产企业的组织也在快速地动态调整过程中，我们要认识到这个调整可能是一个常态，另外，调整组织架构往往是一项复杂的工程，牵涉权力与资源的重新分配，必然会遇到各种阻力和矛盾冲突，尤其是规模发展到一定的企业，为了适应进一步的发展，必然要进行组织架构改革，这注定是一场伤筋动骨的大手术，领导者必须要有充分的准备和坚强的意志力才能完成。此外，还需要注意的是，照搬他人的组织架构未必有效，即使有效也难以建立竞争优势、超越对手。

总之，对于房企组织选择而言，没有十全十美的组织架构，公司所能做的就是从自己的战略和组织能力出发，选择与公司阶段性战略最为匹配的组织架构，帮助公司解决本阶段的主要问题而不是全部问题。同时也要意识到，一旦选择了某种组织架构，也不可避免地会受到它固有的种种盲点和缺陷的限制。通过其他管理流程和工具，企业可以减少盲点，弥补缺陷，打破各个部门 / 单元之间的边界，最终支撑房企战略发展。

第三章

CHAPTER 03

房地产项目投资收益跟踪管理

项目收益管控涉及项目投资论证阶段（拿地前）、项目开发阶段（拿地后项目实施完毕）两个阶段，本章聚焦的是项目开发阶段的项目收益跟踪管理，目的是解决如何把项目做好。

“项目收益跟踪管理”内容重点是项目收益（项目利润率、投资收益率等）、项目动态现金流两部分内容。房企的主营业务利润源自项目利润，这就决定了“项目收益跟踪管理体系”的直接经济价值。而房地产项目的诸多特点（项目周期长、投资规模大、管控环节多、过程中调整大、利润影响因素多）又决定了项目利润实现的监控难、管控难。项目收益跟踪管理的水平已逐渐成为评价地产企业项目整体管理能力的核心指标。而这种高价值也直接决定了研究“项目收益跟踪管理体系”的现实意义。因此本章拟站在投资人、地产企业经营者、财务总监、项目总监（或项目经理）等多个角色，来审视项目投资收益跟踪的核心问题与困惑，通过分析以及必要的最佳实践知识传递，在观念、工具、方法三个方面为地产企业提供解决问题的建设性建议。

第一节 项目收益管理的现状与问题

一、投资收益管理的行业现状

2010 年明源地产研究院在全国数次针对房地产运营管理进行专项调研，针对房企相关总经理、运营总监、财务总监做了一项投资收益管控的调查，25 家房企调研结果如表 3-1-1 所示。

25 家房企调研结果　　表 3-1-1

序号	问题	选项	量	占比
问题 1	项目投资前是否做过项目投资收益测算？	是	25	100.00%
		否	—	0.00%
问题 2	项目建设中对项目收益的跟踪回顾周期是多长？	每月	2	8.00%
		每季度	1	4.00%
		半年	4	16.00%
		1 年	5	20.00%
		1 年以上 / 或无回顾	13	52.00%
问题 3	公司是否有相对成熟的项目收益数据模型？（成熟标准：已应用 1 年以上；已应用于 3 个项目以上）	有	5	20.00%
		无	18	72.00%
		不知道	2	8.00%
问题 4	项目收益优劣是否应用于项目管理团队的绩效考核？	有	23	92.00%
		无	2	8.00%
问题 5	项目管理团队（项目总监及项目职能负责人）的绩效考核周期是多长？	每月	2	8.00%
		每季度	6	24.00%
		半年	8	32.00%
		1 年	9	36.00%
		1 年以上 / 或无考核	—	0.00%
问题 6	项目最终收益与项目初期设定的预期收益一般都会有偏差，是否做过偏差原因的量化分析？	有	3	12.00%
		无	22	88.00%

注：本书不详列出参加调研的企业名单，以避免读者对某些企业的管理水平构成实质性的批评。如上调查的数量有限，虽不能绝对精确地反映出房地产企业在项目收益跟踪管理的绝对优劣程度，但从如上数据的分布分析，可大致反映出行业在此方面的共性现状。

1. 项目过程中的收益跟踪管理严重缺失

所有的房地产企业在项目投资前都做了项目投资测算，但约 70% 以上的企业在项目建设过程中没有跟踪回顾项目收益（表 3-1-2）。

项目投资收益调研结果 表 3-1-2

序号	问题	选项	量	占比
问题 1	项目投资前是否做过项目投资收益测算？	是	25	100.00%
		否	—	0.00%
问题 2	项目建设中对项目收益的跟踪回顾周期是多长？	每月	2	8.00%
		每季度	1	4.00%
		半年	4	16.00%
		1 年	5	20.00%
		1 年以上 / 或无跟踪回顾	13	52.00%

部分管理人员对项目收益回顾周期长给出的“正当”理由主要包括如下三点：

➢ 项目老在变，做了也白做：项目设计与配置标准在变、成本在变、收入在变、进度计划在变、市场环境在变、资金计划在变，做了也白做。

➢ 项目总赚钱，不做也无碍：近 10 年中国房地产价格的上涨幅度可观（例如重庆 2002 ～ 2010 的年平均增长率约 15%），只要资金投入有保障，最终的项目收益一般都不会低于项目投资阶段的预期。

➢ 管理跟不上，想做做不了（数据采集难、预测难；项目管理协同难）：项目收益跟踪回顾所需的已发生数据收集困难，项目过程中需要项目各职能紧密协作才能得到；预测数据需要对项目进行全程较细致的推演，同时还需要企业的项目数据积累及对市场环境的有效分析判断。

2. 多数企业的项目动态收益是笔“糊涂”账

1）无相对成熟的项目收益数据模型（表 3-1-3）

项目收益数据模型调研结果　　表 3-1-3

序号	问题	选项	量	占比
问题 3	公司是否有相对成熟的项目收益数据模型？（成熟标准：已应用 1 年以上；已应用于 3 个项目以上）	有	5	20.00%
		无	18	72.00%
		不知道	2	8.00%

约 80% 的房地产企业还没有建立并应用起较成熟的项目收益数据模型，而这些企业中全都完成了 3 个以上的项目，这意味着多数企业的项目动态收益是笔“糊涂”账，反映出多数房地产企业的项目整体管理不成熟。问卷调查中那 20%（5 家）的企业中，有 4 家全国布局发展的房地产企业（其中 2 家为内地上市公司，1 家为香港上市公司），有 1 家企业是本地发展的房地产企业（同时在建项目 8 个）。这 20% 的企业在经营管理、项目运营管理的规范化恰恰是行业或区域的标杆。

从笔者所接触过的地产企业看，就项目收益跟踪的管理，港资企业做得比内地企业好，内地上市企业比非上市企业好，跨区域发展的企业比单一区域发展的企业好，多项目公司比单项目公司好。

2）过程中不回顾，项目结束后很难量化分析（表 3-1-4）

将“问题 2、问题 6”调查结果进行对照，结合具体的企业名单，我们发现：

➢“问题 6”中 3 家企业正好是“问题 2”中按月、按季度回顾的那 3 家企业，即表 3-1-4 中红色的部分。

➢“问题 6”中 22 家企业正好是项目过程中的回顾周期在半年及以上的企业，即表 3-1-4 中灰色的部分。

部分管理者提倡“在项目过程中简化回顾分析、项目结束时再做细分的量

问题 2 和问题 6 的调研结果　　表 3-1-4

序号	问题	选项	量	占比
问题 2	项目建设中对项目收益的跟踪回顾周期是多长？	每月	2	8.00%
		每季度	1	4.00%
		半年	4	16.00%
		1 年	5	20.00%
		1 年以上 / 或无跟踪回顾	13	52.00%
问题 6	项目最终收益与项目初期设定的预期收益一般都会有偏差，是否做过偏差原因的量化分析？	有	3	12.00%
		无	22	88.00%

化的分析总结”，如上数据表明此期望难以真正落地。究其原因在于：影响项目收益变化的各项运营决策已经被隐藏在项目过程中了，脱离项目过程回顾为基础的最终收益量化分析，只能得到数据上的差异而找不到影响数据变化的原因在哪里。说得更通俗一些，就是说不清为什么赚了钱（或赚得比预期的多）、为什么赔了钱，说不清以后的项目是不是还是会这样。

3）项目收益与绩效考核弱相关或不相关

我们已知大部分房地产企业对项目管理团队或经营管理团队的绩效考核指标，一般包括但不限于“销售收入、关键节点达成率、面积指标（开工面积、竣工面积、交房面积等）、项目利润”等与项目运营相关的业绩绩效指标。

➢ 分析 1——单从调查的“问题 4、问题 5”的调查结果看，看上去很美：92% 的企业都将项目收益优劣应用于项目管理团队的绩效考核；64%（16 家）的企业绩效考核周期为半年以内，100% 的企业绩效考核周期不超过 1 年（表 3-1-5）。

问题 4 和问题 5 的调研结果 表 3-1-5

序号	问题	选项	量	占比
问题 4	项目收益优劣是否应用于项目管理团队的绩效考核？	有	23	92.00%
		无	2	8.00%
问题 5	项目管理团队（项目总监及项目职能负责人）的绩效考核周期是多长？	每月	2	8.00%
		每季度	6	24.00%
		半年	8	32.00%
		1 年	9	36.00%
		1 年以上 / 或无考核	—	0.00%

➢ 分析 2——如果我们将“问题 4、问题 5”与“问题 2、问题 3”进行对比分析（表 3-1-6），可轻易找到至少两个重大疑点：

问题 2 ～问题 5 调研结果 表 3-1-6

序号	问题	选项	量	占比
问题 2	项目建设中对项目收益的跟踪回顾周期是多长？	每月	2	8.00%
		每季度	1	4.00%
		半年	4	16.00%
		1 年	5	20.00%
		1 年以上 / 或无跟踪回顾	13	52.00%
问题 3	公司是否有相对成熟的项目收益数据模型？（成熟标准：已应用 1 年以上；已应用于 3 个项目以上）	有	5	20.00%
		无	18	72.00%
		不知道	2	8.00%
问题 4	项目收益优劣是否应用于项目管理团队的绩效考核？	有	23	92.00%
		无	2	8.00%
问题 5	项目管理团队（项目总监及项目职能负责人）的绩效考核周期是多长？	每月	2	8.00%
		每季度	6	24.00%
		半年	8	32.00%
		1 年	9	36.00%
		1 年以上 / 或无考核	—	0.00%

7

16

5

25

疑点 1：至少有 9 家（占 36%）企业项目收益回顾周期与绩效考核周期不一致

疑点 2：约有 20 家（占 80%）企业的绩效考核指标数据（至少包括项目收益）不可靠

疑点 1：至少有 9 家（占 36%）企业的项目收益回顾周期与绩效考核周期不一致。

疑点 2：约有 20 家（占 80%）企业的绩效考核业绩指标数据（至少包括项目收益）不可靠。

分析 1 与分析 2 是有一定互斥性的，如果两个分析都成立，则“项目收益与绩效考核弱相关（不直接相关）或不相关”是客观存在的事实。“项目收益与绩效考核弱相关（不直接相关）或不相关”，这意味着项目盈利的优劣不影响项目管理团队、经营管理团队的绩效奖金，或影响太弱。

如此现状对项目管理团队、经营管理团队是把双刃剑：项目收益好时，得不到更多的回报；项目收益不好时，经济回报不会受较大影响。

二、如何看待投资收益跟踪管理的问题

应该说上述房企投资收益跟踪管理的现状不容乐观，整个投资收益跟踪管理表现高度的粗放性，问题是伴随未来房地产从超额利润向社会平均利润转变以及竞争日趋激烈的行业趋势而言，这种直接关乎利润和现金流的投资收益管理就显得至关重要。

对此，我们也不妨换个思路来考虑当前房企投资收益跟踪管理是否有改进和提升的必要？具体请大家反问两个问题，其一是假设我们不重视项目建设过程中的项目收益跟踪有什么风险？其二是我们的房地产项目投资人、企业经营者、财务总监、项目管理团队都能接受这些风险吗？对这两个问题的回答就可以知道上述问题的答案（表 3-1-7）。

投资收益跟踪管理问题 表 3-1-7

序号	风险描述（包括不限于）	项目投资人	企业经营者	财务总监	管理团队
1	风险：项目动态收益率未知	不可接受	不可接受	不可接受	因人而异
2	风险：项目现金流不可控波动	不可接受	不可接受	不可接受	因人而异
3	风险：项目运营过程决策对收益影响程度的不可量化	可接受	不可接受	不可接受	因人而异

对项目投资人来讲："项目动态收益率未知、项目现金流不可控波动"一般是不可接受的；对"项目运营过程决策对收益影响程度的不可量化"是可以接受的，因为这个是经营者应该操心的事，投资者更倾向关注最终结果会怎样。

"项目动态收益率未知、项目现金流不可控波动、项目运营过程决策对收益影响程度的不可量化"对企业经营者、财务总监来讲都是不可接受的，因为他们必须就最终的收益结果对项目投资人、董事会负责。

"项目动态收益率未知、项目现金流不可控波动、项目运营过程决策对收益影响程度的不可量化"对项目管理团队有些微妙，有的项目总监不接受这项风险，有的项目总监接受。这与项目管理团队的权责匹配度、组织内部协同优劣、项目总监的能力、激励机制相关。

结合风险承受的分析，可以肯定地讲，对项目收益跟踪管理欠佳的现状必须得到改进。

三、投资收益跟踪管理粗放的原因分析

我们已知当前的现状必须得到改进，但为什么会有这么多地产公司没有做到呢？本质的问题在哪里？基于前面的现状调查和分析，现已能清晰地反映出关键问题所在：

1. 早期暴利时代，房企经营压力相对较小

早期暴利时代，房企经营压力相对较小，但在房地产调控新政日趋强硬、地产大鳄不断扩张挤压、客户越来越挑剔等多重市场因素作用下，"拿到地做项目就能赚大钱"的日子可能已经不复存在了。项目过程中的资金风险、收益风险将越来越大。

2. 房企管理者自身管理理念与意识欠缺

- 缺乏必需的价值管理意识、项目整体管理意识不足；
- 缺乏基本的 PDCA 的闭环管理意识，或是执行力不足；
- 重要不紧急的事情（尤其是管理改进）多数情况下被排在优先级别的最

后面。那些所谓的紧急事情有相当一部分是管理上没有到位而引发的，很多管理者习惯于救火，而没有防火的意识和行动。

3. 缺乏合理适用的项目收益跟踪管理工具

表象是缺乏合理适用的项目收益跟踪管理工具，但并非项目收益跟踪数据模型复杂到地产公司无法解决的地步，而且行业中已经有大量的可参考的模型实例，究其原因还是在于意识和理念上不重视。

4. 缺乏管理基础——项目运营管理体系不健全

项目收益跟踪管理良好运行的重要基础是项目运营管理体系的健全有效，反向来看项目收益跟踪管理子体系又是整个项目运营管理体系的重要动因之一。

第二节　项目投资收益跟踪管理落地策略

根据第一节对当前房地产企业投资收益跟踪的现状和问题分析后，一个迫不及待的问题是“如何解决粗放的收益跟踪管理的问题”。为此，本节将首先从投资收益管理的管理思路和理念进行阐述，主要通过对投资收益跟踪的核心内容、管理目标和管理价值进行理念性的阐述。以此重新定义房地产企业对投资收益管理的认知。其次，会具体针对项目收益跟踪管理的核心模型进行阐述。最后我们会对投资收益跟踪的管理策略和分工进行分析，最终解决投资收益跟踪管理实践中的如何管以及跨部门协同问题。

一、投资收益跟踪管理体系介绍

1. 投资收益跟踪管理的基本内容

项目收益跟踪的基本管理内容是在项目过程中定期（按季 / 按月）回顾或预测：项目利润、内部收益率等重要投资评价指标；刷新项目动态现金流；分析回顾指标及现金流的变化原因。

2. 投资收益跟踪管理的目标

➢ 关键的项目干系人（项目投资人、企业经营者、财务总监、项目管理团队等）相对及时准确地掌握项目利润、内部收益率等重要投资评价指标的动态数据情况。

➢ 相对准确的预测项目动态现金流，平滑头寸风险。

➢ 通过过程跟踪及控制，保障预期收益的最终实现。

3. 投资收益跟踪管理的价值

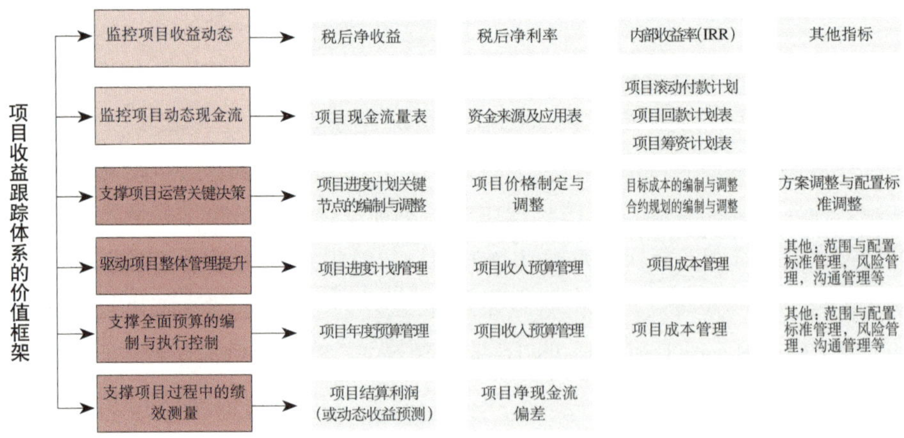

图 3-2-1

项目收益跟踪管理（图 3-2-1）既反映了公司的收益控制策略又是收益管控关键践行，它的管理价值主要体现在监控项目收益动态、监控项目动态现金流、支撑项目运营关键决策、驱动项目整体管理提升、支撑全面预算的编制与执行控制、支撑项目过程中的绩效测量。

当然项目收益跟踪管理还不限于此，如果公司的项目收益跟踪管理过程规范、结果良好，还会吸引更多的投资人对企业或项目进行投资。

二、投资收益跟踪管理的核心模型

基于上述项目投资收益跟踪管理的体系介绍，接下来就重点针对项目收益跟踪的指标、数据模型与管理工具进行简析。

1. 管理指标和数据模型的建立原则

每家企业的管理模式、管理成熟度存在差异，发展战略、经营策略也有所不同，外部市场因素也不尽相同，不太可能建立一个行业内放纵四海皆准的指标体系及数据模型。房地产企业可遵循或参考如下原则：

1）聚焦价值：所有指标均有明确的管理价值，核心指标不多于 4 个

所有预设的指标项必须都有明确的管理价值；“核心指标不多于 4 个”的目的在于将价值更聚焦，要求这些核心指标能较综合地反映项目收益情况。聚焦价值后的指标往往更能反映指标对本企业不同项目的普遍适用性，易于横向比对。

2）对内反映真实项目运营情况

房地产企业为合理避税，在对外的财务报告上往往已经做过一些避税的调整处理（如将非项目费用计入项目成本，通过税前扣除来降低所得税），调整后的项目收益数据并不能反映真实的项目运营价值创造情况。因此很多企业对利润的计算一般都会有两套账，一套账用于对外报税或发布经营公告，一套账用于真实反映项目或公司经营情况。上市企业这方面的一致性稍好，非上市企业的差异较大。

在项目运营管理体系的大框架下，我们更强调的是对内反映真实的项目运营情况。这里的对内不是仅对企业经营者，同时也包括对企业所有者。

3）数据可靠、易于跟踪：指标有可靠的计算模型、较明细的现实数据支撑

项目投资论证阶段的收益决策数据模型简繁不一，有的企业一张单 Sheet 的 Excel 就解决了。这里讲的数据模型是用于项目过程中的收益跟踪，因此它的数据可靠性、颗粒度要远比项目论证阶段复杂得多。

数据的逻辑、准确性一旦失真太大，再好的指标也失去了价值，这就等于在做劳民伤财的事了。很多企业的高层、投资人不相信过程中的项目收益跟踪指标数据，重要原因之一就是指标计算的数据模型不清、没有可靠且较明细的数据支撑。

数据模型比较容易短期内想清楚，但明细已发生数据（尤其是项目过程中变化后的数据）就需要项目各相关职能人员在日常工作中做好积累，对待发生数据进行缜密的预测。

4）易用易控：指标的回顾周期不超过一个季度

这个原则主要是保障数据的时效性，保障指标数据及时用于指导项目管控。如果回顾周期过长，则不能及时对项目纠偏或对相关因素施加影响。我们建议指标的回顾周期不超过一个季度，每次回顾所需的时间不超过 2 个工作日。

2. 项目收益的评价指标

项目收益评价指标可分为静态指标、动态指标两大类。这里的静态与动态的区别在于是否考虑资金折现率（反映的是资金的时间价值），不考虑或弱化资金折现率的指标我们称为静态指标，反之则称为动态指标。

1）常用收益评价核心指标（表 3-2-1）

2）项目投资评价指标示例（表 3-2-2）

➢ 项目总投入：项目总投入包括开发成本、期间费用、营业税、增值税、所得税五大项，即项目全成本。

开发成本即直接投资成本，包括土地获得价款、勘测设计费、行政及经营性收费、前期工程（三通一平）费、主体建安费、基础设施费、环境景观工程费、配套设施费、工程管理费。当然不同的企业中科目的划分可能会有一些差异，但全集通常如此。

期间费用包括财务费用、管理费用、营销费用三大项。

项目总投入是项目滚动资金计划的基础，也是项目收益指标测算的基础。

常用收益评价核心指标 表 3-2-1

序号	指标名称	单位	指标类别	计算说明	管理价值 / 评价要点
1	所得税后项目利润	万元	静态指标	（销售收入 + 留存资产价值）− 项目总投入	反映项目的静态收益总额
2	所得税后项目利润率	%	静态指标	所得税后项目利润 / 项目总成本	反映了项目运营（即经营管理）收益水平
3	投资收益率	%	静态指标	盈亏平衡时的资金投入总额 / 所得税后项目利润	反映了项目投资收益水平
4	内部收益率 IRR	%	动态指标	资金流入现值总额与资金流出现值总额相等、净现值等于零时的折现率	综合反映了资金的利用效率

项目投资评价指标 表 3-2-2

序号	指标名称	指标值	单位	计算公式	管理价值 / 评价点
1	项目总投入	300000	万元	开发成本 + 期间费用 + 营业税 + 增值税 + 所得税	项目的总投入规模
2	项目销售收入	250000	万元	销售收入	项目变现能力
3	留存资产净现值	100000	万元	可售留存资产价值按 10 年收益折现值计算（8% 折现率）	留存资产价值
4	单方售价	7085	元 /m^2	项目销售收入 / 销售面积	销售均价的合理性
5	可租售单方成本	6000	元 /m^2	项目总投入 / 可租售建筑面积	单方成本的高低
6	项目投资	200000	万元	项目在实现盈亏平衡前需投入的资金	项目的投资规模，投资人关心
7	所得税后利润	50000	万元	2+3-1	项目静态收益，投资人关心
8	股权倍数	1.25		(7+6)/6	股权收益
9	投资收益率	25.0	%	7/6	项目投资收益水平，投资人关心
10	税后净利率	14.29	%	7/(2+3)	核心指标，大于 15%；投资人、经营者关心
11	自有资金 IRR	26.00	%	月度内部收益率 ×12(不含外部贷款和利息)	核心指标，大于 25%；经营者关心

注：本表是为示例指标及指标数据关系，“指标值”非真实项目的真实数据。

➢ 项目销售收入：项目销售收入只包括项目可售部分的收入。

➢ 留存资产净现值：对于留存资产（如：不出售的车位、商铺、写字楼等）的预期收入价值测算时，需要注意：

预测年限一般为 10 ～ 20 年，起始时间为留存资产开始投入运营的时间。

净现值的计算中需要将正反向现金流合并计算。

将贴现率对远期收入进行折现值计算，反映出预期累计净现金流的净现值。折现率一般取值为 8% ～ 10%。

➢ 单方售价：公式中的销售面积不包括留存资产面积。单方售价反映销售均价的合理性，易于与企业内部其他项目、项目竞争楼盘对比审视。

➢ 可租售单方成本：公式“项目总投入 / 可租售建筑面积”中，分母不含不可租售的面积（如：物管用房、幼儿园、设备用房等配套设施面积），而分子包含不可租售的面积所付出的成本，因此该指标反映了可租售面积的单方综合全成本。“单方售价、可租售单方成本”两个指标经常被结合起来应用，对项目销售定价的经济合理性进行审视或调整。

➢ 项目投资：该指标是指项目实现盈亏平衡前项目投资人的自用资金投入，这个投入不包括银行借款，也不包括盈亏平衡后项目回款再次投入本项目中。它较能真实地反映项目投资人的实际投入资金，是项目投资人最关心的关键数据之一。

➢ 所得税后利润：所得税后利润 =（项目销售收入 + 留存资产净现值）− 项目总投入。因为项目总投入及项目销售收入没有考虑折现率，因此我们说该指标是相对静态的利润指标。它反映了项目投资人关心的另一个关键数据——项目最终带来的回报总额。

➢ 股权倍数：反映了项目投资人的本金能通过项目增值后的倍数。投资人可快速了解到所投入的 1 元钱最终会变成多少钱。

➢ 投资收益率：反映了项目投资人的本金能通过项目增值的比例。投资人可快速了解到所投入的 1 元钱最终会赚多少钱。

➢ 税后净利率：反映了项目收入中利润的占比，是静态收益指标，是项目收益跟踪管理必达的目标。这个指标在投资人、经营者心中都是高度关注的：项目初始阶段他们往往会设定一个税后净利率预期；项目过程中经常假定税后净利率不变，以“销售收入 × 税后净利率”来大致测算利润预期。很不幸的是，“税后净利率”的预期与现状是否已经有了较大的偏差，很多投资人、经营者在项目过程中无法相对准确地得知。

➢ 自有资金内部收益率：内部收益率（IRR，Internal Rate of Return）的定义是项目资金流入现值总额与项目资金流出现值总额相等、净现值等于零时的折现率。

NPV 与折现率、IRR 的关系——谈 IRR，必谈 NPV 和现金流，如下公式说明了“累计净现值、现金流量、折现率”的相互计算关系。

$$NPV=\sum_{i-1}^{n}\frac{(CI-CO)_i}{(1+R)^i}$$

式中

NPV（Net Present Value）——净现值，各期（年或月）净现金流量现值的代数和；

$CI-CO$——净现金流量，CI 表示当期现金流入，CO 表示当期现金流出；

n——代表现金流的总期数（年或月），现金流期间按年或按月，要求 NPV、CI、CO、R 须同步对应；

R——折现率。

通过 IRR 的定义，当 NPV = 0 时，R 值即为 IRR。

IRR 分析能反映什么——内部收益率，是一项投资可望达到的报酬率，是能使投资项目净现值等于零时的折现率。就是在考虑了资金时间价值的情况下，使一项投资在未来产生的现金流量现值，刚好等于投资成本时的收益率，而不是你所想的“不论高低净现值都是零，所以高低都无所谓”，这是一个本末倒置的想法了。因为计算内部收益率的前提本来就是使净现值等于零。

说得通俗点，内部收益率越高，说明你投入的成本相对地少，但获得的收益却相对地多。比如 A、B 两个投资项目，成本都是 10 万元，经营期都是 5 年，A 项目每年可获净现金流量 3 万元，B 项目可获 4 万元，通过计算，可以得出 A 的内部收益率约等于 15%，B 的约等于 28%，这些其实通过年金现值系数表就可以看得出来的。IRR 较能综合反映项目运营、资本运营的效率（因为考虑了资金的折现、投资回收期长短）、效益，且能牵引房地产企业关注地产项目最大的风险——项目资金计划（因为计算净现金流就必须要有项目资金计划）。因此 IRR 成为部分标杆企业对项目运营监控的核心指标。

3. 项目收益跟踪的数据模型参考

1）项目收益跟踪数据模型图

图 3-2-2 重点说明了各指标的计算来源，反映了项目收益评价指标的数据模型逻辑，共涉及近 20 张数据表。

2）项目收益跟踪数据模型的数据流向

从图 3-2-2 中可以看到，很多数据表是需要下一级的子表数据计算结果提供输入，因此需注意上述数据表的数据流向。

图 3-2-3 既反映了各数据表之间的数据关系，又反映了企业组织按步完成数据的输入和最终结果的形成。

从 4 步的工作内容，我们可以看到项目收益跟踪管理与项目进度计划管理、成本管理、收入管理、资金管理的密切关系。

4. 项目收益跟踪的管理工具

房地产行业中有三种方式来提供项目收益跟踪的管理工具。笔者个人推荐相对灵活、可靠的管理工具——“Excel 建模 + 地产 ERP 系统”（表 3-2-3）。

项目收益跟踪的管理工具　　表 3-2-3

管理工具类别	优	劣	适合阶段
Excel 建模	1. 灵活：满足不固定的现实情况； 2. 快速：可简可繁，无严格的数据逻辑控制	1. 协同难：数据采集涉及的协同难；数据的集中需要 1 个人专门负责； 2. 安全风险：项目数据易外泄； 3. 工作量较大：已发生数据需要人工填入，耗时，影响快速准确得出结果	1. 刚运行项目收益跟踪管理 1 年以内； 2. 核心业务信息化（成本管理、计划管理、租售管理信息化）尚未建立时
Excel 建模 + 地产 ERP 系统	1. 灵活：满足不固定的现实情况； 2. 快速：可简可繁，无严格数据逻辑控制； 3. 数据更可靠：已发生的数据直接来自于 ERP 系统，且利于减少工作量，缩短回顾时间	1. 数据采集涉及的协同难；数据的集中需要 1 个人专门负责； 2. 安全风险：项目数据易外泄	1. 核心业务信息化（成本管理、计划管理、租售管理信息化）已建立并良好运行； 2. 数据模型已相对固化
地产 ERP 系统	1. 快速、准确：所有数据源自日常工作发生及预测； 2. 协同佳：再也不是一个人在战斗； 3. 安全性高：没有人可以带走完整的数据	模型固化：一旦核心的计算模型需要重大调整，需要 2~3 周的时间来修改和测试模型	1. 成熟运行项目收益跟踪管理 2 年以上，应用数据模型已完全固化； 2. 核心业务信息平台的数据质量稳定可靠（真实、及时、准确）

项目收益跟踪数据模型
直接计算数据依据
所需一级数据表（主要）
所需二级数据表（主要）
所需三级数据表（主要）
开发成本、期间费用
经营税金及附加
土地增值税
所得税
T08. 项目成本表
T99. 资金来源及运用表
T06. 项目成本测算表
T07. 产品成本分摊表
T05. 销售及回款表
T16. 留存资产现金流量表
T10. 开发成本付款计划表
T11. 期间费用付款计划表
T12. 营业税、土地增值税、所得税付款计划表
T01. 项目基本信息、面积及分期规划表
T04. 租售价格规划表
T09. 项目合约规划表
T02. 项目开发计划节点表
1. 项目总投入
2. 项目销售收入
项目销售收入
3. 留存资产净现值
留存资产净现值
4. 单方售价
2. 项目销售收入
项目可售建筑面积
T4. 销售及回款表
T02. 销售面积及分期表
T03. 项目开发计划节点表
5. 可租售单方成本
1. 项目总投入
项目可租售建筑面积
T15. 留存资产现金流量表
T13. 车库净现金流测算表
T14. 商业净现金流测算表
6. 项目投资
项目自有资金投入
7. 所得税后利润
(2+3)－1
T01. 项目基本信息、建筑面积及分期规划表
8. 股权倍数
(7+6)/6
9. 投资收益率
7/6
10. 税后净利率
7/(2+3)
11. 自有资金 IRR
项目净现金流量表
项目收益评价指标

图 3-2-2

项目收益跟踪数据模型之数据流向
第1步：分期规划与回顾
第2步：进度规划与回顾
第3步：成本规划、收入规划与回顾
第4步：资金规划与回顾
输出结果
T01. 项目基本信息、建筑面积及分期规划表
T02. 租售面积及分期表
T03. 项目开发计划节点表
T04. 租售价格规划表
T05. 销售及回款表
T06 项目成本测算表
T07 产品成本分摊表
T08. 项目成本表
T09. 项目合约规划表
T10. 开发成本付款计划表
T11. 期间费用付款计划表
T12 营业税、土地增值税、所得税付款计划表
T13. 车库净现金流测算表
T14. 商业净现金流测算表
T15. 留存资产现金流量表
T99. 资金来源及运用表
项目收益评价指标
项目净现金流量表

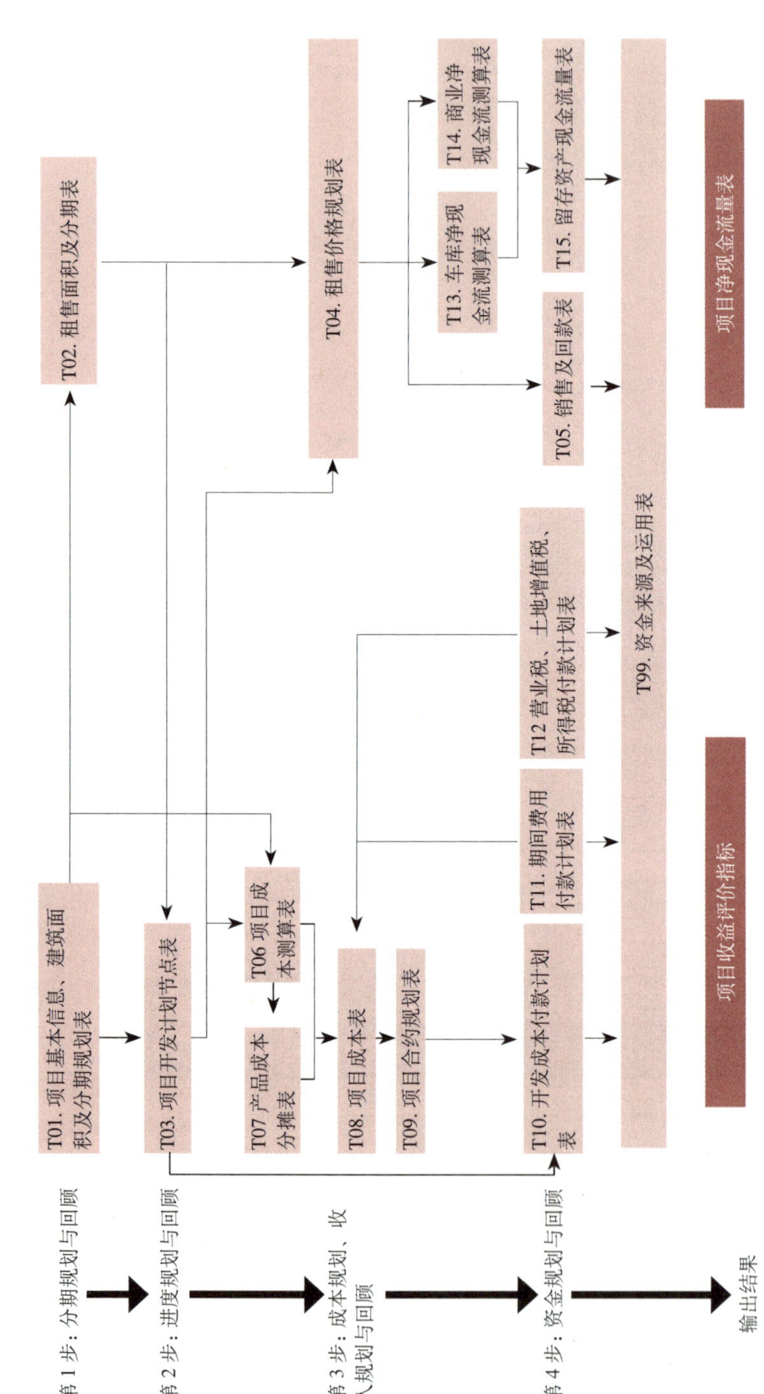

图 3-2-3

第三节 项目投资收益跟踪的高效协同

项目收益跟踪的管理方法首先应关注的是项目全生命期及经营年度的PDCA闭环管理，重点是做好项目过程中的月度（或季度）回顾、项目运营决策动作中的收益分析，基础还在于项目运营的协同。

一、项目收益的PDCA闭环管理

项目全生命期中，会形成多个版本的收益模型及指标：

➢ 项目投资论证阶段：企业会形成一版用于投资决策的项目收益模型及指标，简称土地版指标。土地版收益指标是投资人重点关注和对经营者进行考核的。

➢ 项目启动及策划阶段：公司及项目管理团队会形成一版用于综合规划、推演项目全程执行的项目收益模型及指标，简称启动版指标。启动版指标可用于对项目团队的考核。

➢ 项目设计管理阶段：项目的经济技术可能发生较大的调整，会导致投资收益的调整，调整后的版本简称基准版指标。方案通过报批后的收益指标适合企业作为基准版收益指标。基准版指标的控制严格性最高，因为项目之后一般不会出现大的调整，正因如此基准版常用于考量项目执行过程的项目绩效。

➢ 项目过程中：因项目进展、内外部环境的动态变化，规范的公司及项目管理团队会形成若干版用于过程回顾收益的收益指标，简称执行版。因回顾周期的差异，有的企业中又划分为月度版、季度版、年度版。

单从项目管理的视角看，项目收益跟踪管理方法可提炼为图3-3-1所示的PDCA闭环。

有的企业既有较完整的项目运营管理体系，也有较完整的全面预算管理体系，两套体系是紧密结合的，图3-3-2较直观地反映了两者结合后的PDCA闭环管理。两套体系的结合点是项目年度预算及收益指标。

A
项目运营动作决策改
进（影响收益部分）
P
基准版
收益指标
土地版收益指标
启动版收益指标
C
月度（或季度）
项目收益回顾
D
项目运营动作（影
响收益部分）

图 3-3-1

A
项目运营动作决策改进
（影响收益部分）
P
项目年度预算
及收益指标
土地版收益指标
启动版收益指标
基准版收益指标
C
月度（或季度）
项目收益回顾
D
项目运营动作（影
响收益部分）

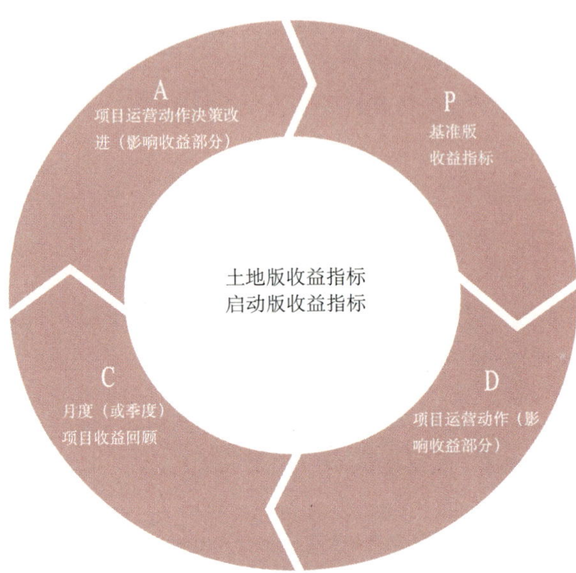

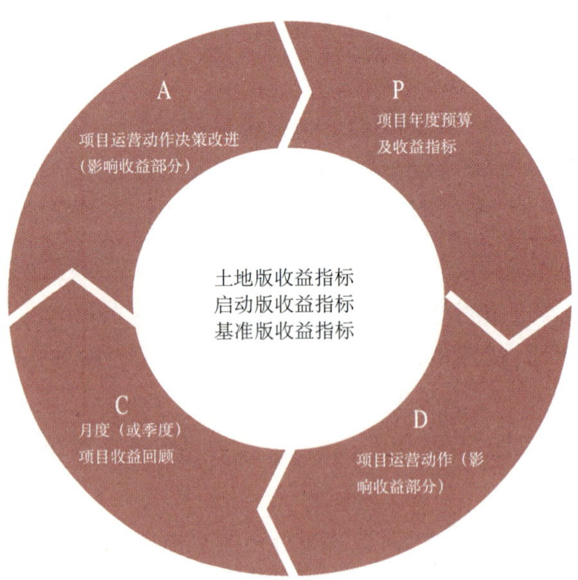

图 3-3-2

二、项目收益月度跟踪回顾管理方法

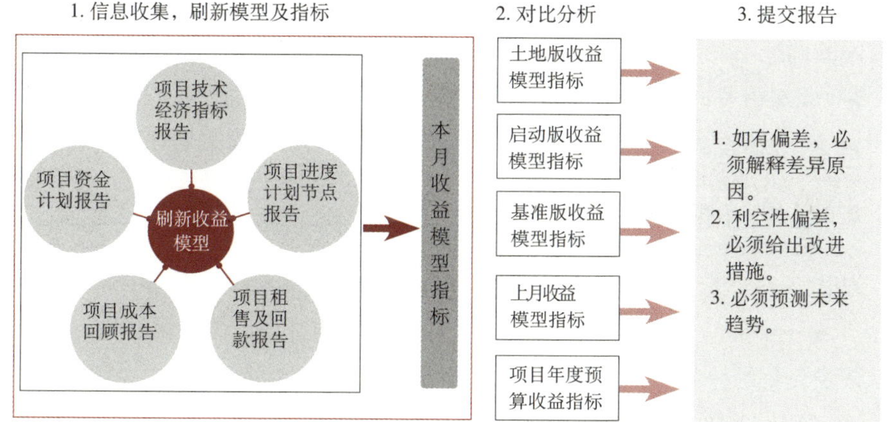

图 3-3-3

每月末项目收益回顾负责人需要收集影响项目收益变化和变化趋势的五大类动态信息，这五类信息一般应由各职能负责人或项目职能负责人提供报告，包括项目技术经济指标报告、项目进度计划节点报告、项目租售及回款报告、项目成本回顾报告、项目资金计划报告（图 3-3-3）。

项目收益回顾负责人基于采集后的数据刷新项目收益模型，得到当月最新的收益指标，再将其与土地版、启动版、基准版、上月版、项目年度预算版进行对比分析。对比分析后形成书面报告，提交给公司运营管理部门、预算管理部门，必要时（如相对土地版收益指标的较大利空性偏差）提交投委会。

1. 项目运营动作决策与项目收益跟踪管理

从图 3-3-3 的数据模型中可以看出，影响项目收益的因素较多，涉及价值链上的所有职能，因此必须控制项目运营过程中的决策。运营动作决策控制比较有效的手段是"提交的业务决策报告中必须对项目收益指标影响进行测算和分析"，促进整个项目团队或公司各职能都高度重视收益的过程控制。

影响项目收益的项目运营决策点包括但不限如下情况：

➢ 研发与设计相关：方案调整；配置标准调整；重大设计变更等。

➢ 工程相关：施工进度节点调整等。

➢ 营销相关：销售价格制定与调整；销售回款控制要求；开盘时间、竣工交付时间的调整等。

➢ 成本相关：目标成本及合约规划的调整等。

➢ 财务相关：项目资金计划；项目融资计划；项目税收策划等。

2. 项目收益跟踪的管理分工

从图 3-3-3 中，我们可以看到项目收益跟踪的数据来源于不同的职能，单靠一个人或一个部门是难以完成有效的项目收益跟踪管理，需要组织内部或项目团队成员良好的协同。

收益跟踪管理本身就属于项目整体管理的范畴，职能型组织的项目整体管理一般做得不太好，因此这里主要是谈谈强矩阵模式下的管理分工。

1）项目全生命期的项目收益跟踪管理分工

项目全生命期中，不同项目阶段的管理分工有所差异；不同项目组织模型的企业中，管理分工有所差异；甚至集团对下属公司不同管控模式下，管理分工也会有所差异。图 3-3-4 反映的是不同项目组织模式下，项目全生命期的项目收益跟踪管理分工协同。

项目论证阶段一般由投资发展团队主责项目收益模型的编制，由擅长投资分析的财务部投资分析专员负责审核。

拿地后在项目实施过程（从项目启动到竣工交付）中，一般是由项目总监主责项目收益跟踪，财务部投资分析专员负责审核。由于收益跟踪需要相当的财务知识，在企业刚开始运作收益跟踪时，项目总监的知识或能力不足时，也可考虑由项目财务经理具体编制及回顾，但主责人仍在项目总监（因为项目总监须对项目收益承担责任）。还需要强调的是参与人的职责，他们在收益跟踪管理的职责包括但不限于：提供可靠、及时的数据，对所提供的已发生数据、预测

项目全生命期的项目收益跟踪管理分工
1. 项目论证阶段
2. 项目启动与策划阶段
3. 设计管理阶段
4. 采购与工程管理阶段
5. 销售管理阶段
6. 竣工交付与项目总结阶段
7. 持续运营阶段
项目收益模型版本
土地版的收益模型
启动版的收益模型
基准版的收益模型
项目过程版的收益模型（按月度或季度）
持续运营版的收益模型
管理分工（项目制或强矩阵）
• 组织人：运营副总
• 编制人：投资发展专员
• 审核人：财务部投资分析专员
• 批准人：投委会
• 组织人：运营副总
• 编制人：项目总监
• 参与人：项目职能经理
• 审核人：财务部投资分析专员
• 批准人：总经理
• 组织人：项目总监
• 编制人：项目总监
• 参与人：项目职能经理
• 审核人：财务部投资分析专员、运营副总
• 组织人：项目总监
• 编制人：项目总监
• 参与人：项目职能经理
• 审核人：财务部投资分析专员、运营副总
• 因项目业态不同差异较大
管理分工（职能型）
• 组织人：运营副总
• 编制人：投资发展专员
• 审核人：财务部投资分析专员、财务负责人
• 批准人：投委会
• 组织人：运营副总
• 编制人：财务部投资分析专员
• 参与人：职能负责人
• 审核人：财务负责人
• 批准人：总经理
• 组织人：运营副总
• 编制人：财务部投资分析专员
• 参与人：职能负责人
• 审核人：财务负责人、运营副总
• 组织人：运营副总
• 编制人：财务部投资分析专员
• 参与人：职能负责人
• 审核人：财务负责人、运营副总
• 因项目业态不同差异较大
注：1. 参与人职责在于提供可靠、及时的数据，对所提供的已发生数据、预测数据负责。
2. 具体企业中，可依据内部的组织分工及能力按此模板规划管理分工。

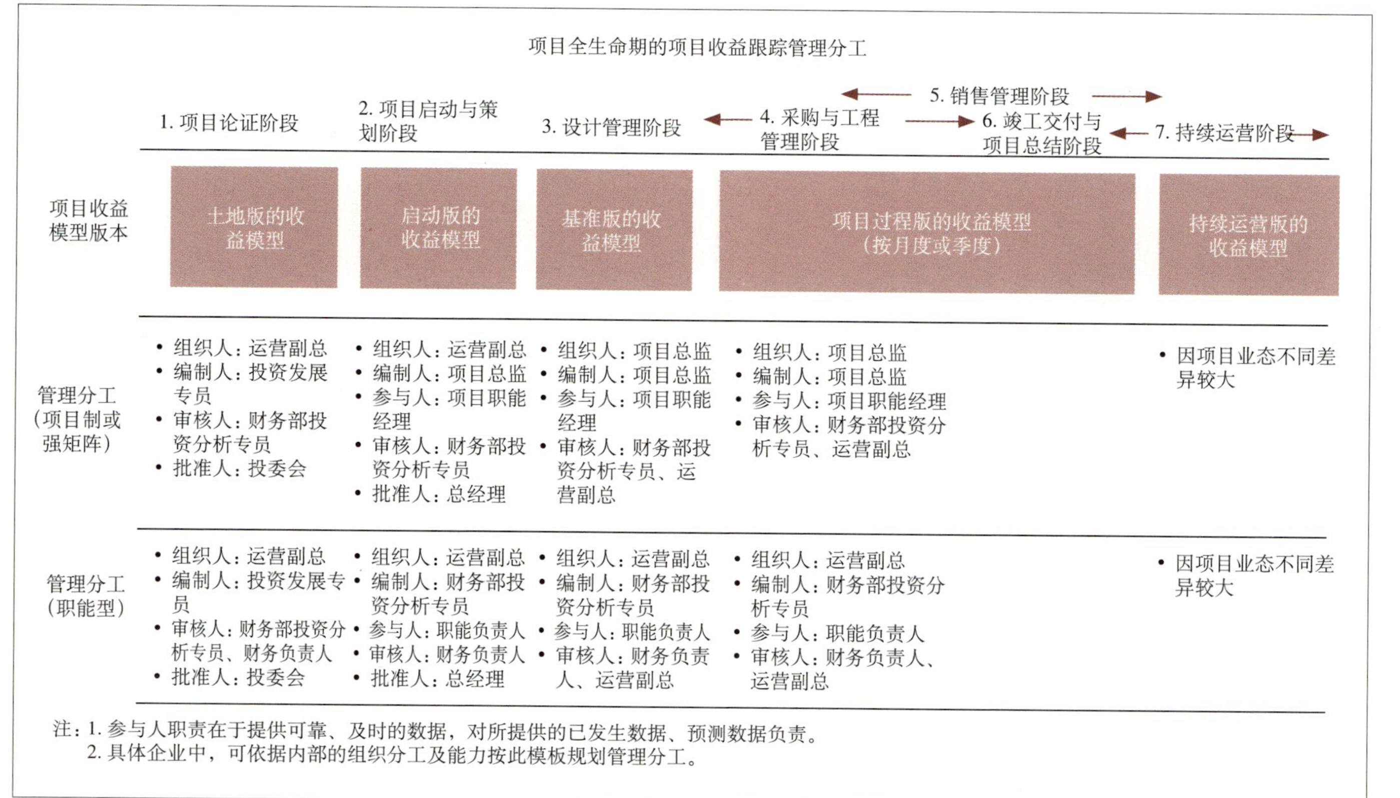

图 3-3-4

数据负责。

项目竣工交付后，因项目业态不同收益跟踪的管理分工差异较大。商业为主的项目，一般由商业运营部门进行持续的收益跟踪；住宅为主的项目，一般由财务部门负责持续的收益跟踪。

2）项目启动后的数据提供分工

项目启动及策划阶段、设计管理阶段涉及大量的初始数据规划和采集，项目过程中的回顾也需要大量的已发生数据提供和待发生数据预测，这需要各职能部门或项目职能岗位提供相关的数据。主要涉及的职能包括研发、工程、成本、营销、财务（图 3-3-5）。

3）月度（或季度）版本的数据提供分工

数据提供主要涉及的职能包括研发、工程、成本、营销、财务（表 3-3-1）。

月度（或季度）版本的数据提供分工 **表 3-3-1**

序号	明细	主责部门 / 岗位	提交范围
1	《项目技术经济指标报告》	研发	所有参与收益回顾的主责人员
2	《项目进度计划节点报告》	工程	所有参与收益回顾的主责人员
3	《项目租售及回款报告》	营销（及商运部门）	收益回顾编制人、财务
4	《项目成本回顾报告》	成本	收益回顾编制人、财务
5	《项目资金计划报告》	财务	收益回顾编制人

在项目运营管理体系全集中，项目收益跟踪管理体系既是高层次的项目运营管控策略，又是项目运营其他子体系管控结果的呈现。它既重要又高难度，但绝不能等各子体系都完全运作良好了，才开始践行，动起来是第一位的。

本书涉及房地产企业诸多管理体系的建立与提升，从什么地方着手开始建立，建设路径是什么，是管理者特别关心的问题。每家企业的内外部环境因素是差异化的，这就决定了不同的企业的建设路径是差异化的。

项目收益跟踪数据源提供分工
第 1 步：分期规划与回顾
第 2 步：进度规划与回顾
第 3 步：成本规划、收入规划与回顾
第 4 步：资金规划与回顾
输出结果
T01. 项目基本信息、建筑面积及分期规划表
T02. 租售面积及分期表
T03. 项目开发计划节点表
T07. 产品成本分摊表
T06. 项目成本测算表
T04. 租售价格规划表
T08. 项目成本表
T09. 项目合约规划表
T13. 车库净现金流测算表
T14. 商业净现金流测算表
T10. 开发成本付款计划表
T11. 期间费用付款计划表
T12. 营业税、土地增值税、所得税付款计划表
T05. 销售及回款表
T15. 留存资产现金流量表
T99. 资金来源及运用表
项目收益评价指标
项目净现金流量表
职能分工图例
研发
工程
成本
营销
财务

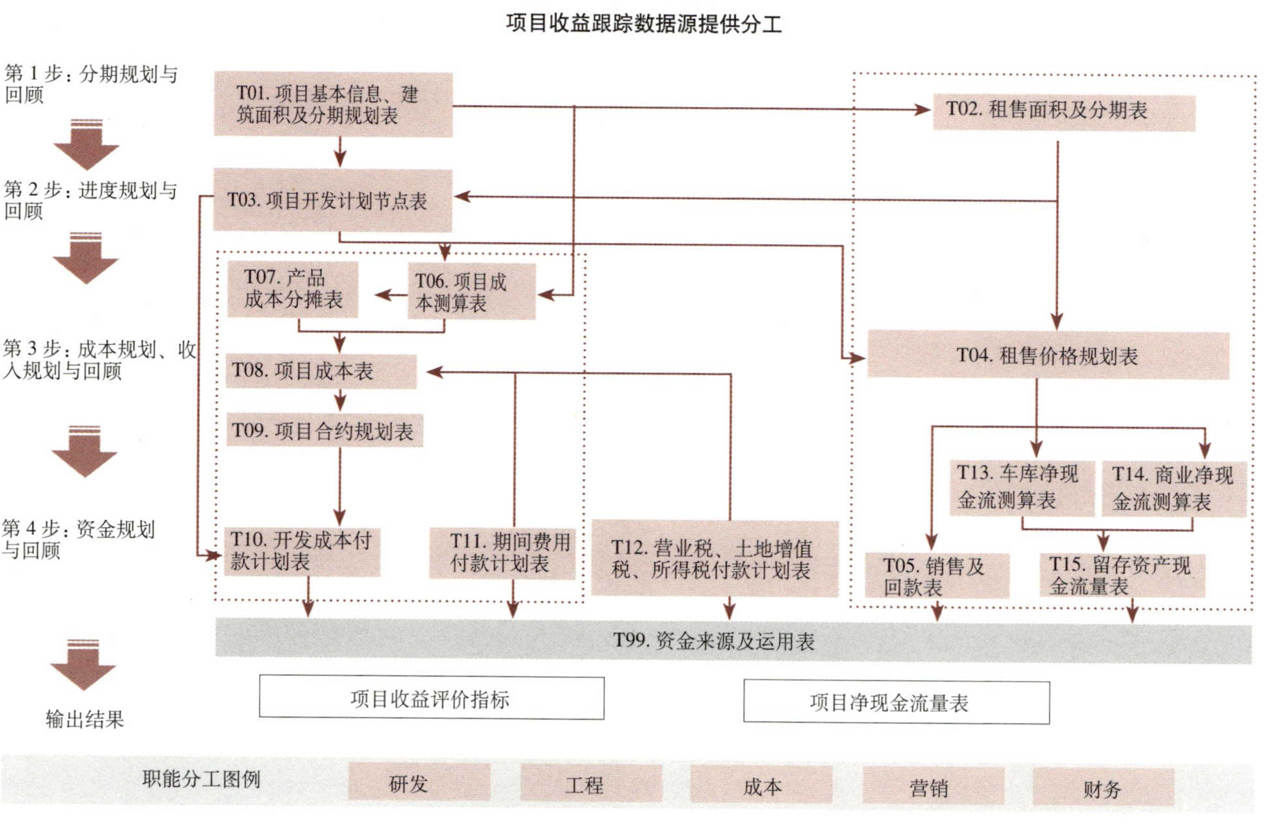

图 3-3-5

第四章

CHAPTER 04

房地产项目计划管理

房地产公司是以开发、经营项目为主要业务的企业，从某种意义上说，房地产企业的成功来自于公司众多项目的成功。在众多地产企业中，经营目标往往都需要分解到具体的项目，并由项目开发进度进行支撑。因此房地产开发项目按时、准点的达到预定节点将直接影响到企业的经营目标的实现。

第一节 计划管理决定项目运营的效率

在企业初创时，往往是单项目开发，企业通常采用项目制进行开发，项目参与各方方向明确，目标一致，能够形成合力集中突破项目。业务发展到一定阶段后，随着规模的扩大或者土地资源获取的散点式分布，房地产企业不得不进入更多区域，也必将进入多项目的同时开发，此时不管是资金，还是人力，甚至技术、供应商等将变成各项目共有的资源，如何合理分配资源，如何协同一致保证所有项目目标的有效实现必将成为地产企业需要面临的挑战。做好项目的开发计划的管理是面对挑战的有效手段。

一、协同：计划管理第一要素，实现“纵向合理分工，横向相互承诺”

项目统筹、协调不理想，进度延误严重，产品质量不佳，专业线专业能力整体不强，责任也不到位，采购工作计划性和系统性不强，已经成为了项目开发的瓶颈，经常导致进度延缓……必须加强工作的计划性和系统性，加强业务部门之间、集团和项目公司之间、上游部门和下游部门的协同，以促进项目运营效率的整体提升。

这是某一家企业的自我诊断分析。这家企业和大部分企业一样面临着项目开发周期过长，计划难于执行到位，直接影响经营目标实现的困局。

对于地产企业来说，一个项目从获取土地到最后售罄交楼，通常都要经历2～3年的周期。在开发的过程中，经常受到外部条件（政策、政府职能部门）的影响，当开发工作难于按进度推进时，往往更多会在外部找借口，计划达成率很低似乎基本都是外部原因。但项目的推进也受到内部管理权责和业务分工的制约。一方面在纵向分工上，项目的部分工作是由集团总部完成的，部分工作是由区域公司（项目团队）完成的，这两者之间的认识不一致，意见不统一、反复等也往往导致项目开发进度的延误。另外一方面，项目开发全程涉及“论证、拿地、策划、设计、采购、工程、销售”等多个业务部门，各部门之间往往存在工作的交叉、搭接，关系错综复杂，各部门的工作稍微没有配合好就将导致开发进度延误。

从本质上来说，外部环境的影响是不可控因素，而企业团队间的内耗是可以通过加强计划管理进行有效提升的，所以计划管理的基本目标在于打通企业内部纵向、横向的协同，主要手段就是将项目的全过程按照 WBS 的方式进行工作任务分解，赋予各工作任务明确的时间限制、责任落实、并通过网络图的形式明确工作任务的搭接与穿插关系，让项目参与各方互相承诺，协调一致的推进项目迈向成功。

二、分级：抓大放小、层层聚焦、权责清晰

项目经理 A：我们公司计划做得非常细致，我们将项目开发计划中工作按照 WBS 的方式进行了深入细化，我们不但涵盖了项目的全生命周期，同时也细化到了每一个岗位，概括来说就是“横向到边，纵向到岗”，我们也规定了细致的业务流程，配合我们的制度和工作指引推进，但是总是执行不理想。

业务部门 B：那个计划模板太理想化了，分得这么细，谁能在 1 年前想清楚 1 年后事情会怎么样？即使做出来也没有办法用，不具备指导性。

决策层 C：我不需要看那么细的，我负责事情那么多，我只能将我的精力聚焦在重要的事情上，其他下面把握就可以了，但是出了问题，我要能看到具体的情况。

在地产企业中计划过细和过粗是两种常见的极端，这两种情况往往都会给计划执行带来困难。太细，计划难于形成，对决策层精力分散太大，不利于抓住核心问题；计划编制太粗，部门间工作又不能实现完全咬合，不利于工作协同推进。项目运营管理是一个进行规划、组织、实施、监督、协调、控制的过程，计划的需要兼顾监控和执行的需要。对于决策层来说需要的是聚焦经营，实现过程可控，对于项目管理层来说需要的是聚焦管理，实现协调一致，而对于项目执行团队和相关支援部门更多关心的是执行指导，正是因为诉求的不同必将

导致计划的精细化的不同，因此必须针对不同层级、团队的需要设计合适的分级计划管理体系。这种分级计划管理体系的本质应该是：遵循聚焦原则，按照分级管控的要求，将项目开发的工作合理授予各级业务管理单元，由其完成项目开发的各类工作内容，在过程中兼顾工作开展的效率和职能业务的可控性。明源实践表明如下分级模型能有效满足各层级的业务诉求（图 4-1-1）。

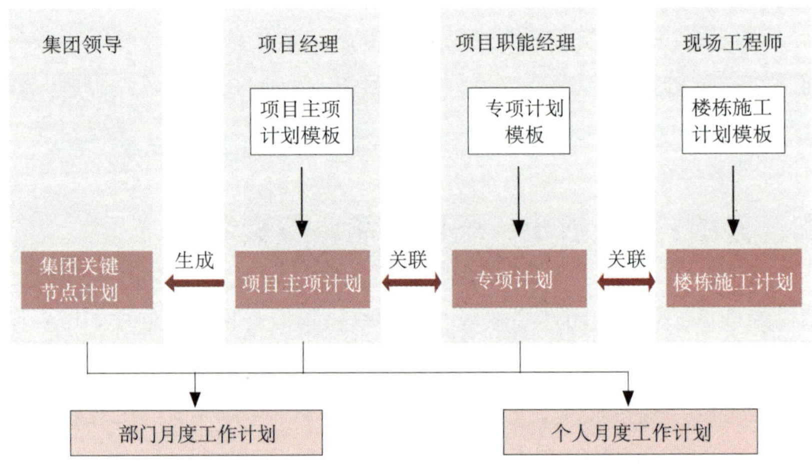

图 4-1-1

该模型的核心诉求可以表达为：关键节点计划是公司决策层管控“项目经营目标”的工具、项目主项计划是项目经理管理项目团队实现“业务协同、过程可控”的工具、项目专项计划是指导项目操作层“过程操作”的工具、楼栋施工计划是现场工程部与外部施工方进行“现场施工协调”的工具。

除了合理分级外，在实际执行过程中，需要构建各层级计划的关联关系，常见的做法是下一级计划继承上级计划工作内容，上一级计划是下级计划的约束和基础同时也需要确保各级计划能够按照责任人、责任部门按照时间节点要求有效的分解到各部门，并成为各部门的重点工作，以有效支撑项目计划的落地。

三、会议与成果：支撑计划管理高效落地

➢ 现象1：我们对于要求设计院的指标体系缺乏检查和要求能力，基本丧失过程管理能力，导致结果出来要么拖延时间，要么烂图施工，导致施工质量低、成本失控、变更签证很多。我们公司的图纸（含专业设计）会审未得到严格贯彻，而且质量不高，导致变更、签证数多量大。

企业在项目开发过程中，非常关注工程质量，但往往因为难于对项目开发其他业务工作进行质量评价，忽略了对开发过程业务工作的质量进行规划和监督。关注工程质量是必需的，但是项目开发非工程类的工作的质量也非常重要，否则经常出现“工作做得很快、质量很差”的现象，直接导致工作的返工或者下游部门工作的不顺利，严重影响进度和项目收益。阶段成果管理从质量维度对项目各项工作进行规划，进行过程工作标准化，有效实现工作质量评价工具化。

➢ 现象2：我们公司由地区公司完成规划方案设计，再由集团进行评审，有了意见后再由地区公司进行调整，调整完后再集团确认，接下来由地区公司进行单体初步、深化设计，最后又由集团进行评审，存在多重决策，而且反复多次很容易导致项目时间难于把握，需要对决策进行规范化。

企业发展到一定规模后，管理的幅度加大了，业务范围也多了，很多原本简单的业务也变得复杂，很多事项牵涉多个领域，需要借助多人掌握的信息和智慧，因此企业的重要事项通常是以会议的形式研讨、决策或发布的。这种各种各样的沟通会议也逐渐多了起来，往往大范围的组织会议难度较大，会议冗长且效率不高，更重要的是时间上的不定期必将打乱相关人员的时间安排。最理想的方式是按照项目的节拍对会议进行固化，根据项目的进度按需要触犯会议，使项目过程中的业务沟通、协调、决策与日常会议融合（图4-1-2）。

会议、成果、计划的融合管理是以计划的工作项为连接纽带来实现的。在计划的执行过程中，定期对计划做出总结和未来风险预测并将相应报告提交会议，由会议协调相关部门（资源）以保证计划按期推进，在需要的时候对计划做出决策，是否需要调整计划以适应公司、项目的实际需要。在计划的执行过

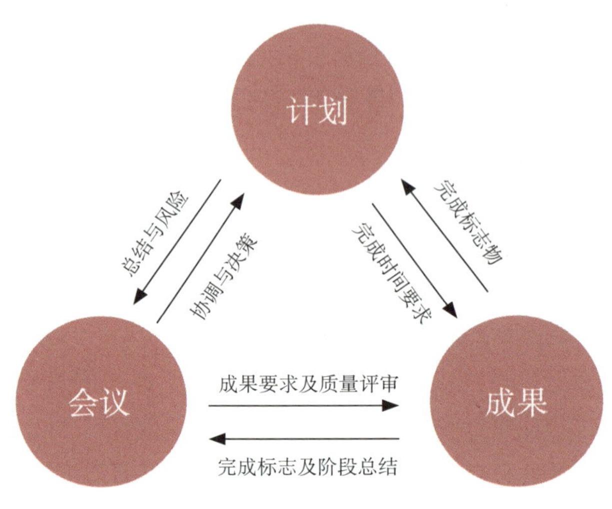

图 4-1-2

程中，明确每一个工作项的完成时间要求和成果要求，以成果完成作为评价计划工作完成的主要标志，由会议对下一阶段需要完成的工作设定对成果的内容、质量要求，并对前一阶段完成的成果进行质量评审。这种方式可以确保计划按时推进，工作完成标志明确，质量也有衡量标准，是一种融合式管理。

第二节 关键节点：运营视角保障企业经营目标的达成

企业的战略决定了企业未来发展的方向，经营目标是战略的重要承接手段。对于地产企业而言一般是将经营目标分解到对于项目，形成项目的开发目标，并将开发目标转化为关键节点进行管理的。从调查也显示，绝大部分企业将“开工、开盘、交房”三个节点作为关键节点的组成作为管理的主要内容，同时大部分企业都强调上述三个节点的刚性原则，即不允许调整。

因此对于大部分企业来说关键节点计划是公司决策高层用来“设定目标、监督、控制”项目开发计划的重要工具。另外从管理角度来看，关键节点计划的设定，能让最稀缺的高层时间锁定在最关键的环节上，避免将高层的管理精力陷入细化的具体的项目工作中去。关键节点常常用来对项目负责人或者城市公司总经理进行绩效考核。因此关键节点也常常是企业监控经营指标能否达成的有效工具。

一、聚焦经营要点的关键节点设定原则

关键节点聚焦“经营”，是企业目标达成的重要管理工具，目前大部分企业都将按照项目开发的关键路线设定关键节点。将开发过程中的里程碑事件作为拦截性的节点进行管控（图 4-2-1）。

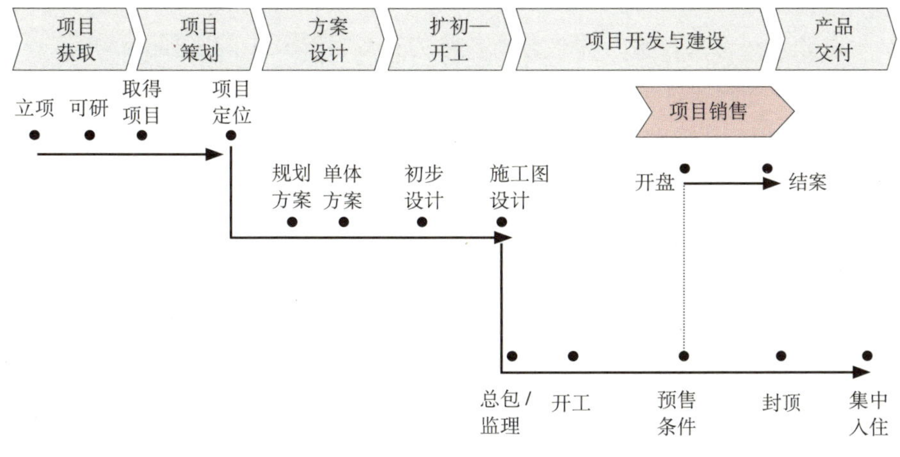

图 4-2-1

但很多地产企业对关键节点赋予了更多的管理意义，表 4-2-1 是两家企业比较典型的关键节点列表。

两家企业比较典型的关键节点　　表 4-2-1

A 企 关键节点
（1）项目策划报告内部评审通过
（2）规划及建筑方案设计内部评审通过
（3）方案报审批复
（4）施工图内部审核通过
（5）工程量清单
（6）“示范区”工程完工
（7）工程开工
（8）主体结构封顶
（9）项目竣工备案完成
（10）总部内验通过
（11）开盘
（12）交楼入住

B 企 关键节点
（1）取得国土使用权证
（2）交地
（3）完成方案设计
（4）完成初步设计
（5）完成施工图设计
（6）取得施工许可证
（7）项目开工
（8）售楼处、样板区开放
（9）取得预售许可证
（10）开盘
（11）景观施工进场
（12）竣工备案
（13）交房
（14）交房完成率 95%

A 企通过对工作进行深入分析，认为在项目开发中的工程量清单工作存在明显问题，导致项目运营效果受到严重影响，主要表现在：

➢ 工程量清单编制未成为法定工作节点，没有预留工作时间，上下重视不够，基本没有专业能力进行编制。

➢ 工程量编制后，缺乏上下共识，因此很难使施工单位真正认可，导致双方差距较大，有形同虚设的现象。

➢ 招投标存在心中无数、未知成本控制的关键和重点，并未能实现成本控制目标。

为了将“工程量清单”这个工作内容进行有效管理，破除项目运营的瓶颈工作，将其作为关键节点进行重点跟踪、控制，并在实际工作中真正落实到位。

在 B 企，园林景观是企业的产品力的重要表现手段，也是企业的核心竞争力，为了将该项工作更进一步，同样将其作为关键节点进行过程管控。

从时间来看，大部分房地产企业对关键节点设定已经不再局限于经营目标的直接限定，也逐步从普遍的关键路径点脱离开来，逐步从单纯进度管理转向经营策略的管理，通过分析企业当前管理的重心和侧重点，并结合企业发展阶段所需的核心能力进行设置。

一般性而言，地产企业会在设定关键节点时，除了选择关键路径的点外，通常会考虑管理如下几类节点：

➢ 受外部政府职能部门、企业不可控的时间，加强该类型的事件的控制，有利于企业完善法律手续，同时在内部形成合力，一致对外；

➢ 现金流类节点，加强该类节点的管理，可以有效预见项目现金流的波峰波谷，利于企业做现金流平衡，特别是项目现金流转正的是企业对项目资金投入的重要管理内容；

➢ 工程类节点，是项目进度形象化的重要体现；

➢ 项目前期利润规划类节点，选择这类节点原因在于企业认为，项目生产施工固然重要，但真正决定项目开发利润的往往是前期的定位、策划、方案等内容，如果能够针对这些点做出重点管控，对项目而言具有最大价值；

➢ 体现企业个性化。比如：在某个企业中项目质量是重点关注的内容，这个企业就在项目开发过程中设定几个质量停止检查点，当项目推进到该节点时，由运营管理部门组织相关部门对项目进行联合质量检查，确保质量安全，避免返工带来的成本风险。再如某企业是健康住宅的领先企业，因此强调将该项做到极致，因此“健康住宅专项技术设计完成”成为集团直接操作的法定节点。

上述节点设置选择方式从原来纯粹从时间工期维度上管理，转向从管理、经营的视角审视的项目标志性事件，是一种管理思路的重要改变（图 4-2-2）。

二、关键节点的过程管理手段

项目运营管理是一个进行规划、组织、实施、监督、协调、控制的过程，对于决策层和管理高层来说，对项目的过程管理主要集中在对关键节点的计划目标下达、过程监督与控制、事后考核等手段上，在过程中可以采用如下步骤推进。

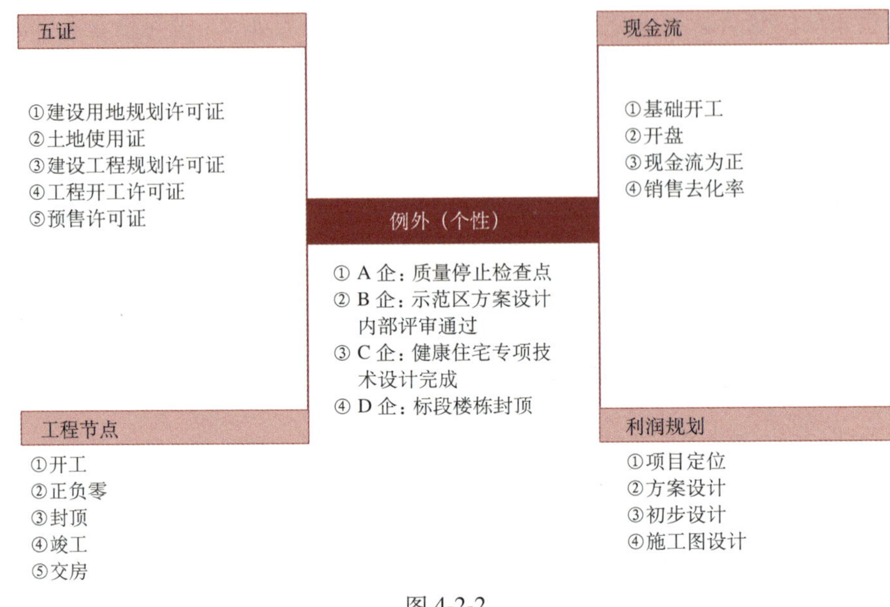

图 4-2-2

1. 关键节点计划目标的设定与下达

➢ 第一步：企业根据发展需求设定经营目标，并结合企业的项目进行资源盘点，并将企业的经营目标分解为几个项目的经营目标，这几个目标往往体现为销售指标或者结转收入指标。

➢ 第二步：根据销售指标或者结转收入指标明确项目的开盘节点或交房的时间要求，并按照企业的一般工期刚性要求反推出项目建设各主要节点的时间要求。

➢ 第三步：由项目团队对这些节点提出建议，并达成共识，由项目团队对项目开发节点或经营目标做出承诺，或公司批准后形成项目开发关键节点计划。

➢ 第四步：关键节点计划正式下发，作为项目下级计划执行的纲领性要求，强调强制性。

此部分工作中，除了采用规范化的流程和制度进行约束外，关键在于能够就关键节点得到项目团队的承诺，同时也需要项目参与各方对节点的时间目标达成一致意见，因此在目标下达时，标杆房地产企业往往通过里程碑会议的方式来实现。比如，通过项目启动会形式，由企业决策层、项目管理层、项目团队多方共同对计划进行推演，找到风险点，形成风险规避或减轻的预案，以作为后续工作的指导性方针（图 4-2-3）。

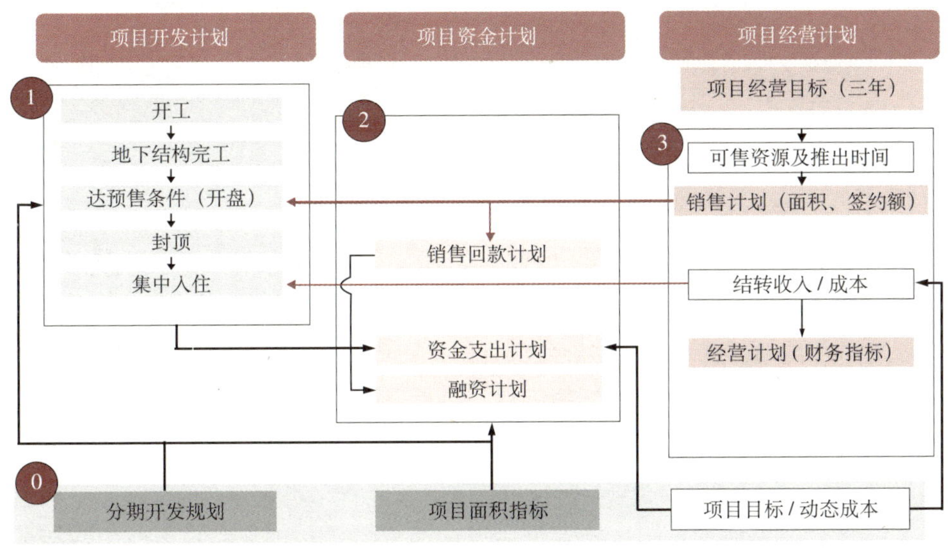

图 4-2-3

2. 关键节点计划监督与控制

项目开发周期长、过程复杂多变、受外界（企业不可控）等因素的影响，在计划执行过程中关键节点计划的目标存在各种风险，往往导致节点实现的不确定性，直接导致企业的经营目标不能实现。因此对关键节点进行过程的监督与控制。

地产企业决策层为了能够及时获取关键节点计划的执行情况，往往会采用书面正式报告和定期运营管理会议的形式进行（图 4-2-4）。

这种信息传递形式在过程中往往会存在两个缺陷，一方面项目的信息经过项目团队、城市公司管理团队多层级传递，周期较长，往往导致决策时机的错失，不利于集团的快速反应和应对；另外一方面，不同管理层级对信息关注的点不同，

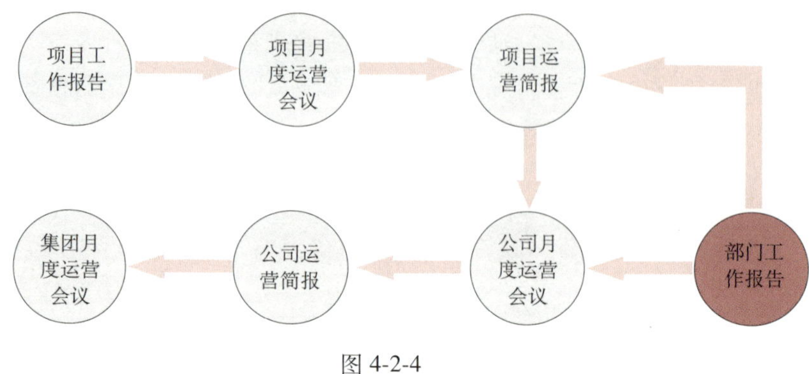

图 4-2-4

往往信息的细化程度也不一致，因此各个层级需要对信息进行加工处理，而这种加工会导致较大程度的信息衰减或扭曲，加大了信息获取的复杂度，影响决策层对风险预判。这两种缺陷导致项目信息在传递时，在时间和质量两个维度均有所失真，会导致对项目情况的错判，轻则延误战机，重则盲目冒进满盘皆输。

实现过程监督和控制关键一方面在于决策层能否及时获取项目推进的真实信息；另外一方面还取决于项目团队能否有效预见未来可能存在的风险。

通过将关键节点计划单列并形成专门的报告，并借助信息系统能有效解决这类问题。这种关键节点简报，不单单是各个节点的达成时间，还需要对应该完成但未完成节点进行原因解释和后续行动方案说明，同时需要对后续关键节点进行风险分析及前置重要事项分析，提前安排资源推进项目，规避风险。

当然用关键节点简报仅是针对开发计划的推进情况，当前更多的企业会基于项目整体运营角度对项目进行全面定期体检，以及时反映项目的健康度，这类报告往往包含项目的进度情况、成本情况、销售情况、现金流预测四个维度。

3. 关键节点计划的调整

鉴于关键节点计划重要性以及严肃性，地产企业往往采用刚性规定并直接与项目负责人或者城市公司总经理绩效挂钩，强制要求关键节点不允许调整，稍微宽松点的企业也仅允许在方案审批通过或者施工许可证获取后进行一次微调。出于单纯绩效管理角度这种方式无可厚非，但是关键节点计划作为纲领性计划，它对后续计划有直接的控制性和牵引性作用，如果关键节点计划不允许变更，其下层计划同样也不允许变更，否则必将造成各层计划的脱离或者两层皮现象。因此在众多前沿企业的探讨过程中，往往将计划划分为考核版和执行版。

在开发过程中考核版不允许调整，执行版则根据项目开发进度的要求按需调整以适应项目的开发现状使其更具有牵引性和指导性。当然这种按需调整不是随意调整，需要有流程、时间的刚性规则。常见的流程刚性要求是，关键节点中影响经营目标实现的开盘、交房节点改变需要由城市公司总经理背书解释，并由总裁审批。

总体而言，关键节点计划是控制型计划，它的主要目标是帮助企业的决策层，对项目开发过程关键事项进行监督和控制，它的实现是对企业经营目标最重要的支撑。

第三节　主项计划：管控视角实现纵向、横向的业务协同

一、主项计划解决项目管理需要是计划基准

在我们企业中，各个部门分别做各自的工作计划，难于在相互间进行支持，因此往往存在“你做你的计划，我做我的计划，谁影响自己不知道，自己影响谁也不知道”；而且各自在编制计划的时候，不给别人空间，给自己留足空间。

对于企业经营决策层来说，关注的是企业经营目标的实现，但是对于项目而言上述现象的出现，通过关键节点并不能有效解决。原因在于除了决策层监

控的要求外，项目团队在执行过程中对工作还有其他管理的需要，比如说，方案设计任务书工作究竟应该由谁来主导，是集团还是地区，它需要什么资源，做到什么程度才能称为完成，应该在什么时间出具什么成果才能交由下游工作部门，并有下游部门接收工作，以上这些是项目开发过程中每一个环节都会存在的疑问，项目团队需要有一个工具帮助他们完成项目的管理，这个管理的范围主要包括划分工作职责划分、资源协同、厘清工作界面、限定时间目标、工序穿插与排程等方面。此时企业需要的是项目主项计划。

项目主项计划：主项计划应该囊括项目开发过程中的所有重要工作任务，强调工作任务的结果时间目标，是各专业线的横向协同的时间、质量基准，所有专业的工作开展必须以主项计划的时间节点要求倒排，目标是促使各专业以项目进度目标为统一方向开展工作。在矩阵型项目管理组织中，主项计划由项目经理负责，并由其进行统一维护，而在职能型的组织中，主项计划往往是由经营管理团队共同负责，过程管理则是由计划经理统一维护的。

二、主项计划应避免精细化，侧重目标管理

项目主项计划是项目总经理管理项目的主要工具，在很多企业里边常见的做法是列举一个巨细无遗的管理计划，希望能够【穷尽】项目开发过程的所有工作内容，并将计划分解到每一个职能部门甚至职能岗位上。

精细化是代表性的说法，强调“计划无论拆分到多么细致都不过分”，期望“穷尽细枝末节”，以实现公司所有工作的“精确咬合”与“准点到站”。这样作为项目管理者的项目总经理能够对项目一览无遗，快速把握项目的进展及未来风险，显然是一个优秀的管理工具，但这种精确存在着一个致命的缺点：“最终目标的实现取决于各项工作计划的严格执行”，对于房地产项目开发这一国内仍属于松散型开发，管理和工序工艺远远没有达到传统制造业精确到分秒的地步，他的目标实现也远远无期，同时对于计划编制人员来说更是巨大的灾难，试想谁能够在一年前甚至更远的时间段内精确的预估后续工作的每一次变化，因此计划调整的频繁程度远超预料，长此以往就会出现“计划不如变化快，还不如不做计划”项目计划管理名存实亡。

因此行业领先企业开始正本清源，回顾管理本质，项目计划管理不是要求精确、准点，管理要求是在可控的误差内各专业围绕一个目标开展工作，因此企业将主项计划设定为:【管经营目标＋工作任务】，这是一个目标计划，而不是具体的工作指导计划（这些内容本应该下放到各部门中去）。此时企业对于主项计划工作内容的设定原则集中在如下几个方面：

➢ 必须包含集团关键节点，主要目标是将经营目标作为主控内容传递到项目开发管理计划中，是继承的一种体现。

➢ 包含【项目瓶颈】的工作内容，特别是一些地产企业内部不可控工作内容，比如某些政府验收工作，设定在主项计划中能够有效引起项目总经理的注意，并能定期预估该部分风险。

➢ 包含【项目难点】内容，特别是企业在项目开发过程中专业能力比较弱的工作内容，或者说该部分工作开展难度特别大。比如拆迁工作或者工程量清单编制工作。

➢ 包含【多部门协同】工作的内容，特别是涉及跨层级的部门协同内容，比如：在集团采购体系中的材料采购工作，该项内容，不但涉及城市公司、集团两个层级，同时也需要采购、成本、营销等多个职能的同步工作。

➢ 涉及公司【重大费用支出】的工作，该类工作虽然对项目现金流影响不甚大，但是可能因为公司对重大费用审批流程的复杂导致项目工期目标的难于达成，比如“外立面落架”、“市政配套工程”。

➢ 也有企业强调项目管理的精细化，并提倡给后续项目留点“经验”，因此往往会在主项中将“项目后评估”、“营销策划方案”等作为法定节点进行管理。

按照上述原则确定的主项计划往往不会超过100项，他包含了项目开发中必做的工作内容，也包含了一些项目开发过程中例外需要重点关注的工作，对项目总经理来说是一个管理计划，对项目参与各方而言是工作任务的目标计划，具体的工作过程指导的计划需要通过专项计划或者部门月度的工作计划进一步分解而形成。

三、落实主项任务六要素，提升工作效率和效果

主项计划作为计划体系的重要一环，是项目管理工作的中心，但是仅是识别管理内容、排定工作时间要求并不够，还需要对主项计划的工作项进行更细一步的处理，可以称为六要素管理。

对于项目开发来说，参与团队多，情况复杂，同样一件事情可能是集团需要参与，项目团队也要参与，还有外部人员可能也要参与，在这个工作任务的执行过程中，如果没有明确的责任主体，往往导致大家都是责任人，质量不高效果不好就是群体责任，反之就是大家都没有责任，或者说工作完成不了，往往都是“外部原因导致”的。给每一个任务设定责任主体，便于找到专门的人推动这项事情的内外部协同。

项目团队是分工协作开展工作的，每一个人的工作往往影响下游的工作推进，因此工作界面要清晰的界定：“究竟各个任务完成的标志是什么？当我的工作完成到什么样，我就能交给下游呢？”，“当什么条件达成了我的工作才能最大效率的推进呢？”因此对于每一个工作任务来说我们需要在企业中构建一个合理的标准，便于团队进行协同。

在计划执行过程中，每一个人都希望给自己留足够的时间，而忽略工作的下游也需要，于是往往在计划编制和执行时把大部分时间留给自己，挤占下游工作的时间，直接导致下游工作时间不够，或者拼命赶工空耗质量和资源。同时另外一方面也可能存在工作间搭接、穿插比较多，究竟谁的工作应该先做，谁的工作应该后做，如果没有理清这些关系，往往导致项目参与各方都在等待，而且出了问题只有争吵，“架起大炮来轰”，精力都在内耗，没有办法为项目目标统一行动。这些问题都在困扰着我们的管理者，因此需要设定每一个工作任务的合理工期，同时梳理各工作项间的前后置影响关系。

房地产在飞速发展，项目数在急剧扩张，但是人员的补充和成长往往难于跟上企业发展的步伐，原先团队中经验丰富的人员稀释到各项目中了，他们的行之有效的处理方法也到了项目中，而且不同的人工作的方式不一样，正所谓“换一个领导，换一个做法”，因此先进的企业往往着手构建工作任务的指引，通

过指引确保各项目同样的工作行为一致，方法一致。主要做法是使用流程图描述工作任务的具体步骤，介绍每一个步骤的方法、注意事项、可能存在的问题、应对的主要举措、可以使用的业务表单和内（外）部规章制度、工作完成后应提交的成果标志物等。

总体来说六要素是计划管理的主要内容，同时是企业业务标准化的重要组成部分。它帮助项目管理者和项目团队成员“分清工作任务的责任主体，辨明工作任务的开始和完成标志，厘清工作任务的前后置影响关系，工作任务的合理工期，工作任务的工作指引，工作任务的输出成果。”

四、会议与报告是主项计划协同的重要手段

与关键节点不同，主项计划并不是控制性计划，他是执行、管理性计划，当然他继承关键节点的时间要求，但是他的管理手段不再是监督和控制，而是过程的工作协同、管理、风险预警、资源协调。它的管理过程如下所述：

1. 编制主项计划

在项目关键节点计划批准后或者在关键节点计划编制时同时启动，由项目的负责人组织进行编制。由项目开发负责人，根据历史项目经验，结合项目的实际情况，与各个部门进行深入沟通，得到各部门基于关键节点计划的初步承诺后，编制出项目主项计划初稿，并经过多轮评审后，经由公司管理制度和流程进行批准，签发。

计划编制的重点要对主项计划进行合理推演，上游部门切实向项目团队交底，便于事先预测风险，并制定风险规避和减轻的策略，同时对主项计划的实现得到项目团队的承诺，“不真正搞清如何做、试着干、到时再说”是主项计划执行的最大风险。

在主项计划的使用过程中，因为项目开发周期时间较长（2 ~ 3 年），大部分企业编制时间相对前置，作为项目管理团队难于有效预测后续工作时间安排，计划的有效性难以保证，决策层对计划能否实现缺乏信心。比如有些标杆企业在获取土地后10天内就要完成该计划的编制。另外一方面项目前段的策划、报建、

设计等工作往往难于受项目团队甚至企业决策团队的控制，因此计划的合理性也受到较大挑战，项目管理团队往往被动接受，无法做到合理承诺。

因此有些企业往往会将主项计划进行分段编制，以方案设计完成作为分段编制的主要划分点，在这些企业认为，方案设计前的工作不确定因素太多，而且这部分内容主要是开发决策，项目团队往往不参与，不能由其对计划做出承诺。在方案设计完成后项目进入技术决策和生产实施阶段，这些则主要由项目团队推进。另外项目此时已经明朗，可控性加强，此时编制的计划更具有可行性。

2. 计划反馈与协调

在项目开发时，各部门按照计划推进工作，但是往往“计划不如变化快”，项目内外部环境都发生了变化，同时推进会存在各种各样困难，因此企业经常借助会议、报告等手段来实现对项目情况的反馈，并进行工作和资源的协调。但是在笔者接触的各种会议、报告中，项目参与各方往往重情况描述，特别在会议中，机械的分别表述，其他相关方被动的接受信息，结果是会议冗长而无效，项目的管理者难于直接获得对项目有帮助的信息。

标杆企业往往通过合理规划会议的方式对计划反馈与协调进行优化，在项目运作会议中“轻汇报、重分析”，议程上改变过去由“部门角度”依次反馈转向以“项目为单位”的反馈机制，内容上由“情况汇报”转向“风险分析、资源协调”，形式上由反馈人单一视角转向项目团队联合视角。主要做法是，以项目经理或者公司计划经理为主导，项目责任进行反馈，以主项计划为主要脉络，先简述当前阶段工作任务完成情况，重点分析后续工作任务推进的资源需求和可能存在的风险。提前做好预案机制，集中精力推进下一阶段工作任务。主要的汇报场合包含：项目现场周会、项目运营月会、公司运营管理月会、集团经营管理月会等。

很多企业的工作报告类似表4-3-1内容，在该表中，体现的往往是工作推进的细化情况，而且更多是专业视角，该类型报表在部门间（项目团队间）进行信息交换的过程中，往往因为专业壁垒的存在，导致团队中其他成员无法快速获取有效信息，更谈不上基于此类报告进行协同。因此应该以协同的角度重新设定报告格式，并规定报告编制依据。

企业工作报告样本 表 4-3-1

月度工作		
截至本月实际进展情况	下月计划	责任部门
1 号楼 42 ~ 46F 天花吊顶基层完成，23 ~ 27F 天花吊顶基层完成 90%、窗帘盒及窗套基层完成 80%，11 ~ 18F 天花吊顶基层、窗套基层完成，6 ~ 7F 天花吊顶完成、窗套基层完成，6 ~ 46F 管线敷设完成 60% ……	1 号楼天花吊顶基层完成 90%，46F 大白基层开始施工、44 ~ 45F 厨房砖完成 90%，窗套基层完成 50%，管线敷设完成 70% ……	工程部
锚杆完成 3000 米 土方外排因 ××× 影响，暂停施工到 × 月 × 日	锚杆完成 2000 米 桩间喷混凝土完成 1000 平方米	工程部

➢ 上月工作总结：

根据主项计划明确上月工作任务都要哪些？

每一个工作任务的期望目标是否完成？

滞后的需要明确具体原因。

对滞后工作明确后续推进的主责部门。

➢ 下月工作计划：

根据主项计划明确下月工作任务都要哪些？责任部门应该是哪个？

具体明确该工作任务具体的完成标志是什么？

部门通过什么方法、措施达成目标？

在过程中需要哪些部门的配合，需要公司提供哪些资源？

通过这种方式改进的报告可读性大大增强，而且有效区隔了专业职能部门和项目团队的报告需求，部门关注具体工作的推进要求和方法，而项目关注过程中协同要求和风险显性化，是一个有效的管理型报告（表 4-3-2）。

3. 计划调整

“计划不如变化快”是项目开发的常态，往往需要对计划做出调整，在计划调整中应该关注两个类型的调整时机。

被动调整：随着项目开发进程的推进，往往因为项目环境或者其他外界环境影响导致原始计划不吻合项目推进的实际情况，此时需要对主项计划进行修订。

管理型报告 **表 4-3-2**

** 月工作总结					
序号	工作任务	期望目标	完成情况（含完成时间）	滞后原因	责任部门
1	主体施工计划及质量控制的监督管理	****	完成		
2	幕墙安装进度及土建配合情况	****	完成		
3	机电安装进度控制		完成		
4	消防、给排水、通风、空调	****	未完成	****	
** 月工作计划					
序号	工作任务	期望目标	主要方法	所需要资源、配合部门	责任部门
1	主体施工计划及质量控制的监督管理	****			
2	幕墙安装进度及土建配合情况	****			
3	机电安装进度控制	****			
4	消防、给排水、通风、空调	****			

原则上不允许调整考核计划而是要求项目采用赶工、并行等方式追回进度。只有在项目进度已经明确无法追回时才能通过企业运营管理例会决策进行计划修订。

当计划调整涉及关键节点计划，发现项目关键节点计划按时达成存在重大风险时，将需要由项目负责人或者城市公司总经理进行背书解释，并通过集团进行审批。一般情况下调整的是执行版计划，考核计划不调整。

主动调整：当企业经营管理目标发生调整时，需要经由自上而下的计划调整，先调整关键节点计划，然后在新关键节点计划基础下进行主项计划的编制，此时往往调整考核计划和执行计划。

第四节　专项计划：聚焦落地，实现工作执行指导

一、专项计划“渐进明细”实现主项的细化

在很多企业中，因为项目数量的爆发性增长，同时合格的经验丰富的项目操作人员的增长往往难以适应企业规模的扩张，因此期望通过将所有计划细分到精细化，并通过精细化的计划实现“工作的标准化”，但是在实际工作过程中，这种细致计划进行统一管理存在众多不可逾越的障碍。原因可能是多方面的，一方面项目中间过程影响因素多，计划调整变化多。另一方面由于项目开发周期长达 2 ~ 3 年，这种细致的工作计划要在相对长的时间内保存稳定，并能够持续吻合项目推进要求显得相当困难。更有可能随着项目时间的推移，工作步骤间的先后逻辑关系都发生变化。这些都导致了计划的不合时宜。正如某企业项目经理所说：“要想在项目开始阶段就想清楚，后续每一件事情在什么时间，由谁来完成，这是一个不可能任务。”

因此有效的做法，往往是在主项计划的基础上，根据企业的经营管理策略，选择重点、难点的主项任务进行进一步细化，形成专项任务，进行更细一步的管理。这种专项计划可以按照项目的“节拍”逐步地展开并完成计划编制、执行、回顾等工作。比如，某企业根据主项计划设定 45 个工作任务进行展开，当项目开发推进到相应的工作项时，由该工作项的主要责任部门组建小规模团队，细化工作步骤、责任岗位、时间要求，用于指导工作的推进。这样的好处在于：一方面，事情快发生时安排工作，时间上和资源上的保障更有效；另一方面，周期跨度在两个月内，执行人能够想得清楚，避免拍脑袋排定计划（表 4-4-1）。

同时，这种做法特别有利于那些影响经营目标实现的事项。比如由企业结合企业需要设定了“开盘工作计划”、“交房工作计划”两个专项，对于这两件影响企业销售收入实现和经营利润结转的事件，通过构建强有力的团队，配合有效的细致工作计划，一步一步推进，确保这两件事情做好。

专项计划　　表 4-4-1

报批报建	100 个工作日
详规报审（专项）	34 个工作日
国土证办理（专项）	34 个工作日
环境评价与批复（专项）	42 个工作日
单体批复及工程规划证办理（专项）	25 个工作日
施工证办理（专项）	56 个工作日
融资	269 个工作日
办理银行贷款审批（专项）	15 个工作日
办理第一笔土地抵押贷款（专项）	15 个工作日
办理第二笔在建抵押贷款（专项）	30 个工作日
物管与交房	616 个工作日
物业进驻（专项）	25 个工作日
交房预验与问题整改（专项）	45 个工作日
物业移交（专项）	30 个工作日
项目总结	125 个工作日
工程结算（专项）	30 个工作日
进行项目财务决算（专项）	30 个工作日
项目后评估（专项）	60 个工作日

二、专项计划定义为步骤级任务精细化

项目专项计划是为完成某一方面、某一工作项、某一组工作项的工作内容而设定的细化工作推进计划，他主要由项目的职能专业负责推进。一般情况下项目的专项计划有三大类：

一类是按“项目业务职能”划分的，便于项目业务职能负责人更好地完成本职能工作，而将主项计划当中工作项分解到职能下各小组或各岗位的计划，称为项目业务职能专项计划，如“设计专项计划、营销专项计划、报建专项计划、招投标专项计划、工程施工计划”等；

一类是“需要项目各职能、公司纵向、横向密切协作才能成功完成的、失败成本很高、对经营目标达成直接影响的工作项”制定的更明细的专项计划，

如“开盘计划、交房计划”，主要目标为实现特别重要的工作任务，整合公司资源重点突破；

还有一类是对风险大、难度大、不受控（政府证件）、责任人能力不足的某一工作任务项制定的更明细的工作计划，如“第一次开盘的售楼部卖场专项计划”。

这三种类型的专项计划均有不同企业在使用，而且均取得了合适的效果。这些企业的共性特点是，将专项计划定义为项目开发过程管理的指导性工作计划。这些计划无一例外是某一连贯性任务的精细化分解，往往明确到具体某一件事情的工作步骤，通过对工作的步骤级细分将其逐一落实到相应的责任岗位，用于指导其工作的进一步开展，同时为了获得良好效果，企业采用更短的时间周期进行检视与核实，这个周期常见的是以周为单位。

三、专项计划的过程管理机制

项目专项计划是主项计划的有益补充，主要目标是围绕项目主项任务的按时、按质实现来设定的，在过程管理中，一方面受主项计划的时间约束，就是专项计划的开始时间不允许超出主项计划的时间限制。另外一方面它也自称体系的过程管理机制，主要表现为：计划的编制、推进与反馈、调整三个方面。

➢ 编制专项计划

项目主项计划审批及签发后，由项目职能负责人，在主项计划的约束下，根据历史职能工作经验，结合项目的实际情况，编制出项目专项计划初稿，并经过项目负责人审批后，经由公司管理制度和流程进行批准，签发。专项计划工作如果涉及跨部门工作协同，需要与协同人达成共识。

➢ 计划推进与反馈

项目团队各职能的责任人按照计划执行相关工作，并且定期通过项目专项周报、周会形式汇报专项工作进展情况，并评估项目开发可能存在的风险，以及后续的重点工作安排，并协调资源推进。

➢ 计划调整

被动调整：原则上一般由项目专项计划负责人自行调整主项计划，当计划调整影响到主项计划或者通过分析认为主项计划目标达成存在较大风险时，将需要提交项目运营月会进行讨论，并在达成共识后通过调整主项计划的方式再行调整专项计划。

主动调整：当企业经营管理目标发生调整时，需要经由自上而下的计划调整，先调整关键节点计划，然后在新关键节点计划基础下进行主项计划的编制，并进一步调整专项计划。

第五节 部门计划：聚焦承诺，承接项目计划的桥梁

房地产企业以项目开发为主要业务，过程中需要项目团队以项目视角来进行过程的跟踪管理，这就是房地产企业构建项目开发计划，并进行过程跟踪、反馈、协调的出发点。但是在众多房地产企业中，企业的组织是以职能为单位组建的，项目团队成员不能覆盖项目全职能，有些专业往往是以虚拟成员的方式进入项目团队的。比如设计、成本、招投标等，部门以周、月的工作计划作为主要管理手段，一方面项目对专业的成员有工作要求，另外一方面部门内需要在专业上有所成长，同时也存在多个项目争夺同一个人员资源。在双头管理、资源稀缺的情况下，如何让各业务部门围绕项目合理安排工作，支持项目目标成为一个必须考虑的问题。

一、让项目计划成为部门计划“首选”

表 4-5-1 是一个企业的部门月度计划工作表，从该计划表中我们发现，该企业的部门计划设计是相对完善的，合理地区隔了任务的重要性，并赋予应有的

XXXXXX 部 2010 年 5 月工作计划表　　　　**表 4-5-1**

栏目	序号	计划内容	责任人	达成标准	资源支持	计划完成时间	分值	计划完成情况	自评分	复核结果	分管领导评分
关键业绩指标（50%）	1					跨月	20.00				
	2					2010/5/30	15.00				
	3					2010/5/31	15.00				
		小计					50.00				0.00
重点工作（30%）	1					跨月	10.00				
	2					2010/5/25	10.00				
	3					2010/5/31	10.00				
		小计					30.00				0.00
基础工作（20%）	1					跨月	4.00				
	2					2010/5/30	3.00				
	3					2010/5/20	3.00				
	4					2010/5/25	3.00				
	5					2010/5/20	3.00				
	6					2010/5/31	2.00				
	7					2010/5/31	2.00				
		小计					20.00		0.00		0.00
		合计					100.00	按得分率计算	0.00		0.00
领导临时安排工作	1										
	2										
	3										
部门增加工作	1										
	2										
	3										
		合计									

权重，同时也设定了自评和直接上级评分的方式。但是在实际执行过程中却存在一系列的问题，首先在计划内容的设定上，部门有时难于分辨哪些工作最重要，往往是“会哭的孩子有奶吃”，哪个项目叫得最凶就将他们的工作列入重点工作；同时因为最终评分的是直接上级，往往上级指派的项目工作也优先列入重点工作；另外没有项目视角对部门计划进行横向检查。这些都导致在实际工作中不能够确保部门真正支持项目开发计划。

从源头来看我们会发现，部门月度工作计划是地产企业各个业务职能部门自身的工作细化安排，选择哪些项目工作进入部门不同级别的工作任务是首要环节，我们分析后认为，部门工作计划往往来自于如下几个方面：1）由本部门负责的项目工作项（本月内）；2）公司会议决议应该由本部门完成的工作；3）本部门日常其他工作项。在这种基础上我们结合前面计划分级管理思路后，在部门计划设定时加入如下约束，确保部门围绕着项目的重点工作展开，如表 4-5-2 所示。

部门计划设定时加入约束　　表 4-5-2

1	关键业绩指标（50%）	关键节点计划工作（本部门） KPI 指标信息
2	重点工作（30%）	总经理办公会决议 项目主项计划工作（本部门）
3	基础工作（20%）	职能提升工作安排 项目专项计划工作（本部门）
4	领导临时安排工作	临时性工作
5	部门增加工作	临时性工作

首先，只要是本部门本月负责的关键节点计划工作项，应该无条件成为关键业绩指标；其次，只要是项目主项计划工作，落实到本部门本月开展的，应该无条件成为重点工作；再次，在总经理办公会上决议的事项落实推进，也应该进入到部门的重点工作中；最后专项计划的工作项则进入基础工作；至于其他和项

目无关的，可以根据需要分入基础工作或者重点工作中。以上规则的设定，从原则上保证了项目计划工作项成为部门计划的首选。归结而言，对于部门工作计划来说他的主要构成往往如图 4-5-1 所示。

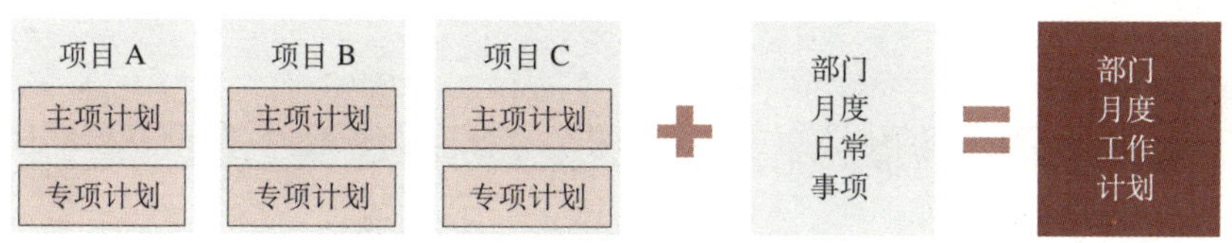

图 4-5-1

二、横向检查机制让部门工作真正落实项目计划

部门工作计划真正围绕项目开展，光有原则并不足够，在企业内部需要配套的机制进行保障，对于企业来说需要一个岗位以项目为视角在部门计划推进过程中横向检查、核实，确保项目计划落在实处。该机制主要运作方式如图 4-5-2 所示。

1. 编制项目计划

项目启动后，由项目团队完成项目各级开发计划的编制和批准，并以此作为各业务职能部门月度计划的主要来源。

2. 编制部门月度计划

每月初，部门负责人依据各项目主项计划、专项计划、部门上月未完成的计划以及部门本月需要完成但与项目无关的日常工作事宜编制部门月度计划，编制完成后提交地区公司总经理（分管副总）审批。

在编制部门月度计划时，部门负责人明确各工作项的“完成标准”及所需的“资源支持”，并根据工作项的来源及重要程度分配相应的权重，公司将该“部门月度计划”作为对各职能负责人的绩效考核标准。

月初	部门负责人	计划经理	分管副总
事项	编制	审视	审批
要点	1. 各类工作的权重恰当 2. 对项目做出承诺 3. 资源匹配	1. 匹配项目要求 2. 权重是否恰当 3. 横向支持是否有风险	1. 同前 2. 有无遗漏的重要职能计划
依据	五个工作类型	会议纪要 + 项目计划	会议纪要 + 项目计划 + 职能管理要求

时间轴（月度单位）

月末	部门负责人	计划经理	分管副总
事项	反馈与自评	执行情况核实	审核批准
要求	1. 是否完成 2. 自评得分	1. 核实结果作为月度运营会议的输入之一 2. 核实部分业绩指标是否达成（如：开工面积）	1. 上会前须了解核实情况 2. 会议上作出评分及意见 3. 考核结果可作为部门的月度绩效

图 4-5-2

项目计划落地的关键在于，在计划编制完成后，应该增加一个横向岗位，他以项目代表的身份，检查在各个部门中，项目的工作是否合理的进入部门计划，合理的主要标准有三个内容：部门计划满足项目要求，项目计划的权重合理，部门要求的横向协同能否得到响应。这种检查岗位在职能型的企业中可以是计划经理，在矩阵型的企业中往往是项目负责人。

3. 执行、反馈与汇报

为了让部门管理人员以及与本部门工作相关的其他部门人员能够交接到工作的进展情况，在计划执行的时候往往要求相关的责任人定期进行工作项推进情况反馈，同时将执行的情况汇总后提供给公司管理人员。

在计划执行过程中，往往还会遇到一些突发的、临时增加的工作需要完成，我们将其称为“计划外工作”。对于计划外工作也可以增加到部门月度计划中并进行推进反馈。

在对部门月度计划与项目计划进行反馈、汇报时不同的企业根据管理要求、精细化程度不同分别执行“按周汇报”与“按月汇报”两种模式。

➢ 按周汇报

按周汇报通常是要求项目主项计划与项目专项计划的工作项责任人每周汇报所负责工作的进展，因为其负责的项目主项计划与专项计划工作项通常都已经包含在其部门月度计划中了，所以他们往往希望在汇报时能一次将三部分的工作内容都汇报完成。

按周汇报的企业通常管理精细化程度较高，需要及时了解项目计划的进展情况与问题、风险，但此种方式的管理成本较高，应用此种方式的企业占少数。

在实际汇报时，通常是工作项责任人汇报，或由部门指定专人收集部门内各责任人负责工作项目的进展后进行统一汇报。

➢ 按月汇报

月末时，各部门负责人或其指定的责任人首先汇报本月部门计划完成情况以及本部门负责的项目计划完成情况（同样，其负责的项目主项计划与专项计划工作项通常都已经包含在其部门月度计划中了，所以他们往往希望在汇报时能一次将三部分的工作内容都汇报完成），并据此召开部门月度会议，总结本月工作完成情况，讨论下月工作重点。

按月汇报通常与企业的月度工作总结、绩效评定等工作紧密相关，因此多数企业会按照此种方式进行。

4. 工作评估

➢ 部门自评

每月部门月度会议后，部门负责人结合会议结论对本月部门计划完成情况进行再次确认与补充，并可补充原计划以外工作项并汇报，最后对各工作项完成情况进行自我评分。

➢ 横向复核

部门负责人自评后，提交计划经理（项目负责人）复核，计划经理重点对各部门月度计划中具体工作项的完成情况逐一进行复核，并对各部门月末增加的计划外工作项进行确认，最终对所有工作项逐一提出复核意见。

➢ 公司月度运营会议与终评

计划经理复核完成后，召开公司月度运营会议，在会议中各职能部门负责人及分管副总共同对各项目计划进展情况进行总结，对各部门的计划完成情况以及计划外工作进行确认与评价，并确定下月各项目的具体计划。

会后，计划经理根据会议结论对各部门月度计划具体工作项（包括计划外工作项）进行最终确认并逐一填写终评结果，然后发起审批（分公司与集团的职能部门计划审批时因为组织架构的差异，流程会不同），作为各部门负责人绩效考核的依据。

这种自评、横向复核、会议终评的工作评估机制有一定创新，它打破以前由部门分管领导直接评价，导致部门关注领导想法多过项目要求的困局。以项目视角及横向协同方式对部门工作进行评价，更有利于项目的落实。

在某些企业中，也存在双维评价的方式，也取得良好效果。双维评价的主要做法是，计划经理评价进度分，下游部门评价工作质量分，当然这种双维评价方式对管理精细程度要求较高，同时管理成本也将上升。

➢ 调整项目计划

地区公司计划专员根据会议调整结论调整项目主项计划，并报公司审批，审批通过后各部门负责人根据调整后的主项目计划对各自负责的专项计划进行调整并报分公司总经理进行审批，部门负责人依据审批后的项目主项计划和专项计划编制下月部门月度计划。

对于职能型管理的地产企业而言，部门月度计划是项目团队横向协同各个业务部门人员，保证各业务部门的工作按照项目开发的要求推进的重要手段，在这样的形式下，非项目开发直接相关部门，比如财务部，人力资源部等比较关注部门月度工作计划。

对于矩阵型管理的地产企业而言，区域公司的各部门月度工作计划重要性将有一定程度的下降，因为各个业务部门的人员已经进入到具体项目，部门内成员工作基本已经围绕项目进行开展了，计划协同的作用下降。

第六节　阶段性成果：衡量工作质量的标尺

一、阶段性成果管理，工作质量衡量的标尺

项目计划管理围绕项目开发过程构建，项目的各级计划由项目中的各个工作组成，分解到具体的行动单元或者个人来说，项目的推进可以说是一个个工作任务的完成过程。对于项目开发的工程施工部分来说它的工作任务的“成绩”是显而易见的，它直接表现为项目的形象进度，它的质量和进度都是比较容易测量的。但是对于其他非工程施工类的工作来说，要将工作任务成绩进行显性化，并完成“效率”、“质量”的测量则相对较难。因此对于项目开发全过程来说，如何确保项目开发各任务的质量就显得尤为重要。

目前在国内针对这系列问题形成了一种新型的管理思路，寻找项目开发各阶段的重点工作任务完成标志物及标志物的评价标准，强调“不以完事为目标，以成果达标为准绳”。该思路不但解决了任务的质量测量问题，而且通过对各成果本身进行清单化、模板化、案例化等规范工作，形成了一套行之有效的项目开发知识库，帮助项目开发参与人员快速、有效地完成工作。称之为阶段性成果管理。

从阶段性成果管理的作用来讲，首先，成果本身是横向项目开发“成绩”的重要衡量指标，通过对具体成果的评审，实现本阶段工作任务完成的确认工作，同时成果物又是下一阶段工作任务开始的标志和前提要求。再次，通过企业对成果物本身的模板化，便于一线员工快速推进成果的进展，而成果物的标准化，使员工在完成工作后的方法提炼有一个标准模式。最后，对成果的清单化、编码化管理，能够有效行成案例库，企业内部案例库的形成是企业知识积累和沉淀的重要载体。当然对于非熟练员工在新项目开发时，也能起到很好的参考作用（图 4-6-1）。

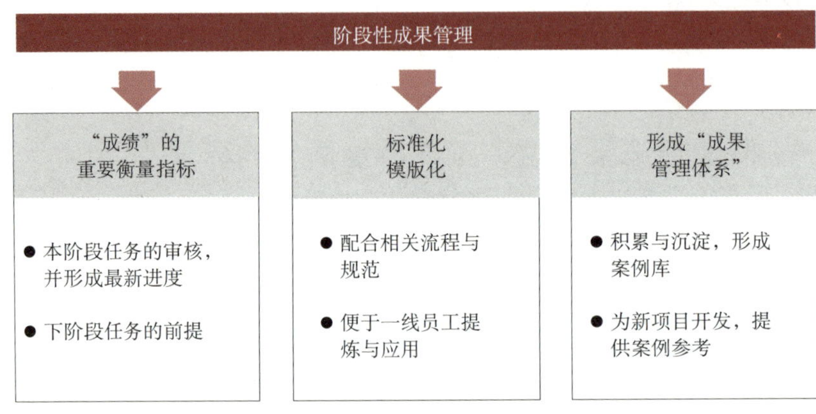

图 4-6-1

二、阶段性成果管理机制的建立方法

阶段性成果管理方法的落地依赖于一个有效的机制，以保障它能真正运转起来，其主要由三个步骤组成：成果梳理、成果物过程管理、成果物分享及评价（图 4-6-2）。

第一步

通过基础准备工作实现成果管理的标准化和规范化，清单定义从法律上明确项目开发过程必须提交的成果标志物，而成果定义则明确具体成果的工作方法和工具。

➢ 清单定义：根据项目开发阶段和开发业务部门两个维度作为主要框架，结合项目开发业务的重要性，寻找整个过程需要进行"质量"测量的成果。比如说在论证阶段，必须要的成果有《项目策划报告》、《项目投资收益模型 - 测算》。使用这种方式能有效地形成项目全程的阶段性成果矩阵（图 4-6-3）。

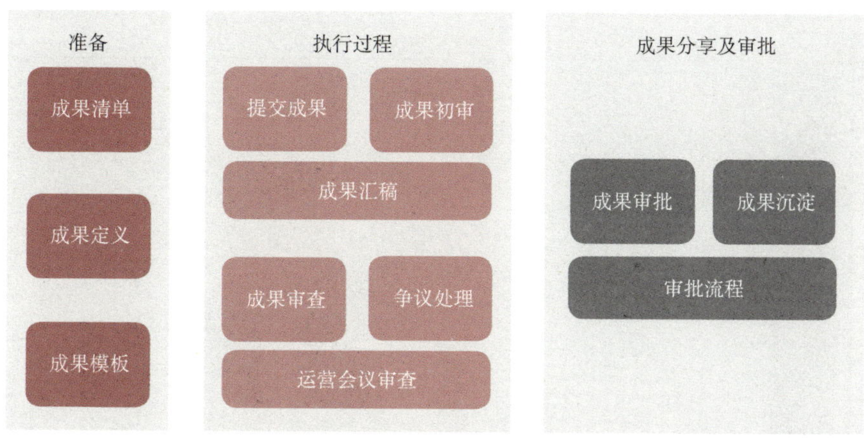

图 4-6-2

➢ 内容定义：此部分工作主要是按照成果清单的要求，逐一明确每一个成果的具体内容，基于标准化的思路，主要从如下几个角度进行处理：①该成果的内部工作指引；②该成果的内部模板文件；③该成果内部参考案例；④该成果内外部导师；⑤该成果的内部评价标准；⑥成果评审流程（表 4-6-1）。

第二步

成果执行过程强调上下游的充分沟通及对工作质量的共同认证，在出现争议时使用高级别的运营会议快速解决争端，形成合力推进项目。

➢ 在工作推进过程中，强调工作的完成必须伴随成果质量的审查，要求每一个工作任务或者成果的责任人，在完成（有成果要求的）工作任务后必须提交相应成果，并由该成果的相关部门，主要是部门内部成员、上下游成果使用部门，对成果进行初步评审，并进行意见汇集。

➢ 通过公司级运营管理会议按照成果发生的阶段对成果进行审查，并在会议就对成果的意见进行争议处理，形成统一评价意见。

第三步

强调成果的合规性及其成绩认定的合法性，并通过信息系统快速对成果进行沉淀和积累。成果的责任人根据会议决议修订成果，启用审批流程完成成果评价流程，确保成果质量得到合规性认证，结合成果的评价等级，编码进行归类，进入项目开发知识库，累积与沉淀过程中的成果、经验，并形成一整套阶段性成果管理，可以为新员工、新项目和新公司的快速成长提供知识积累。

	获取土地信息～项目上会	土地中标通知书取得～方案设计任务书发出	方案设计完成～初设任务书发出	初步设计完成～施工图设计开始	平场～基础开工	方案设计完成～项目开盘	向物业移交～交房	交房～交房后半年
	1. 土地投资分析阶段成果	2. 项目启动阶段成果	3. 方案设计成果验算与初设指导	4. 初步设计成果验算与施设指导	5. 施工准备阶段成果	6. 营销阶段成果	7. 交房阶段成果	8. 后续阶段成果
项目负责人		7.《项目一二级进度计划》		项目月度计划分析报告			33.《商业移交方案》	35.《项目后评估报告》
计财（投资分析专员）	3.《项目投资分析模型（土地）》	8.《投资分析报告》（启动）	16.《投资验算》（方案）	21.《投资验算及分析》（初设）	项目收益动态跟踪报告		34.《资产管理方案》	
发展	1.《项目投资建议书》							
研发	2.《项目预案》	9.《方案设计任务书》 10.《景观方案设计任务书》 11.《精装房定位、限价以及建设实施方案》	12.《方案设计成果》 17.《初步设计任务书》 13.《景观方案与建筑方案的配合及指导意见》 14.《精装房方案与建筑方案的配合及指导意见》（如有）	18.《初步设计成果》 19.《景观方案设计成果》 20.《精装房方案设计任务书》	施工图设计成果	过程设计变更、现场指导、材料选样等		
营销		6.《售楼处、样板房选址、定位、修建、开房计划》 4.《项目定位报告》	市场调研及分析报告，对研发、工程的修正、反馈、设计会审及交底纪要等	23.《项目销售指标》		28.《项目营销策略方案》 29.《售房合同配置标准》 30.《售房合同附图》 31.《价格表及付款方式》	32.《交房方案》	
造价		5.《成本敏感分析、价值分配及目标成本预设》	15.《成本测算及验算》	22.《项目目标成本》	27.《招投标、计价方案、合约规划》	项目工程目标成本跟踪分析报告		
工程			设计成果会审及交底纪要		24.《项目管理指引》 25.《三通一平实施方案》 26.《施工、监理单位筛选及评估报告》	施工管理		

图 4-6-3

计划的分级管理是表明企业内部管理的导向性原则，奠定了计划管理的基础，在很多企业中，计划分级梳理过程就是明确企业各个管理层级对项目工作任务的管理手段的过程。

成果内容定义　　　　表 4-6-1

阶段		1. 土地投资分析阶段		
阶段起止点		获取土地信息～项目上会		
阶段性成果名称		1. 土地投资分析阶段成果		
子成果名称及顺序	顺序	1	2	3
	名称	《项目投资建议书》	《项目预案》	《项目投资分析模型（土地）》
工作指引	制度			
	流程			
	模板			
	指引			
	已有项目参考案例			
	导师			
	其他			
地区公司拿地决策及资料上报	会议（研讨、决策）			
	会议（对上报资料终审）			
	上报批准人			
	上报人			
	上报时间			
阶段性成果的批准	上会资料复核			
	送达			
	批准			
	成果共享			

统一标准：通过模板的制定帮助企业“统一各种类型项目的开发工作内容，降低对项目总经理个人经验和能力的依赖，传承企业历史经验知识”。

有效协同：通过构建模板中各工作任务的关联关系，设定前后置影响关系，明确项目参与各方的责任及工作穿插和搭接，保证项目工作的有序、前瞻、协同开展，实现项目参与各方为项目成功步调一致，合理推进项目。

管理复制：通过项目开发工作内容的模板化、标准化工作为未来的管理标准化打下坚实基础，便于企业快速有效地进行规模扩展。

计划管理体系通过项目的分级计划、计划 PDCA 循环合理设定项目开发各个工作任务时间目标，并将各个任务相互影响关系、业务及管理职责进行逐一明确，实现项目团队的步调协同，而阶段性成果则用于评价、测量各工作任务的工作完成标准和质量。运营管理过程的决策信息收集主要来源于项目各级节点计划的反馈，同时运营决策本身又会导致计划的调整及优化。

第五章

CHAPTER 05

房地产项目运营会议决策管理

万科的伟大不仅在于规模轻松跃过千亿大关，更为重要的是万科内部规范的管理和高效的运营在国内遥遥领先，但当我们拿万科和日本的同行东京建屋做比较，却惊人地发现万科的效率却丝毫没有优势，仅仅只是东京建屋的十分之一：在项目运营中，万科是300个人做10个楼盘，而东京建屋却是60个人做20个楼盘。

东京的房地产企业为什么能够做到？是因为日本人比中国人更专业？东京建屋的效率为什么那么高？万科公司对比当时的自己，每个楼盘也许都要开会，但每个楼盘开的会都不一样，而且一忙就不开会了，不开会了，结果反而更忙了，后来万科到美国标杆帕尔迪等房企学习，学到一个重要的经验："七对眼睛"。即把楼盘策划中非常复杂的一种会议——"综合可行性分析会议"，简化成为"七对眼睛"来各司其职，针对每个项目，标准化地开七个关键决策会，每个会议的产出、与会人、议程非常明确，每个会议召开的时间先后关系、触发条件非常的明确。正是有了这种高质量的决策会议，才使得万科的项目成功率非常的高。

因此，建立项目运营决策体系对于房地产公司来说，就是要建立高效的项目运营会议管理体系。

第一节 运营过程需要借助会议提升决策效率和质量

对于项目运营会议管理，我们不仅认为会议管理是项目运营决策中越来越重要的沟通形式，更强调会议决策管理将是未来房企项目运营管理必须强化和规范的决策模式，在此基础上，我们将充分结合房地产项目运营的自身特点，提出从项目规划到入伙全生命周期的会议合理规划以及提升房企项目运营整体会议效率的两大要点，最终规范和大幅度提升项目运营会议决策管理水平。

一、合理、高效会议决策对项目运营非常重要

1. 管理复杂性要求决策从单人决策向集体决策、科学决策过渡

伴随房地产企业跨区域、多项目发展，企业的规模迅速扩大，这客观上也给决策管理带来挑战，具体而言，整个管理层级、管理半径和管理幅度都迅速扩大，这也给管理和决策带来巨大挑战，而项目运营本身也开始出现管理一两个项目还游刃有余，而一旦管理多个项目就开始力不从心，很多工作项和业务管理牵涉多个领域，必须借助多人掌握的信息和智慧，规避单人决策所带来的潜在风险，因此企业的重要事项和项目运营的关键节点等都需要以会议的形式研讨、决策或发布。

2. 避免三拍决策，使决策有依有据，走向科学决策

项目决策的制定如果无有效依据和相对完整的数据信息，会带来决策的频频失误，诸多房企由于不重视决策关联信息的收集和整理，用不相关的信息取代决策信息，使决策质量毫无保障，最终导致决策方案从设计、论证和选择都

没有相应的数据参考，仅仅靠企业领导人和主管个人凭直觉拍脑袋，决策风险大大地增加。这也是企业决策由过去经验式向科学式决策的有效过渡。

3. 权责清晰，决策落地，提升决策兑现程度

房企很多决策意见的制定没有程序分析和实施记录，更典型的是决策责任不清，有的企业决策权力过分集中，此时常面临的问题则是，下级管理人员和下属员工对决策没有参与权，对决策不理解、不支持，对决策的贯彻落实没有积极性和主动性，而公司又缺乏会议决议执行监督的责任人，导致会议决策无法落地执行。有的企业民主决策、集体决策后对应的责任人意见又不清晰，出现决策失误没有具体的人为之承担责任。另外决策后续的往往发个会议纪要，没有明确会议决策后的执行相应责任人，最终对决策执行带来低效，并且追责又开始扯皮。

4. 通过项目运营决策会议强化目标、增强沟通有效性

通过项目运营会议，项目经理可以将有关政策和指标传达给项目团队成员，使与会者了解项目共同目标，自己的工作与他人的关系，并明确自己的目标，同时项目经理可以及时地获得反馈信息，项目运营会议可以充分表现与会者在项目组织中的身份、地位和影响，使会议中的信息交流能在人们的心理上产生影响，可以使与会者产生一种共同的见解、价值观和行动指南，密切相互之间的关系，可以帮助澄清误会，处理各种冲突并利用他人的知识和技巧来解决问题。

二、项目运营决策管理现状急需改进

一说到会议，可能很多地产同仁都皱起了眉头，不少地产人员也开始念叨一些有关会议有趣的词语，比如“夜总会”（很多地产老总偏爱晚上开会）、“长征会”（超长周期的开会，开个几天几夜）、突击会（没有规划、忽然说要召开重要会议）等，而会议本身又经常出现“会而不议、议而不决、决而不动”等问题……根据 AMT2010 年最新的数据统计，房地产企业的高层有 80% 的时间

都在开会，很多老总也感觉身不由己，出差回来就被各个部门抓着开会，归纳下来，整个房地产企业的会议管理缺乏规划，且效率低下，归纳起来有如下典型问题。

1. 诸多长征会、时间浪费严重

房企大多会议拖沓冗长，好比“长征会”，时间浪费异常严重，而对于房企而言，最不可再生的资源就是时间，尤其是总裁和其他高层管理者的时间，而需要同时协调多位高层的时间更是困难，随意扰乱高层的时间安排也是最大的失误。很多时候高层出差回来就被各个部门抓过来，开这会那会，往往准备不够充分，带来会议效果不好。

2. 缺乏合理规划导致会议粗放随意

许多地产公司基本是老板的一言堂，老板想开就开会，更不用说构建高效合理的会议决策体系，一方面原因可能是会议体系没有结合地产行业和项目运营特点；另一方面既有的会议的体系没有考虑到企业现实管理水平和执行力。最终导致会议规划缺乏合理性，而带来会议效果不佳。

3. 目的不明确、无效会议多，议而不决

参会人在参会前不知道会议的目的、内容，也不知道有哪些人参加，更不知道自己需要准备什么，带来对会议的盲从。另外很多会议在会议结束以后没有任何成果，没有任何决议，更别提会议后的改进措施，或者有会议决议，但又后期难以有效执行。

4. 会议缺乏有效组织和主持

通常表现为会议过程散漫、随意，会议主题偏离，会议主持人对各方发言主题和时间缺乏纠偏，导致会中主题讨论偏移，会议时间无限制延长。

5. 会议后续缺乏跟踪管理

没有进行会议的PDCA(计划－>执行－>检查－>改进)管理。会前准备不足，

使参会人对会议的重视程度不足，对其理解及执行有偏差。而缺乏会后决议的传递、执行、反馈及监督，最终同样的问题经常在不同的会议上反复讨论。

三、会议决策粗放的原因分析

房企会议粗放的管理到底症结何在？对此，我们经过全面分析和研究总结，认为房企项目运营会议低效，核心原因在于两点：

1. 项目运营会议缺乏合理规划

应该说房地产项目运营的会议缺乏整体合理的规划，会议的召开，尤其是涉及老板和副总裁的高层会议，往往是老板出差回到公司后，每个部门就开始慌忙抓着老板开会，可谓临时和紧急的会议不断，而老板往往考虑到一碗水端平，都会尽可能参加各部门会议。因为某种程度上业务部门看老板对部门的重视程度，就看老板对部门重要会议的参加和关注程度。

上面的典型例子从一个层面展现了企业高层会议很多都很粗放、缺乏规划，因此带来会议甚至重要会议的经常延期并最终影响业务顺利开展。

2. 项目运营会议的“效率”是典型问题

由于前者对会议严肃性、重视度的缺失，加上会议缺乏整体规划，最终也带来项目运营会议组织效率低下的问题。典型问题是在项目运营会议的会前、会中和会后效率低下，整体效果不佳。具体而言，会前大多只负责订好会议室、发发通知，而对会议的相关材料和项目运营的阶段性成果准备不足，这也从前期就导致项目运营花费很多时间汇报近期工作，拖延和占用了最有价值的讨论决策时间。而在会中由于项目组织和纪律不足，很多会议话题和参与人发言跑题，或是发言时间过长、抓不住重点，作为会议主持人没有及时纠偏，最终导致整个会议效率和效果不佳。而在会后没有形成清晰的决策意见和责任分工，往往就是一份简单粗放的会议纪要，这给后期会议执行和跟踪带来困难，直接的后果就是会开完了，决策完了，但问题依旧在犯，没有相应责任人按时按质完成决策意见，导致同样的问题一犯再犯。

第二节 如何构建高效的会议决策体系

根据以上会议管理的重要性和必要性分析，我们发现强化房地产企业会议管理势在必行，我们更需要认识到会议管理不仅仅是安排个会议室、发发通知，这往往是最低级、最初级的会议模式，更重要的站在高效、科学会议管理的前提下，针对会议所有关联者尤其是企业高层做好有效的管理，即通过会议的合理规划来保证企业高层和关联者对关键会议的严肃对待和有效时间与精力投入。并对会议效率本身强化会前充分准备、会中聚焦议题和会后决策意见跟踪兑现的全过程会议管理，最终提升会议效率，支撑企业项目运营高效周转。

针对会议管理的上述症结，房地产企业该如何解决会议合理规划和提升会议效率？对此我们提出在强化会议的严肃性之外，需要从三大层面去解决上述问题：

➢ 节拍吻合化：企业高层的会议时间与项目运营节拍保持高度一致，最终使得项目运营关键过程的决策吻合项目的节拍，有效支撑项目运营的高效周转。

➢ 会议固定化：企业管理中关键会议必须有很强计划性，尽可能杜绝会议的随意性，尤其是规避关键会议沦落为临时会议。

➢ 价值关联化：企业高层在各类会议时间分配要按照项目运营价值链合理分配，本身而言，企业高层尤其是老板的时间非常稀缺，并且时间本身是不可再生的资源，所以高层时间的分配在项目运营的关键节点就非常重要。在实际操作中，高层在项目运营会议分配既不能平均分配，也不能有所倾斜，而是真正要依据项目运营自身的价值链的重要性来科学分配时间（图 5-2-1）。

一、合理规划会议从体系上解决会议低效

把会开好，不仅仅是单一会议的问题，还关系到会议体系规划是否科学。美国质量管理大师戴明指出：“企业的 100 个问题中，只有 15% 是由于岗位个体

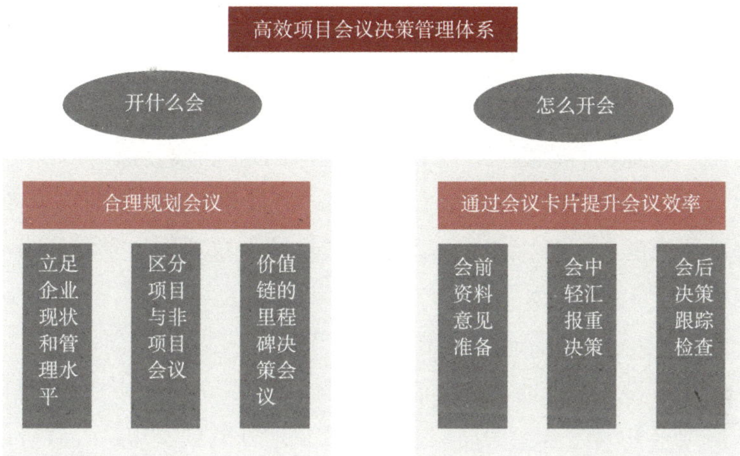

图 5-2-1

原因造成的，85% 的原因都是体系问题和结构问题引起的。一个企业决策要有效率，首先就必须考虑开哪些会，不开哪些会，每个会的目的是什么”。因此，房企做好会议决策管理，首先需要合理构建高效的会议决策管理体系。

1. 项目运营会议规划三大步骤

通过诸多标杆房企对项目运营会议的规划和实践，我们总结出对大多房企适合的项目运营管理三大步骤。

第一步：认清企业现状和实际管理水平

从企业现状出发，可在目前管理水平基础上适当前瞻，不可不切实际地进行规划，比如部分企业学习标杆房企的项目启动会做法，即在项目启动会上就完成整个项目的一级、二级计划，或是在项目启动会阶段就确定启动版的目标成本，这对很多管理和专业水平不足的企业而言，无疑很难执行，所以一定要基于企业管理执行水平的现实情况。再举个例子，在一个项目的开发过程中，会产生很多可作为知识沉淀的成果，此类成果的好坏不仅决定着项目的质量，同时也能为后续项目提供很好的参考作用。此处我们简称阶段性成果，而部分公司在仅有一小部分阶段性成果，甚至没有任何成果的基础上，强制要求公司执行阶段性成果审查会，其结果可想而知，不仅没有起到很好的作用，反而浪费了参会者大量的时间和精力。会议体系也因此无法落地，从而导致整个体系的失败。

第二步：区分项目运营会议和非项目运营会议

从房地产企业的特点出发。房地产企业不同于其他行业，体现出典型的项目运作制，而在进行项目开发的过程中，又不可避免地会涉及公司事务的管理，即我们平常所说的非项目工作。因此，项目运营会议从整体上划分为项目运营会议与非项目运营会议两大类。

第三步：聚焦项目运营七大环节的关键节点

在区分了项目会议与非项目会议后，我们可以将关注重点放在项目会议上，即具体从房地产开发的全生命周期来讲，从拿地开始到交房，大致可以分为七个阶段。而项目会议的决策，就应该从拿地开始规划，到项目交房（结束），涵盖整个房地产项目生命期。而在七大环节具体设置会议关键节点，则需要从项目整体价值链角度和决定整个项目利润的关键环节设置相应的会议。

2. 项目运营会议分类和原则

1）明确项目运营会议的三种触发模式

从地产企业会议产生的触发的动因来看，有典型的三种触发方式，即时间触发、流程触发和事件触发，分别对应三种会议类型。

➢ 时间触发的会议：比如项目运营周会、项目运营月度例会，年度和半年运营总结会。

➢ 流程触发的会议：此类会议最为典型的是项目执行流程完成后新的关键工作项开始前所触发的会议，比如常见的项目正式启动前的启动会、项目开盘前的项目开盘会。

➢ 事件触发的会议：这类会议往往是由于在流程触发和时间触发之外，另外有一些项目运营难点、风险点的工作专项，为规避可能或已经面临的风险和问题而因需要临时召开的会议。比如龙湖的关键决策会就是因需要而召开的。

2）项目运营会议的两种分类

事实上房地产会议涉及很多，既有公司整体的战略级的会议，又有小小部门的职能会议，但最为核心的是项目运营管理的会议。根据诸多标杆房企的会议实践，我们将项目运营决策会议划分为两类：即一类以聚焦项目运营价值链关键环节的里程碑会议，比如预案决策会、项目启动会、阶段性成果会等，这是项目运营会议最为核心和关键的会议，通过这几个关键决策会议，集团就可以有效地对项目运营的进度、质量和运营目标做到很好的管控和纠偏。另一类是聚焦项目日常运营和职能管理的日常例会，比如年度/半年项目运营总结会、月度运营例会、双周会等。具体如图 5-2-2 所示。

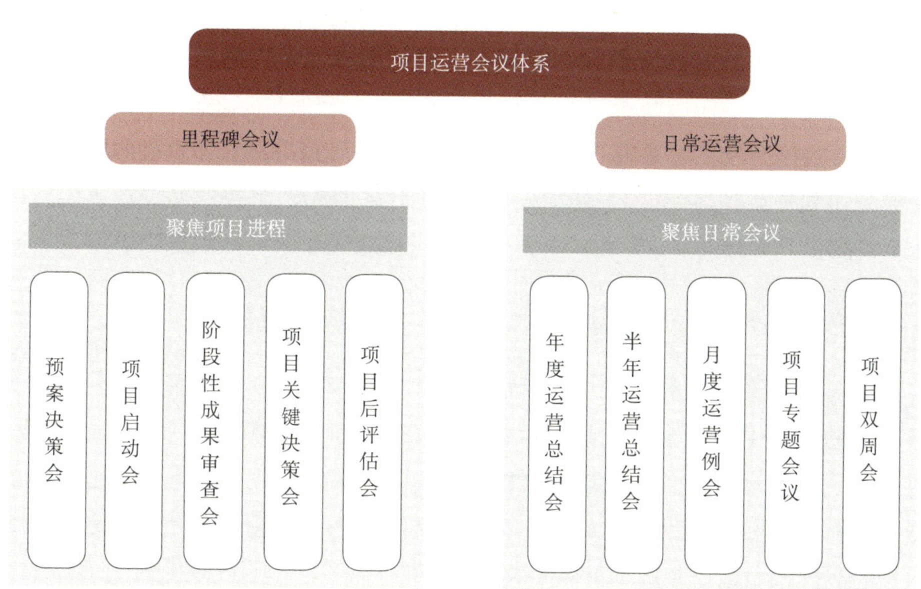

图 5-2-2

3）注意项目运营会议中三个要素

根据上述项目运营会议规划的步骤、原则和分类，企业还需要在具体项目运营关键节点上进行更精细的设计，真正依照项目运营业务执行和管理难点去合理规划。具体而言，企业需要从三个要素去规划项目运营会议。

➢ 第一，遵照运营关键节点：让项目的过程决策吻合项目的节拍，这一点将会议决策时间与项目运营的关键节点刚性吻合，支撑了项目运营关键点的快速执行和快速决策。很多企业一般会在项目几大关键节点设计设置对应的会议。比如在方案设计招标前设置最为关键的项目启动会，在总包招标之前设立项目的开工会，在项目首批入伙前45天设置项目入伙会。

➢ 第二，界定管理角色：除了按照项目运营关键节点外，还需要按照会议最为关键点角色进行分类，比如针对高层总经理、专业委员会副总参加哪些会议，而职能线又参加哪些会议。比如上海万科总经理层就针对项目立项会、项目决策会、项目定价会、项目分期总结会参与，而营销决策委员会则参与开盘前准备会。

➢ 第三，界定时间周期：按周期是具体针对项目运营时间周期内，由企业经营管理者和各条职能线召开的年度、半年总结会、月度运营会和项目周例会。比如项目月度会议主要是通过每月对项目建设、销售、资金的月度回顾与部署，保障公司和项目整体运营目标达成，并对项目层面无法解决的问题提供例行的解决机制。

3. 项目运营里程碑会议从“泛关注”到“决策聚焦”

通过对多家标杆房企的项目运营关键会议的研究，我们发现，项目运营关键会议的设置多少和会议的规范性体现了一个房企内部管理和执行力的水平，也表明了集团对项目运营管控与放权的程度。应该说，没有放之四海而皆准的项目运营关键会议，只有合适企业不同发展阶段需求并吻合企业管理和执行力水平的会议，才是企业所真正需要的会议。

在整个项目运营会议的合理规划中，对里程碑会议的规划是重点。结合标杆企业对里程碑会议的规划，我们发现伴随房企规模区域的发展和职能部门岗位的扩大，没有一成不变的项目运营里程碑会议，而整个里程碑会议的规划则从整体表现为粗放、规范、精细、固定、权变、再固定的权变过程。而对具体里程碑会议的设置，大致沿袭了一条初期面面俱到泛关注，到中期实践后调整聚焦、到最后简化落地。当然，不同管理水平和产品标准化程度不一的房企，其里程碑设置的多少和会议管理要求的规范度大不一样。

1）W企早期试点的“16个关键会议”——泛关注下的会议分级

2006年，W企为提升项目运营效率，对项目运营会议进行了整体梳理，并首次提炼出16个项目开发过程中需要特别关注的16个会议，并开始在上海区域推广使用。在当时，W企认为梳理和推行项目运营16个关键会议，其实是管理标准化的一个举措，W企认为16个项目运营会是地产开发企业最基本的业务决策过程，它的标准化程度也直接影响和左右了项目运营本身的效率，具体16个项目运营关键会议如表5-2-1所示。

由表5-2-1可以看出，W企16个关键会议充分聚焦项目运营从拿地到入伙的七大关键环节，并依据项目运营整体的价值链利润和风险决定将项目开发分解为拿地前和拿地后两大阶段。应该说相对标准化的16个会议设置体现了W企工作前置的战略举措，也反映了W企“做正确的事情，然后正确地做事”的思想。而W企对16个关键会议的现实推行也坚持渐进优化、可测量、认真分析检讨的管理思路，并且通过信息化系统IT工具对项目开发决策过程进行固化，形成电子抽屉，便于查询、分析和复用，而下一个层级的决策点也落实和固化在IT系统。其典型特点如下：

➢ 全面覆盖、面面俱到——覆盖项目开发从项目论证、拿地、产品设计、工程、营销、入伙全过程。每个项目运营环节都开会，可谓面面俱到。

➢ 拿地前后、分类聚焦——将项目运营依据价值链和风险管控，划分为拿地前和拿地后两大阶段。其中拿地前定位于做正确的事，而拿地后强调正确地做事。

➢ 工作前置、风险规避——将很多工作前置，其主要目的在于做好项目运营的风险规避。

2）W企后期修正为“10个关键会议”——决策聚焦

在梳理和实践16个项目运营会议后，W企也逐步发现16个会议的种种弊端，最后W企通过充分与会议关联的项目发展部、营销管理部、设计部等职能部门进行深度访谈和交流，听取各方意见，最终针对16个会议中的6个进行调整，让整个里程碑会议更加聚焦（表5-2-2）。

里程碑会议调整原因在于企业规模不断增大，人力所承载的工作量本身相对较多较杂，因此很有必要在人力、物力本身非常有限的前提下，更加聚焦有价值、有必要性的会议，而不是什么会都开。另外很多初期设置的会议通过会

W 企 16 个项目运营关键会议　　表 5-2-1

开发阶段	拿地前						拿地后									
	前置启动		产品定位/概念方案		听证/决策		经营计划/交底/计划协调/详规/出图					施工/开盘准备/定位		现售/入住/物业		
会议名称	前置启动会	产品定位决策会	项目立项会	概念方案介绍会	前置工作听证会	项目决策会	项目交底会	项目经营计划会	实施计划沟通会	规划方案汇报会	实施方案汇报会	开盘前期准备会	定价会	分期定位研究会	入住前准备会	项目分期总结大会
决策者	总经理层	产品决策委员会	集团总部	设计副总/设计部分管经理	区域本部/总经理层	集团总部	项目发展部/事业部/项目部总经理	事业部/项目部总经理	事业部/项目部总经理	产品决策委员会	事业部/项目部总经理	营销决策委员会	总经理层	产品决策委员会/事业部总经理	事业部总经理	总经理层
汇报主体	项目发展部	市场部	市场部	设计部	项目发展部	项目发展部	项目发展部	财务部/成本部	事业部或项目部	设计部	设计部	营销管理部	营销管理部	营销管理部	事业部或项目部	事业部或项目部

被精简调整的会议　　表 5-2-2

16 级会议中被精简调整的会议	精简原因
1. 前置启动会	是一个项目启动标志，可以以邮件等多种形式开始安排前置工作
2. 前置工作听证会	经过访谈，目前前置工作听证会已经与项目决策会合并，会议议题在项目决策会上一并讨论
3. 项目交底会	项目交底是两个主体部门之间，可以以多种形式实现；并且这是两个部门间的正常工作
4. 实施计划沟通会	实施计划是事业部内部决策的内容，在经营计划会上一并向高层汇报结果
5. 实施方案汇报会	实施方案侧重对规划方案的细化和执行，不需要以会议的形式让公司高层参加群体决策
6. 分期定位研究会	分期定位是对下一期项目操作的建议，会议主题将归结到规划方案汇报会中，提高会议的集中度

议的决策效率也不一定是最高，因此需要对里程碑会议进行调整。

➢ 不重要下放策略——比如针对实施方案汇报会而言，方案侧重对规划方案的细化和执行，不需要让公司高层参加群体决策，完全可以下放一级，让职能专线决策即可。

➢ 合并融合调整——比如前置工作听证会完全可以与项目决策会合并，会议的议题完全可以在项目决策会之间一并讨论。

➢ 通过其他形式解决——有些运营会议比如前置启动会，不一定非要通过召开会议来解决，况且中高层管理者的时间都比较稀缺，对于前置启动会的效果和目的完全可以通过邮件、电话等多种形式安排工作。

经过调整后，W 企关键项目运营会议由当初的 16 个简化为 10 个，最终形成的 10 个项目关键会议与项目开发计划紧密对应，是项目开发节点的里程碑标志，也充分反映了项目是否按计划进行，同时也通过这 10 个会议达到检查项目是否按照计划节点进行。调整后 W 企 10 个项目运营会议具体如图 5-2-3 所示。

3）Y 企将项目关键会议简化为 6 个——简化落地

应该说 W 企对项目运营的管理精细度和自身产品标准化程度有力地支撑了 10 大关键会议的有效执行和落地。而对其他管理相对粗放、产品标准化程度不

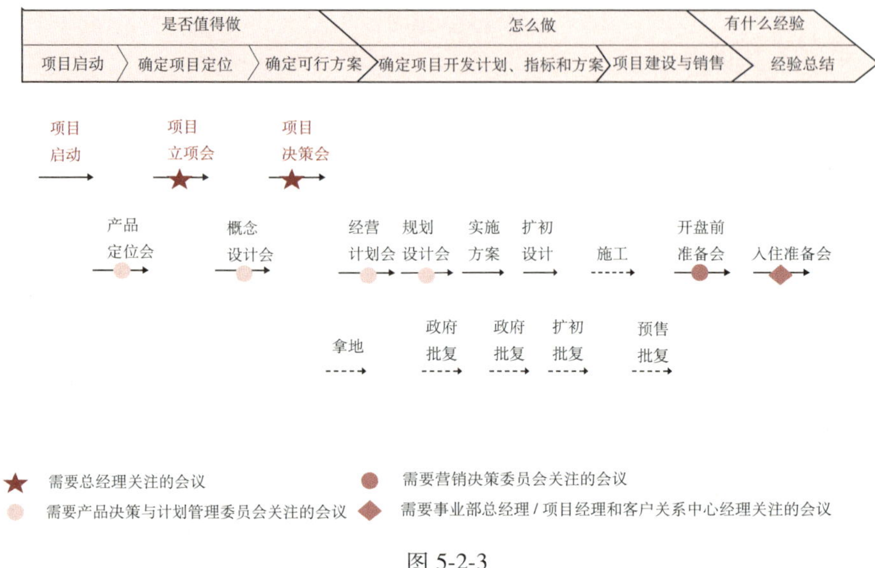

图 5-2-3

高的大多房地产企业而言，16/10 个关键会议或许很难在自己企业中落地和执行。因此在这样的房企中，也诞生出一种非常简单而又实战的项目运营关键会议管理方法。

该类房企项目运营会议严格聚焦在项目运营的关键节点，考虑到方案大多由集团做完然后交接给项目一线，这类企业往往将项目启动会分级为两个会议，即项目启动会和项目交底会。具体而言，该企业将项目运营会议具体细分为项目启动会、项目交底会、项目开工会、项目开盘会、项目入伙会和项目后评估会 6 个。

6 个关键会议相对 W 企 16/10 个会议而言，适合绝大多数房地产企业借鉴和执行。它的典型特点和优势就在于抓大放小、简单易行，但又紧扣项目运营价值链和风险点，最终有效保证了项目的高效和稳健运营（图 5-2-4）。

另外，除上述不同的关键会议个数外，国内某标杆 L 房企，其自身内部管理水平非常精细，已经从规范化走向精细化的管理水平，其对项目会议就管控的相对精细。比如在项目启动会时，L 房企就要求各个项目把一、二级计划全部做出来，而管理相对粗放的企业往往只把方案前的一、二级计划做出，三级计划也制作方案设计的。而在成本管理环节，L 房企往往在项目启动会阶段就把整个项目的目标成本和合约规划做出，解决具体花多少钱的问题。而大多房企则

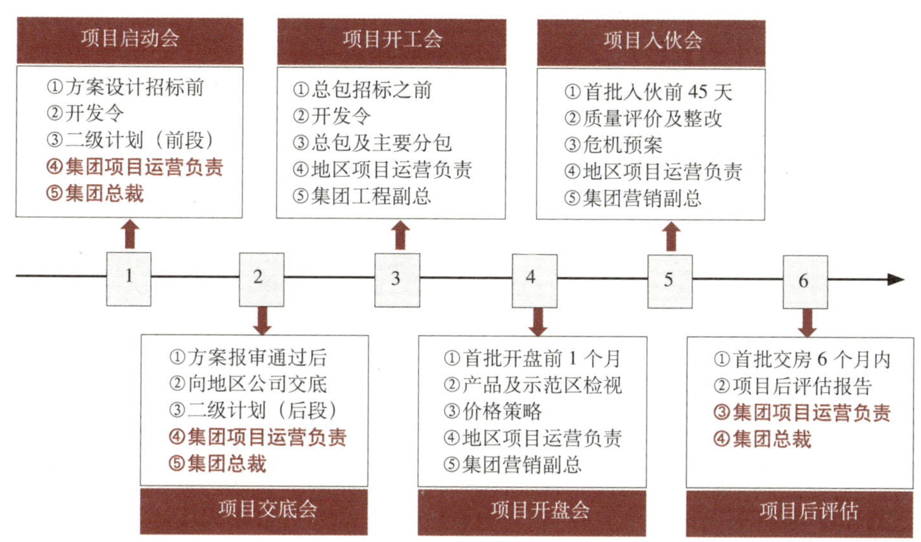

图 5-2-4

是作出一个相对较粗的目标成本。在现实中，很多企业学习标杆 L 房企，但往往由于自身管理水平和执行力而达不到 L 房企的精细化做法，最终导致相应的会议效果也很难推行。

从以上企业的里程碑会议从 16 到 10 再到 6，我们可以清晰看出，项目运营里程碑会议规划本身与企业发展阶段管理水平和执行力休戚相关。企业里程碑的设置规划也不是一蹴而就的，而是遵循整体渐进明细、简化落地的策略，最终让里程碑会议能够真正有效支撑项目的高效运作。

二、通过“会议卡片”等实现决策管理工具化

1. 决策管理工具化的“三化”策略

合理规划会议从体系上解决会议本身的体系，它解决了“开什么会”的问题，属于规划范畴；而下一步要解决的就是“如何开会”的问题，这是效率和效果的范畴。对此我们提出通过决策管理工具化实现高效运营会议的策略，而决策管

理工具化则需要通过“会议卡片”为代表的工具去推动和落地。具体该如何推动项目运营决策管理的工具化？我们认为需要通过会议“三化”去解决，即通过会议卡片标准化、上会资料标准化、会议议程规范化去实现决策管理的工具化。

1）会议卡片标准化

会议卡片是什么？它本身是对会议人、事、主题、时间、资料等相关重要因素和其他内容记录并具有一定标准化程度的文本。它本身是为了促进会议会前准备、会中聚焦议题、会后检查跟踪的一种手段和工具。应该说会议卡片的制作和使用是对粗放会议本身的一种规范化、标准化的约束，最终有效支撑了会议更加高效规范的运营。

会议卡片的制作本身就属于会议管理工具本身的标准化范畴，它充分界定的会议的各种相关要素，使得会议主题明确、参与人、决策人、汇报人角色清晰，而且能够从机制上和信息上为会前、会中和会后提供服务和记录，解决了很多会前会后信息传递和沟通效果不佳的问题（表 5-2-3）。

会议卡片 **表 5-2-3**

<table>
<tr><td rowspan="4">会议简要信息</td><td>会议目的</td><td>为什么要开会？会议要解决的主要问题是什么，要达到什么样的结果</td></tr>
<tr><td>会议发起人</td><td>组织相关人员参会，促进参会人员的会议内容准备</td></tr>
<tr><td>会议时间</td><td>以便参会人提前进行工作安排，安排参会时间及参会前的准备</td></tr>
<tr><td>参会人员</td><td>确定哪些人参会</td></tr>
<tr><td colspan="2">会前准备</td><td>参会人员需要准备什么内容，要准备到什么样的程度，在会上应该负责哪方面的工作</td></tr>
<tr><td colspan="2">会议内容</td><td>清楚会议的主要内容及会议进程</td></tr>
<tr><td rowspan="6">会议成果</td><td>成果清单</td><td>本次会议应该产生的成果，是保障会议效果的关键</td></tr>
<tr><td>成果整理人</td><td>明确谁负责哪部分的会议成果的整理</td></tr>
<tr><td>成果审批人</td><td>会议成果应经过哪些岗位审批</td></tr>
<tr><td>成果接收人</td><td>哪些人应该知晓会议结果</td></tr>
<tr><td>上报集团成果清单</td><td>应上报至集团的会议成果</td></tr>
<tr><td>上报集团对象</td><td>上报至集团的成果接收人</td></tr>
<tr><td>会后执行</td><td>执行监督人</td><td>负责监督会议决议执行的责任人</td></tr>
</table>

某标杆房企针对自身的16级会议体系，专门设置了16个会议卡片，比如产品定位决策会议卡片，在这个卡片上，将会议的名称、时间、地点、组织者、参加人、会议议题、汇报人、决策人、上会材料、提交人、会议决策和对应的行动负责人都进行了规范化的设置和固化。这也就要求W企业所有项目的产品定位决策会会议需要首先填写和按照这个会议卡片去推动和兑现会议上会资料的搜集、会中讨论的主题以及后期决策意见的执行兑现。具体产品定位决策会议卡如表5-2-4所示。

产品定位决策会议卡　　表5-2-4

<table>
<tr><td colspan="2">会议名称</td><td>召开时间</td><td>持续时间</td><td>会议地点</td><td>组织者</td><td colspan="2">参加人</td></tr>
<tr><td colspan="2">产品定位决策会</td><td>项目启动后1个半月内</td><td></td><td></td><td>产品决策与计划管理委员会</td><td colspan="2">市场\营销\设计\项目发展部\商业发展部\事业部代表\产品决策委员会代表</td></tr>
<tr><td colspan="4">会议议题</td><td colspan="2">汇报人</td><td colspan="2">决策人</td></tr>
<tr><td>1</td><td colspan="3">产品定位汇报</td><td colspan="2">市场部</td><td colspan="2" rowspan="3">产品决策与计划管理委员会</td></tr>
<tr><td>2</td><td colspan="3">讨论并确定项目的战略目标</td><td colspan="2"></td></tr>
<tr><td>3</td><td colspan="3"></td><td colspan="2"></td></tr>
<tr><td colspan="3">上会材料</td><td>提交人</td><td colspan="2">提交时间</td><td>会议决议</td><td>行动负责人</td></tr>
<tr><td colspan="3">产品建议书</td><td>市场部</td><td colspan="2">会前两天</td><td></td><td></td></tr>
<tr><td colspan="3"></td><td></td><td colspan="2"></td><td></td><td></td></tr>
<tr><td colspan="3"></td><td></td><td colspan="2"></td><td></td><td></td></tr>
<tr><td colspan="8">注释：</td></tr>
<tr><td colspan="8">产品定位决策会在拿地之前召开，由于拿地时间间隔较长，可能会出现市场和个人情况的变化，因此该会议有可能多次召开，上会材料由项目发展部收集整理，统一提交</td></tr>
</table>

2）上会资料模板化

房企对项目运营决策会议上会资料准备的标准化程度是一个企业项目运营会议规范高效的关键。诸多标杆房企对上会资料实现了标准化和模板化。这体现在对某个里程碑会议，上会资料必须准备哪些资料、报告，并且每个资料的模板是否标准化。上会资料本身的标准化（资料模板的标准化）提升了资料准备、阅读、批阅的整体效率，也使资料所有人关联人更加聚焦标准模板里的内容本身。比如某标杆房企在项目启动会上就规定第一次项目启动会的成果必须包含《总经理初定项目成功标尺》、《地块条件交底纪要》、项目基本建设程序及报建风险点、地块周边市政接口、《市场调研及客户访谈》（图 5-2-5）。

项目启动会指引

1. 启动会是通过多次会议，短时间、高强度、高效率、群策群力完成对项目第一次也是最重要的一次决策，实现项目高周转。

2. 项目启动会的“逻辑图”

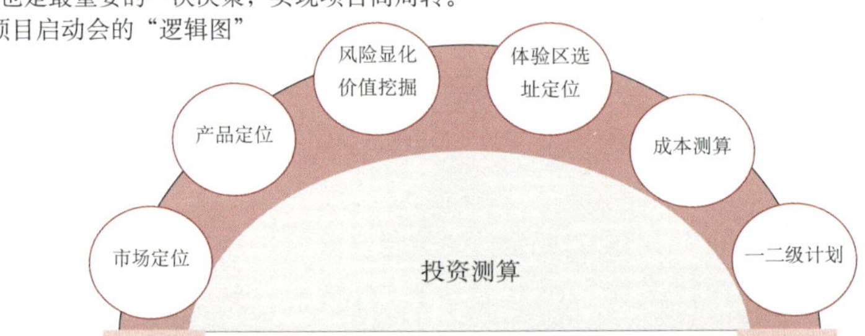

3. 第一次启动会成果

1）《总经理初定项目成功标尺》（包括项目总货值）

2）《地块条件交底纪要》

3）项目基本建设程序及报建风险点

4）地块周边市政接口

5）《市场调研及客户访谈》

4. 项目启动会最终成果

1）《项目成功标尺》

2）《项目显化及预案》

3）《市场定位》

4）《产品定位》（含建筑、景观设计任务书）

5）《体验区选址、定位及开放计划》

6）《产品建造标准》

7）《项目一、二级计划》（提交到计划系统）

8）《项目目标成本及合约规划（启动版）》（提交到计划系统）

9）《投资分析模型（启动版）》

图 5-2-5

3）会议议程规范化

房企外部论坛往往议程和各议程时间都非常明确，但房企内部会议哪怕是尤为关键的项目运营里程碑会议针对议程和大致对应时间也是模糊粗放，这样粗放随意下自然导致会议整体决策效率低下。

比如华南某标杆 Y 房企就针对会议的议程主题和对应时间做了标准化的规范，在具体议程上，Y 企业对各类里程碑会议做出标准化的规定：

第一议程：首先进行阶段成果回顾与检视，时间规定为 1 小时以内；

第二议程：针对项目投资收益进行阶段性检视，时间规定为 2 个小时；

第三议程：完成前面两大议程后会议就针对下阶段业务事项进行研讨和审议；

第四议程：经验总结和知识沉淀的沟通交流，时间为 30 分钟；

第五议程：针对以上议程讨论的内容、知识经验的沉淀等进行总结，时间为1小时。

2. 决策管理工具“会议卡片”的高效应用

一个会议是否成功主要取决于会议的准备是否充分、会议是否聚焦议程并形成了有效成果以及对会议决议的后期执行检查。而在整个会议过程中，会议卡片应该贯穿会前、会中和会后整个过程，分别发挥其模板、记录、审批、参照执行的价值。而整个项目运营会议也在会议卡片的支撑和约束下从粗放走向规范。

1）会前充分准备

很多企业忽视了召开关键会议的会前准备的重要性，规范高效的会议管理要求企业的会议牵头人需要做足充分的会前准备和检查。即具体对上会资料的完备性和质量进行把关，横向对相关资料进行意见汇总，这些资料包含但不限于集团主责部门准备的资料、集团关联部门准备的资料和地区公司主责部门准备的资料。这样的目的是促进会议各个与会者提前对项目运营的实际现状有个了解，并让各方给出相关成果意见，由此让真正会议开始能够聚焦解决项目运营实际问题，而不是将时间首先浪费在会议的汇报上。因此，在实践中必须规定，对于没有任何准备、或准备不充分的议题尽量不要放入会议。

会议应该严格界定参会人员、列席人员的范围，尽量避免扩大会议。同时，会议通知时应给出预告，包含时间、地点、主要议题、参会人的会议责任等。在参会人员选择上，对于不愿承担责任、不敢承担责任、隐瞒事实、胡乱承诺的人员不得成为与会关键成员；不能决策、无决策能力或权力的人员不得参会。

另外，针对每类会议议题的会议准备资料要提出明确的要求，尤其是对于固定的会议，尽量能给出固定的模板。具体应统一会议纪要的模板，模板应包含的主要信息有：会议名称、时间、地点、参会人、会议成果接收人、主持人、记录人、会议议程、会议内容及结果、会后行动计划、会议成果等。

比如某企业的月度运营会议卡片：就城市公司而言，运营相关的会议除了职能的专项会议外（例如：工程例会、营销例会等），最具运营管理整体性的例会就是月度计划运营会议。城市公司的月度计划运营会议一般在每月末28日～每月初3日召开，会议由计划经理召集，由城市公司总经理主持，各分管副总及部门负责人参加，具体而言城市公司的月度运营会议，不仅是对上月计划工作的回顾、下月计划工作的部署，同时也解决了部门横向协同的集中决策，还涵盖了对公司年度经营计划的回顾（表 5-2-5）。

某企业月度计划会议卡片　表 5-2-5

会议内容	地区公司月度计划会议
会议目的	通过每月对各项目、各部门计划的月度回顾与部署、保障公司整体的运营目标达成
议题准备	1. 计划经理：汇总项目计划执行情况；已核实各部门计划达成情况；项目进度风险预判，次月项目计划要求； 2. 部门负责人：部门月度计划执行情况，次月部门月度计划初稿及需要其他部门协助的重点； 3. 分管副总：已了解分管部门的部门月度计划达成情况； 4. 运营副总（或总经理）：已得到计划经理提供的项目计划月度达成情况
召集人	计划经理
议题审批	运营副总（例外议题时）
会议例行内容	1. 计划经理汇报上月情况：上月各项目计划执行情况，上月各部门月度计划执行的重点问题； 2. 下月项目计划明确； 3. 难点、重点问题讨论（例如各部门协同配合的重点事项讨论）
会议时间	每月第一个工作周的周一下午 14：00～17：00
主持人	运营副总
参会人员	总经理、运营副总、分管副总、各部门负责人、在建项目工程经理、在建项目营销经理
列席人员	经运营副总批准
会议成果	1.《公司运营月报》 2. 上月《部门月度计划》达成评分 3.《会议纪要》：至少包括下月各项目的进度计划目标；重点、难点问题讨论结果

2）会中聚焦议程

会中是整个会议管理的核心，是对会前准备的项目运营分歧和问题进行群体沟通和决策，也是会后执行兑现意见的生成。具体而言，会中需要聚焦投资收益的检视，以此保证各个阶段项目运营的投资收益能够达到既定的目标。其次需要对阶段成果进行检视和回顾，以此客观、准确评价此前阶段项目运营工作质量的好坏；然后需要对下阶段工作安排以及计划布置，并对需要花钱的事项进行决策和制定相应的费用计划。除此之外，会议主持人大多由项目总经理担任，他应注意会议的控制，避免会议过度发散，而在会议中要判断汇报人是否隐瞒事实、胡乱承诺的方法是就其的表述及承诺继续进行追问，对一时难以决定的议题，应立即指定专人主持专题会议，且指定反馈时间，并由召集人担任跟踪检查者。每次项目相关会议必须作出决策，并且会议主要决议通常要在会上宣读一次，确认参会人员对决议的一致理解。

项目运营关键会议不能为了开会而开会，而是充分聚焦议题和议程，核心在于：

➢ 上会资料评审——首先是强调先行提交上会的工作成果质量如何进行管理，强化阶段性成果的管理，并在此基础上推进集团知识沉淀和流程优化。

➢ 财务收益检视——其次是从财务收益的角度进行考核，即对项目收益进行监控和分析，需要结合新的成本形势、新的销售趋势，对销售额、内部考核销货成本、总成本、毛利润、净利润等盈利性关键指标的重新测算。

➢ 下一步工作安排——然后需要对工作的系统性进行检查，即强化工作的系统性和前瞻性，而不是站在自身单一部门考虑项目运营问题，需要站在项目运营整个高度和价值链协同角度考虑工作的关联性和整体价值性。

➢ 知识沉淀——很多注重企业知识沉淀和学习的企业，大多会对项目运营里程碑会议所沉淀的关键知识和有效经验进行沉淀、记录和分享，以此用于共享在其他项目和今后项目。

3）会后跟踪兑现

高效的会议不仅要求会前充分准备、会中解决问题，更强调针对会中的决策意见直接通过固化流程去对决策事项进行审批，审批的价值在于与各个关联部门和对应相关责任人和配合方进行再次确认和强化，最终使得会议的决策意见能够在后期有效地、快速地被执行。而不是像很多企业简单发个会议纪要给各位与会者，而后期执行则无人追踪和检查（表 5-2-6）。

另外，在会议完成后，需要进行反思和发现问题，如果某人总倾向把其直属上级牵进与他项目相关的决策会议，表明其能力有待提升；项目团队动辄即将

会后跟踪　　表 5-2-6

会议成果处理（区域公司层面）	成果整理	区域公司计划经理
	成果审批	区域公司总经理
	送达范围	所有参会人员
	增加送达所需审批	不得随意增加送达，否则需经区域公司运营副总批准
	送达途径	《明源地产 ERP》
会议成果处理（集团层面）	上报成果	《公司运营月报》
	上报对象	集团计划经理、集团运营副总、集团总经理
	上报负责人	区域公司计划经理

问题推向会议或者频繁动议召开关键决策会议，表明该团队成员，尤其是项目负责人及项目职能负责人的能力有待提升。

综上，高效的项目运营决策会议需要从体系上解决开什么会和会如何开两大问题。前者通过合理规划会议从体系上解决会议本身的低效，后者则通过会议卡片促进决策管理工具化，最终提升项目运营会议执行的效率，两者缺一不可，也只有两手都要抓，才能真正驱动房企项目运营会议决策管理从过去的粗放式走向规范和高效。

第六章

CHAPTER 06

房地产成本管理

福建某地产企业，在2003年左右开始做地产项目时，在市区附近拿了块好地，准备做成精品。由于缺乏成本管控经验，过程中项目屡屡追加投资，缺乏对产品单方的管控。在拟进行销售定价时，经财务经理测算，发现项目整体会出现亏损。最终迫于无奈，产品以高出周围楼盘价格近1000元进行销售，资金负担沉重，项目回收周期延迟近一年。

高房价、超额利润的房地产时代，很大程度上削弱了中国房企对成本管理的重视，也催生了房企老总“重开源（营销）、轻节流（成本）”的短视观念，在成本实践中更有不少房企在房子卖完收入锁定后才发现动态成本大幅度超过目标，成本的完全失控让利润被各部门层层“剥削”。

在经历楼市寒冬后，房地产企业纷纷认识到，仅仅关注外部市场的“开源”还远不能适应残酷现实，向管理要效益，大幅度削减成本，实现有效“节流”将是未来房地产企业核心竞争力之一。谁不修好这门功课，未来将会被市场无情地抛弃。

在成本管理实践和创新中，我们发现有些企业将2009年定义为“成本管理年”，但目前大部分的房企还普遍停留在粗放向规范管理过渡阶段。但是，我们仍然欣喜看见一大批标杆房企在成本实践中走出一条创新和卓越之路，这条成本创新之路表现出较为典型的“三步走”路线，即在2003年国内形成以万科为代表的核算成本管理方法，到2006年之后逐步形成强调以合约规划为事前控制的目标成本管理理念，再到2009年起形成以成本价值工程为代表的成本策划观念。

第一节 “成本策划论”引领成本管理风向标

一、国内房地产成本管理的发展演变

应该说国内房地产成本管理整体水平参差不齐，且管理相对粗放，在类型上典型表现为“事后核算型、事中控制型和事前策划型”三类。

第一阶段：事后成本核算型

之所以当前很多房企成本管理还停留在财务核算阶段，是因为整个行业对成本管理的重视度不足，更直接的是行业缺乏一大批真正具有成本思维的管理人才。目前国内大多成本人员来源于工程造价和审算，从业人员专业水准和素质相对设计、施工要求整体偏低；另一方面与成本管理紧密相关的供应商市场与监管体系混乱，市场化并没有带来很好的专业化承包商，导致产品、成本、服务不稳定，由于优秀专业化的承包商的短缺，导致开发商自己成为总包施工商，专业细分与管理越来越深入。因此，导致开发商们的成本管理越来越固守专业化，单纯热衷核量、核价等技术层面的研究，进一步导致成本管理在很大程度上陷入“懂技术比懂管理更重要”的怪圈。

第二阶段：事中成本控制型

伴随房企跨区域、多项目的发展，事后成本核算型所暴露的成本失控、成本超支等问题越来越严重，不少房企开始转变成本管理思路，逐渐向以成本过程控制为主的事中成本控制。成本控制型的核心在于构建基于合约规划的目标成本控制体系，这种成本管理思路已经属于事前和过程中的目标成本管理，它本身强调实际成本执行过程中的动态纠偏，属于事中型管控。

第三阶段：事前成本策划型

一些优秀的成本管理企业，已经开始关注成本的价值工程，即强调成本的投入产出比，而典型的就是做好成本管理的前置化也就是成本策划。在具体操作上，成本策划必须考虑客户和企业自身对成本的一种价值策划，需要从成本核算控制向成本价值工程转变，需要从项目设计后端控制向项目论证和定位前端的控制转变，并最终实现从供应商挖潜转向基于客户价值的成本策划。

目前，房地产企业成本管理能力参差不齐，不同企业对成本核算、成本控制和成本策划都或多或少、或轻或重地在运营，只不过各自在不同的领域其管控的侧重点有所差异。

从成本管理的发展来看，简单地说，成本核算只解决花完钱后的财务算账，而成本控制只解决过程中动态成本尽量不超目标成本的“红线”，控制你不乱花钱，而成本策划则是告诉你如何花钱更值，它关注的是每一份成本的投入产出比。

二、地产企业成本管理常见症状分析

目前地产公司的成本管理水平普遍不高，很多公司对成本的理解依然停留在产品成本核算阶段，“成本事前规划、过程控制”的成本管理体系欠缺，存在的常见症状如下：

1. 全成本管理意识匮乏

许多地产公司在开展成本管理工作之前，均没有专职的部门负责成本工作，有些公司是由财务部门“兼”成本管理，而有些公司则是将“成本”局限地定义为“工程造价成本”，由工程概预算等相关部门负责。可以看出，这些地产公司从组织架构上难以支撑“项目全成本”的管理需求。

成本管理意识上也没有脱离“财务成本”、“造价成本”的概念，更多注意产品成本的事后核算，没有真正理解项目全过程、全成本的管理思想，对导致成本发生的作业——“合约”缺少事前控制的意识。

2. 成本管理链条相对割裂

目前大多数地产企业内部逐步建立了成本测算、目标成本分解、动态成本监控到成本核算的管理规范，但这些成本管理节点之间没有建立顺畅无阻的管理链条，也没有完整建立全面涵盖项目业务环节如从前期拿地、方案设计、施工图设计及工程施工等各业务阶段的全成本管理链条，目标成本也没有完全分解到各业务部门的业务活动中，没有和绩效挂钩，即成本管理各环节和业务各环节之间彼此相对割裂。

3. 合同管理存在被动失控

在地产企业内部，大多存在合同管理的一系列规范，但这些合同规范并没有作为招标业务环节依据，也未能成为设计等业务环节成本控制的有效指导。在实际业务过程中，虽然实现了合同录入、付款申请等业务环节，但对于合同签订，缺乏事前的计划和控制；对于合同执行，如签证和变更等，也缺乏有效的管理措施。

4. 动态成本数据反馈滞后

目前大多数地产企业，依然采用成本核算体系，该体系主要是为了项目前期测算成本、项目后期沉淀数据，所以其核算科目是按照工作造价测算或竣工结算的思想构建核算科目。仅实现了对已发生成本的管控，却无法实现对待发生成本的有效预测，需要人工不断地填写待发生成本数据，导致动态成本的数据获取滞后，极大地阻碍了成本管理的有效性。

在地产企业内部，需要确定项目成本管理的责任部门，建立项目动态成本监控机制，定期对项目的成本数据进行汇报，及时分析监控。

5. 成本数据经验沉淀不足

由于缺乏成本管理体系，许多已开发的项目经验和知识无法沉淀下来，造成知识的流失，而这种流失对地产公司来讲则是重大的损失。再加上地产公司人员流动频繁，人员的流动更加剧了这种知识的流失状况。直接的现象反映是，许多地产公司项目开发已经有很多年了，而每当再开发新项目的时候，仍然是所有工作“从零开始、从头做起”，效率极其低下。

同时，从成本管理的角度看，已完工项目的产品成本数据，对新项目成本测算是非常有指导意义的，很多公司都逐渐意识到了这个问题，但始终缺少有效的方式与方法。

三、成本策划引领成本管理的风向标

从过程上看，房地产企业的价值链呈漏斗形，即越往运营前端成本控制的空间越大，对利润产生的影响也越大。譬如，在房地产项目运营中，设计阶段决定了房地产开发项目的成本大格局：虽然设计费占房地产开发项目全过程费用的比例不大，一般只占建安成本的 1.5% ～ 2%，但设计对工程造价的影响却可高达 75% 以上。

因此，从经营的角度而言，要通过成本控制来实现经营利润的最大化，必须打破传统设计先行的成本管理模式，寻求成本管理手段的进一步前置，从运营战略的视角进行成本策划。可以说，从经营层面而言，成本策划是经营活动开始的必需步骤。

成本策划的做法本身是日本企业现代成本管理的代表模式，它更多强调从企业战略的角度和客户的维度系统分析企业成本，属于对成本事前的一种管控，随后的成本控制与成本核算只是成本策划完成后的对应执行与总结环节。

成本策划必须站在投资者的角度，按照投资管理者和客户双重的需求进行成本策划，具体需要在设计的前端，成本管理人员站在企业经营战略的高度，根据项目的定位和成本总控目标，具体分析和规划成本在设计、工程、营销等各个环节的成本配置，尤其对不变（必须）成本、可变成本和成本投放侧重点等提出相应的成本策略，而后确定好目标成本，之后才是责任成本、动态成本和执行中的合同管理。整体遵循“成本筹划—成本管理—成本控制—合同管理—成本核算”的实施路线（图 6-1-1）。

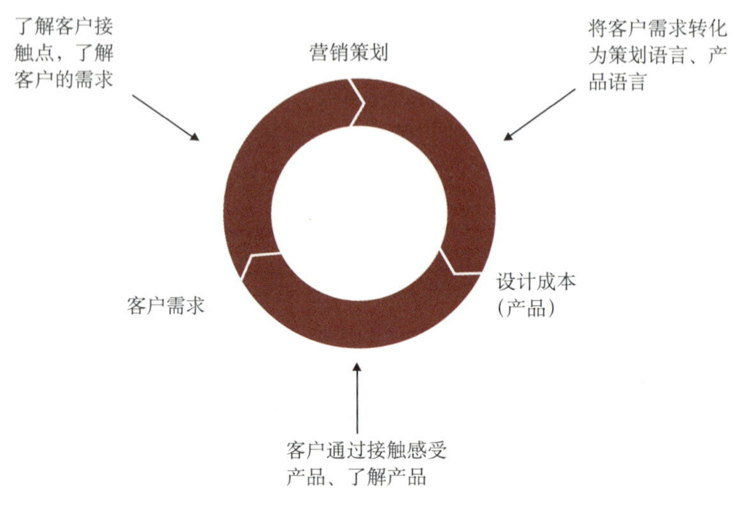

图 6-1-1

需要强调的是，成本策划需要基于客户价值，配合财务，做好范围管控，并进行精细的投资收益率计划；而在成本管理环节需要做好目标成本的优化，确定管理目标，运用预算管理，并以此指导项目后期的经营性现金流的管理。成本策划主要解决的是限额下的经营目标是否可以实现、如何实现，以及经营目标不同下的成本限额变化需求问题；解决成本限额下可变成本与不变成本的分配问题，调整不变与可变部分的成本分配比例，提出成本控制策略与要点。

而在后期成本控制则强调通过合约规划的手段、成本管理的红线、责任成本与动态成本的监控等最终实现成本的可知、可控，而在这其中，合同管理的精度和控制度也直接反映了房企成本管理与控制的水准。

【标杆分享】

A 企业，作为行业的标杆企业，拿的地也有好有坏，不都是优质土地。但是 A 企业始终在慎重思考如何“在三类土地上，做出二类的产品，卖出一类的价格”。A 企业的每一个项目，都在“园林、样板房”设计上大量投入，以客户的需要为出发点，以客为尊，注重客户的消费体验；同时通过对服务的大量投入形成良好口碑，将钱花在刀刃上，将项目定位提升。

第二节　成本三问，探寻成本管理命门

某地产集团企业的李老板最近遇到了一个举棋不定的难题：在企业储备的土地日趋减少，正忧心于下一个项目路在何方时，他收到一则某市某地块公开招拍挂的消息，这本是一个让人兴奋的消息，但到底拿还是不拿，李老板却犯难了。消息内容如下：

某市土地房地产交易中心受当地政府委托，公开挂牌出让某地块，土地用途为居住用地（安居型商品房用地）的使用权。公告显示，出让地块建筑面积6.482万平方米，出让地价定为14.69亿元，以此计算，其楼面地价成本为2266元/平方米，不允许更改。房价上限为安居型商品房的最高销售基准价，即单价8000元/平方米（含装修）。投标要求：参加投标的开发企业以“一次竞价”的方式将自己设定的房价装在密封信封，报价最低者获得该地块。

李老板知道，这块地的用途规定为安居型商品房用地，利润空间相对有限。根据相关调研人员反馈，目前该地块周边住房市场价早已过万，前段时间，在该市偏远区域出让的一块比该地块条件差很多的地，每平方米价格都超过了6000元。

面对诱惑，经过内心的挣扎，李老板已经意识到，以往的土地项目开发过程中，粗放式的管理模式下，成本管控只具有象征意义，那么随着行业的竞争，成本管理已经成为企业生死线上需要去坚守的最后底线，成本管理将成为决定企业利润获取能力及竞争能力的最大考验。最终，李老板做了一个无比艰难的决定：组织人员，参与投标。

但在去报名的现场，却碰到了行业的龙头企业万科的代表，以及当地的一家标杆企业。

能否拿这块地？如何做好成本管理？李老板有三个亟待解答的问题。

第1问：项目总投入是多少？产品单方是多少？预计目标利润是多少？

要回答好这几个问题，是决定是否拿地的关键。我们都知道，项目总投入

主要由三部分构成：项目总投入＝开发成本＋开发费用＋税金（营业税、增值税、所得税）。

目前，国家相关政策要求，房地产开发企业自有资金不得低于项目总投资的30%，因此项目总投入指标非常重要，项目投资规模越大，自有资金压力越大、企业经营风险越高，同时对人力资源要求越高。

与此指标相关的是“项目投资额”，即当投资到现金流量由负转正时需要投入的资金，在该时点，企业无需再向本项目进行投资即可实现本项目的滚动开发，便于企业筹备和调用资金，是项目决策的一个重要衡量指标。

接下来，根据项目及产品初步规划，完成项目总投入计算后，需要计算产品单方成本，以及预计利润、投资回报率等。在投标拿地阶段，主要的难点在于根据项目定位进行成本的精确测算，需要公司和项目相关人员在认真分析历史项目数据的基础上，依据内部的成本管理体系，对项目成本进行预测，以计算项目总投入，并将项目合理分期，提升项目开发节奏，并安排好后续的资金筹措等相关事宜。

但作为老板，估计有时也会有疑问：指标合理么？例如制定的目标成本本身是否合理？如果目标成本定得过高，对后续的成本管控就会失去实际意义。作为决策者，对于具体的数据并不太具有专业能力和大量时间去深入分析和研究。有没有简单的管理手段实现这个目标？

当然有，就是在企业内部推行标杆管理。

标杆管理，也称对标管理，其实质是基于标杆企业的实践改善和提升企业自身的管理和经营，即从企业自身的某领域出发，不断寻找和研究一流公司在相关领域的最佳实践，以此为基准进行比较、分析和判断，改善提升企业在该领域的管理和运营能力，实现企业的持续提升和改进。据《全球对标网络》的相关调查，对标管理已成为最受企业欢迎的第三大战略管理方法。

【标杆分享】

上海某知名地产企业，为了提升项目运营水平，在内部设立有企业标杆和行业标杆两种性质的项目成本标杆：

一是内部标杆，根据集团内部不同类型项目、产品设定了标杆；

二是行业标杆，即选取了各区域同行不同时期、不同类型的项目、产品作为标杆。

标杆数据主要是建筑单方、可售单方以及综合单价等多个指标。对全国各区域的项目运营进行管控，依据项目的方案设计、扩初、施工、竣工等不同阶段，将新建项目与标杆的多个不同指标，做同一口径的数据对比和分析，并根据分析结果，对新建项目进行成本优化及降低成本相关措施。通过这种方式，企业内部快速地树立起了“向标杆看齐，人人争做标杆”的良好管理风气，项目的成本管理质量和能力在短地时间内得到了显著提升。

上述场景，是一个真实的案例，发生在深圳。

最终，卓越置业集团有限公司以每平方米7380元的报价低过深圳万科的7500元、金地集团股份有限公司的7680元，竞得该地块，竞得价比房价上限低7%。据该公司负责人表示：“这个项目本身就不赚钱，估算的成本价已经接近7000元，报价已经基本为成本价。”据业内人士分析，没有优惠政策、不能卖期房以及苛刻的装修标准让开发商的利润绝对不超过5%，与15%的行规相差甚远。

第2问：成本如何管控，才能实现目标利润？

地产项目的成本管理，运营周期长，涉及环节多，专业要求较高，如何才能真正简单直接地管好成本？其实成本管控并不困难，只需要做好四个重要业务过程的管控即可（图6-2-1）：

一是控目标成本：多版本管控以及责任成本分解

对于目标成本，一般存在着多个版本，例如启动版、土地版、方案版、施工图版、调整版；然后确定某一版本的目标成本作为考核执行标准，并分解到项目团队和责任部门进行考核。

例如，某标杆企业A要求下一版本目标成本不能超上一版本目标成本的控制比例；某标杆企业B允许目标成本超上一版本在3%范围以内（超过控制线的，需要重新上报成本管理委员会评审，并重新评估项目收益率）。

二是控合同：无规划不合同

在目标成本确定时，必须分解合约规划。在合同签订时，以合约规划为依据：如果合同签订导致动态成本超预警线，触发预警消息；如果超强控线，停止业务执行。动态成本月度回顾时，结合实际情况预测并修订待发生合约规划。

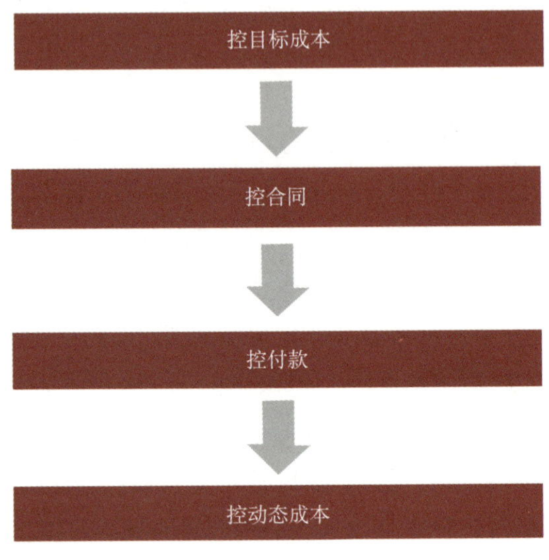

图 6-2-1

三是控付款：无计划不付款

基于合同条款、应付进度款审定之后，编制合同付款计划，形成月度资金计划，在审批通过后的月度资金计划的控制下有序付款，没有编制、审批通过的资金计划，则不允许支付或通过“计划外”审批流程进行更高级别的审批。当然，对于大额逾期未付款项带来的风险，如土地款，应该给予特别重视。

四是控动态成本：定期回顾，分级管控

在企业内部建立分级管控体系，形成月度成本报告与动态成本回顾会议管理制度，建立成本超标预警与跳闸机制，明确成本超预警指标、强控指标后的措施方案。

由此可见，通过 4 个管控，可以实现成本过程的轻松管控。

第 3 问：成本考核应该抓哪几个关键指标？

作为老板，如何才能对成本团队的工作进行有效指导和评估？要想真实反映成本的管理水平，应该设计怎样的考核指标？很简单，只需要抓好如下 3 个指标即可：

一是目标成本变动率（扣除地价）

项目竣工结算或阶段性检查，目标成本变动率 =（动态成本 - 目标成本）/ 目标成本 ×100%。

考核对象：考核除财务总监外的其他高级管理人员。

标杆参考：某客户的 KPI（基准值：5%，目标值：3%，挑战值：2%）。

注：在某些企业的实际管理过程中，项目目标成本在编制时，就已经按一定比例或经验考虑和预留了相关的风险费用，对于该类管理方式，可以目标成本变动率为 0% 进行管控。

二是责任成本变动率

按目标成本明细科目分解到各责任部门，在相关科目成本结算或阶段性检查，计算该科目的：目标成本变动率 =（动态成本 − 目标成本）/ 目标成本 ×100%。

考核对象：成本、工程、营销等职能线负责人。

标杆参考：某客户的 KPI（基准值：5%，目标值：3%，挑战值：2%）。

三是资金计划达成率

月度达成率 = 月度资金计划内实际支付的款项 / 月度资金计划总额 ×100%

考核对象：财务总监、成本、工程、营销等各级资金计划负责人。

标杆参考：某客户的 KPI（基准值：75%，目标值：85%，挑战值：90%）。

除此之外，有些企业还使用“工程签证比率”这个指标，即：整个项目的工程签证额 / 合同执行价 ×100%（合同执行价指甲乙方核对后执行的合同价），主要用于考核工程负责人。

【标杆分享】目标成本变动率的管控

某标杆企业有着独特的管理模式，其目标成本控制能力远远超出其他房企：从立项到清算，其成本预算与最终实际结算成本之间的差距极小。据统计数据表明，其成本变动率控制均在 3% 左右。尽管不是业界成本最低，但是业界成本控制最稳定的企业。

第三节 合约规划，构建动态成本监控蜘蛛网

上节针对成本管理需要思考的几个问题，每一个都不是孤立的，要解决这些问题是一个系统工程，需要搭建成本管理的全生命周期体系以满足业务的管控需要。

一、成本的全生命周期管理

从成本管理的角度来看我们可以将成本全生命周期管理划分为前期的成本测算阶段、过程中的成本控制阶段、后期的成本核算阶段（图 6-3-1）。

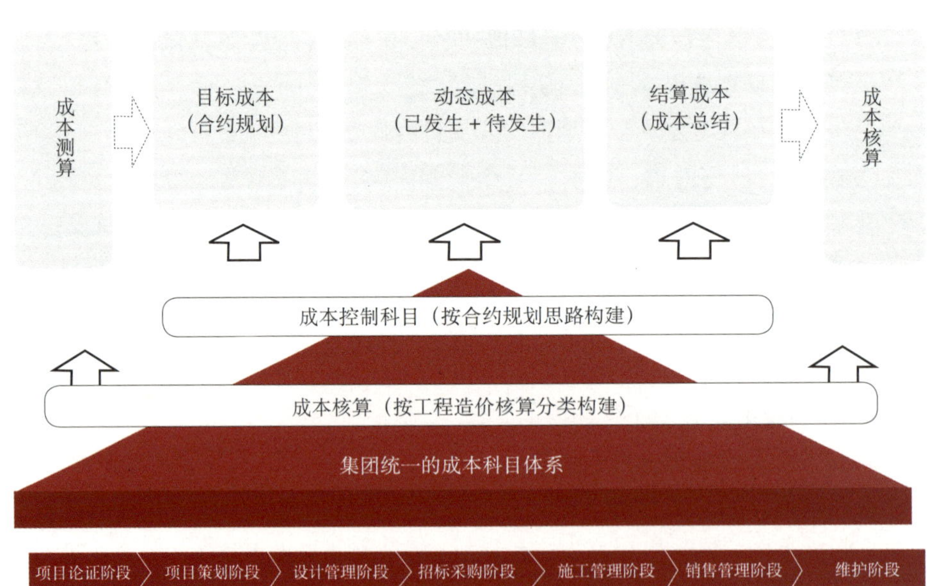

图 6-3-1

1. 成本测算阶段

在新项目发展、规划方案设计或扩初方案设计阶段，造价工程师根据测算模型测算出整个项目造价成本，测算结果为项目目标成本的形成提供数据基础，形成项目成本控制的“上限”。

在测算成本数据时一般将科目细分 4 ～ 5 级，然后逐一计算某一个细项的工作量、单价，进而计算出该细项的成本，这是一个“自下而上”层层汇总的过程。

2. 成本控制阶段

项目立项后，企业根据确定的成本管理目标，由成本控制主体在职权范围内对过程中各种影响成本的因素和条件采取一系列的预防和调节措施，以保证成本管理目标的实现。此时应将目标成本控制的科目设定在 2 ～ 3 级（即合同类别层级），在此基础上从总量进行控制，责任部门可以在控制科目下进行自行调配。

3. 成本核算阶段

此阶段的主要目的是得到最终的财务核算成本，形成成本指标数据库，为后续项目提供指引。此时由造价工程师根据项目合同结算情况，采用与测算等同的科目树，详细核算各产品的各项指标。

二、基于控制的成本管理体系

成本管理的核心在成本控制环节，成本测算、成本核算是成本控制的补充。基于控制的成本管理体系是指：通过成本测算得出整个项目的成本，并重新归集形成项目目标成本；将目标成本落实到具体的责任部门和责任人，并提前分解成预计要签的合同（合约规划）；以合约规划来指导业务的开展，使公司上下达成一致意见形成全员成本意识；在执行过程中采用周期性的成本回顾不断细化合约规划，为目标成本的执行提供精确的指导，并通过动态成本进行预警与控制，实现以目标成本为基础的动态过程控制。该模型详见图 6-3-2。

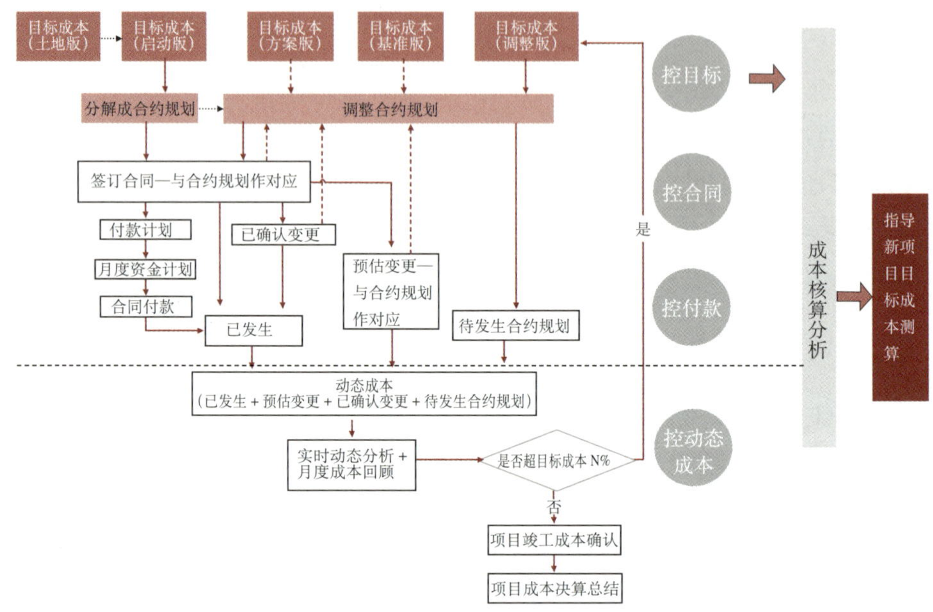

图 6-3-2

1）指导思想

通过“目标成本＋合约规划体系”事前控制项目成本。

2）管理基础

合约规划体系。

3）核心思路

➢ 在项目开发的关键环节设定目标成本、合约规划。

➢ 过程中依据“目标成本、合约规划”实现成本事前、事中控制（考虑成本分级管控），汇总形成动态成本。

➢ 通过对目标成本与动态成本的比较，检查、发现和解决问题，从而达到管控项目成本的目的。

4）管理手段

➢ 项目启动后，基于目标成本（启动版）分解合约规划，细化成本控制的基础。

➢ 合同合订、变更发生时，与合约规划对应，实现成本控制点前置。

➢ 通过及时获得已发生成本、预估变更、待发生成本，及时汇总形成动态成本，确保动态成本的及时、准确。

➢ 通过实时分析项目动态，发现异常时及时预警与强控制，达到成本管控的目的，实现动态成本管理实时更新。

该模型基于合约规划为核心，动态成本通过汇总合约规划及已发生合同，可以实现对各个阶段的成本进行管控，当任何一个业务环节发生异常时，动态成本可以实时监控并预警。如图 6-3-3 所示。

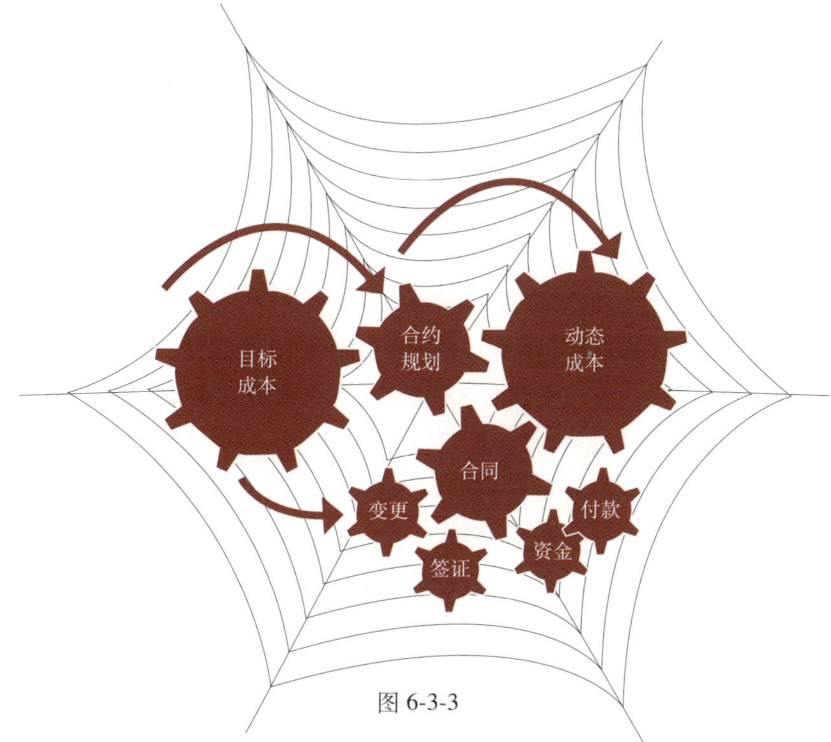

图 6-3-3

在这个蜘蛛网状的管控体系中，受到管控的业务点主要有：

➢ 基于测算成本形成目标成本管控；

➢ 基于目标成本分解为合约规划；

➢ 基于合约规划指导合同的签证；

➢ 基于预估变更指导合同变更签证；

➢ 基于月度资金计划指导合同付款；

➢ 设立预警强控实现成本的实时监控。

由上述可见，该模型实现了从成本源头到成本过程执行的一系列控制，构成了一个成本控制蜘蛛网，任何一个业务环节出现异常，都会实时更新到动态成本数据中，从而可以实时将动态成本和目标成本进行比对，实现对成本过程的实时预警和强控。

1. 目标成本多版本管理是控制的基础

目标成本是地产企业基于市场状况，并结合公司的经营计划，根据预期售价和目标利润进行预先确定的，经过努力所要实现的成本指标。它是成本测算与目标管理方法相结合的产物，应体现“以经济合理性最大的成本提升产品的竞争力，并形成行业成本优势”的成本管理宗旨。从测算成本开始，在方案设计、初步设计和施工图设计相应完成后，最终确立该项目的目标成本。

许多项目成本失控的一个很重要的原因是：事先没有建立明确的目标成本。即便有也是相对粗线条的，通常只是个“大致的数”，没有经过详细的推演测算，真正到了执行时，往往就经不起推敲，无法作为项目的控制线。所以这种粗线条的“目标 / 计划”实际上是“假目标 / 计划”，其结果导致“走一步看一步”、“拍脑袋做决策”，最终导致项目成本失控。

目标成本具体在什么阶段确定根据每个公司的管理水平而定。一般而言，大多数房地产企业都是在施工图纸出来之后确定目标成本；但一些管理水平较高的企业也开始通过成本筹划的思想，依据历史项目经验，参考内部的产品标准，将目标成本的确定前置到了扩初阶段甚至是方案阶段，并在不同的阶段形成不同的版本，例如在某企业中，就将目标成本划分为土地版、启动版、方案版、基准版等多个版本。

【标杆分享】某企业对目标成本的管控规范

行业内某标杆企业，其对成本的测算随着项目的进展逐步地细化，从而形成不同阶段的目标成本，在内部重点控制概念设计阶段、规划方案设计阶段、扩大初步设计阶段的目标成本，其目标成本版本划分如图 6-3-4 所示。

以概念设计阶段的目标成本管控为例，其内部协作规范如图 6-3-5 所示。

新项目开发
项目立项
概念设计
规划方案设计
扩大初步设计
施工图设计
构件深化设计
目标成本（土地版）
目标成本（启动版）
目标成本V1 项目营销定位阶段
目标成本V2 项目规划方案阶段
目标成本V3 项目扩初阶段
二次设计优化
门窗金属选择优化

图 6-3-4

项目开发不同阶段
成本
设计
工程
营销
物业
客服
概念设计阶段
方案设计阶段
初步设计阶段
施工图设计阶段
构件深化设计阶段
成本测算
产品组合方案
路网布置方案
停车布置方案
场地标高方案
方案论证
N
Y
目标成本确定并反馈产品经济性管理成果
概念设计确定

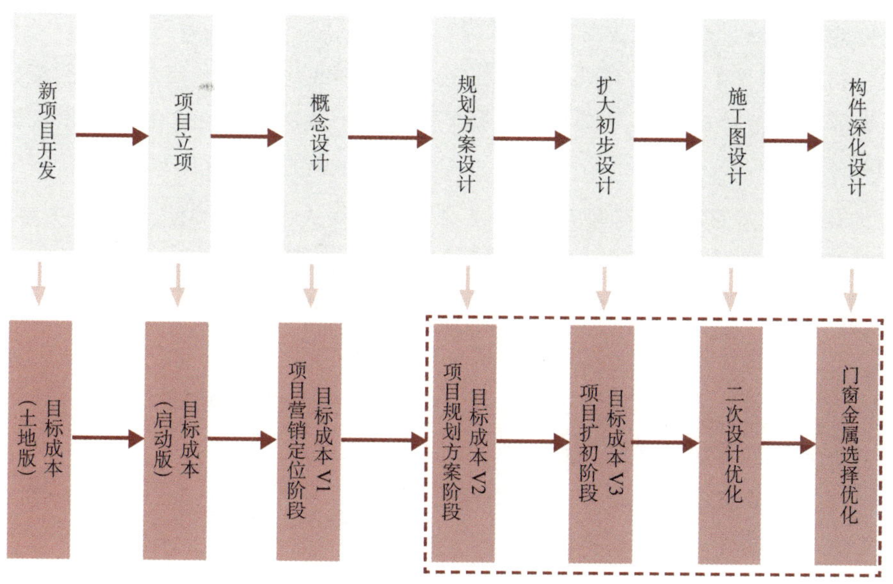

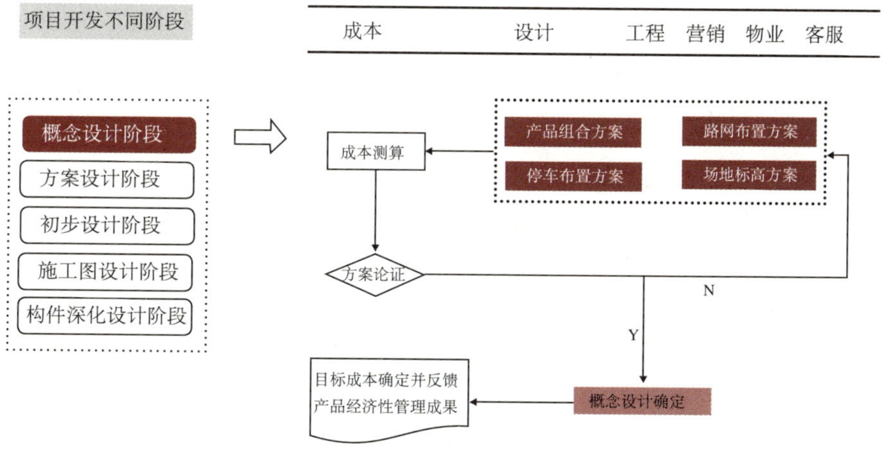

图 6-3-5

对于概念设计阶段的目标成本，其内部业务管控要点如下：

➢ 项目状态：概念设计阶段。

➢ 用途：在设计工作开展之前，按项目总体经营要求和市场定位，给出一个相对宽松的成本控制区间范围，以便于营销形成设计指引，并对概念设计单位进行交底。

➢ 编制时限：营销定位后10个工作日内提供成本测算初稿，以供决策参考；项目定位通过后5个工作日内，编报完成该阶段目标成本（V1版）正式稿。

➢ 编制依据：

项目地块红线内外情况、政府规划要点等信息；

客户品类、产品类型、面积指标、户型配比、预期售价；

区域内同档次或相似产品的成本构成及价格水平；

已结算类似项目的含量及造价数据；

项目风格及主题、重大技术解决方案；

成本配置标准化规划体系。

➢ 编制步骤：营销建议→产品组合盈利方案快速成本测算→项目定位→成本适配测算→设计指引→概念设计方案→目标成本。

➢ 管理规范：

此阶段目标成本中所形成的产品及配比、交通系统、组团布置、停车方式及比率、公建配套面积限额指标及成本控制建议书应列入设计任务书，作为设计合同附件确保在后续方案设计及扩初阶段不得突破，并与设计费支付条件挂钩，以在设计成果中实现。

该阶段目标成本测算通过后，应报送集团项目管理中心备案，以约束该项目后续阶段的深化设计均不得出现总额突破。

上述标杆企业的案例，体现了企业对不同目标成本版本的管控规范，具体到某个版本的目标成本，其业务的重点应该依据地产企业的业务特点进行设计。

2. 合约规划是联结成本与合同的枢纽

合约规划是指将目标成本按照“自上而下、逐级分解”的方式分解为合同大类，进而指导从招投标到最终工程结算整个过程的合同签订及执行。

通过合约规划在项目启动阶段预计项目在开发过程中会发生多少合同大类和每类合同所发生的金额，后期在合同签订时，通过把实际合同签约与合约规划金额进行对应，就能及时地反映项目成本是否和预期目标有偏差，从而有效地控制项目成本，将项目开发的风险降低到最低（图 6-3-6）。

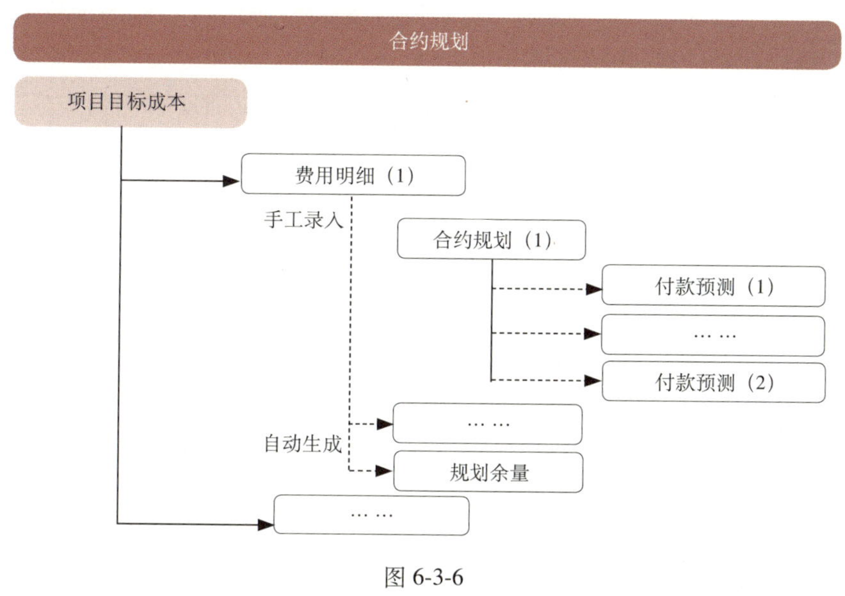

图 6-3-6

此时，成本控制载体由对明细费项的控制转为对合约规划对应合同的控制，合约规划成为联结目标成本和合同执行的枢纽。

举例如下：主体建筑下某科目目标成本有 500 万元，预计后续会有三个合同发生，分别是主体工程合同 250 万元，外墙装修合同金额 100 万元，防水工程合同 50 万元，另有 100 万元金额的使用用途暂不明确。合约规划分解如表 6-3-1 所示。

合约规划分解表（万元）　　　　**表 6-3-1**

	规划合同名称	规划金额	已签约金额	预估变更
合约规划	主体工程合同	250	0	0
	外墙装修合同	100	0	0
	防水工程合同	50	0	0
规划余量		100		

这里强调的是，我们在做合约规划时，肯定有部分费用不明确，因此引入规划余量的概念，来标明暂时不能明确的费项，并作为费项的“蓄水池”。随着实际签订合同的变化而变化，这个余量可以随时在受控或经过审批的情况下用于其他金额不足的合同，赋予成本管理人员一定的管理自由度。规划余量的总额反映了目标成本控制的松紧度。针对规划余量设定每一个费项的预警、强控范围，便可作为后续项目成本控制的基础。

业务部门日常管理的对象是合同，合同控制更贴近业务部门的实际业务。业务部门在申报合同时，只需要选择对应的合约规划，不需要再对合同进行成本拆分。这样可减少业务操作人员的工作，也减少了出错的可能性。即使是合约规划选错了，项目成本经理审批时也能及时发现并给以纠正。

目标成本一旦制定，成本经理就要基于“合约规划”理念对目标成本进行自上而下的层层分解，预估出未来将要签订的合同大类和细则。那合约规划如何具体运作呢?

➢ 合约规划谁来编?这是我们必须首先弄清楚的问题。合约规划面向企业所有业务部门，因此其编制应是一个全员参与的过程，主要由项目成本经理牵头，组织各专业职能部门相关人员对目标成本进行分解。

➢ 合约规划何时编?这主要根据企业管理的成熟度而定，如果企业的费项、合约规划体系相对稳定，可以在项目启动阶段的目标成本编制及审批后进行合约规划的编制。如果管理精细度还没到达这一步，至少应在目标成本最终确定后进行编制。

➢ 合约规划是否调整?针对尚未签订的合同，由于实际业务的变化，可能导致项目合同未必按照原先规划的思路进行签订，那么项目成本经理需要定期对合约规划进行调整。此时工作情况主要有两种：一种情况是将原先打包的大类合约规划分解为更明细的合约规划；另一种情况是由于项目实际情况发生变化，合约后续的范围将发生交叉，需要将多个合约规划进行调整，重新明确每一个规划的金额及发生时间。

对目标成本进行合约分解的方法多为“价量原则”和“经验值”，同时结合项目情况和投资收益指标，制定项目各控制费项可能发生的合约及预计金额，并推演出每一个合约付款条件，分解为合约的付款计划，进而形成项目的整体资金规划。

在地产企业内部，可以根据企业实际情况梳理形成合约规划模板，梳理的时候需要结合标准化、责任与控制等多维度进行梳理。

示例：合约规划梳理表格设计如表 6-3-2 所示。

合约规划梳理表格　　　　**表 6-3-2**

			科目—合约对照				责任与控制										合同类别 1（基于专业）							
							分级管控		采招控制				采招执行											
序号	科目代码	科目级数	成本控制科目	合约规划名称	合约规划内容	合同名称	管控级别	责任部门	发包方式	招标方式	计价原则	材料供应方式	关联工作项	预计进场时间	开始时间	完成时间	土地	前期	设计	工程	营销	服务	管理	其它

合约规划除了预估金额外，还需要考虑什么时候发生。具体合约规划什么时候发生则需要根据项目整体开发节奏而定。合约规划根据具体情况可以对应到项目的关键节点、主项计划的工作项，当工作项的时间发生改变时，自动同步合约规划的执行时间与付款计划的计划日期。

通过在编制合约规划时，将合约规划与工作项关联，针对合约规划制定付款计划并定义相对工作项的付款时间，这样能够及时获得项目的动态资金计划的预测。

那么，合约规划如何指导合同的签订和执行？

1）合同签订环节

签订合同时，由专业部门根据项目实际情况拟定合同，明确合同金额、付款时间、付款方式，进而形成项目成本支付计划。同时，将合同付款与项目计划中的工作项或工作成果进行绑定，保证合同付款不会与实际工程的完工情况不符，避免合同款项超付的问题。

在合同签订审批环节，必须对照合约规划，并考察费项规划余量，通过预警、强控指标进行对应管控，且不允许重复被其他合同选择，这样防止重复计算已发生成本，解决已发生成本虚高的问题。

合同签约审批时会存在两种情况：

➢ 合同金额＜规划金额

需经办部门针对金额差距阐述原因，并对差距金额后续使用方式做出判断：合同费用节约，相应金额进入费项规划余量，可调配给同费项其余合同，并出具费用节约单；合同范围变更，后续仍需签订额外合同，则相应金额编制为另一个合约规划；合同金额压缩和风险规避，后续合同会产生相应变更，则需要为合同编制预计变更。

示例：

以表 6-3-2 编制的合约规划为例，如果主体工程合同，本次签约金额为 200 万元，有三种情况：

情况一：合同范围与合约规划范围相同，则多出部分 50 万元为节约，进入规划余量，数据变化如表 6-3-3 所示。

情况一（万元） **表 6-3-3**

	规划合同名称	规划金额	已签约金额	预估变更
合约规划	主体工程合同	250	200	0
	外墙装修合同	100	0	0
	防水工程合同	50	0	0
规划余量		150		

情况二：如果主体工程合同，本次签约金额为 200 万元，如果合同范围只是原合约规划范围一部分，则多出部分 50 万元形成为新的合约规划，为原合约规划的子级，其规划金额为 50 万元（表 6-3-4）。

情况三：如果预计该合同后续会有变更和签证的发生，则可以将该 50 万列为预估变更，以指导后续变更或签证的发生（表 6-3-5）。

提示：预估变更作用

提前预测已明确要发生的变更，当实际变更发生时，需要确认变更是否在预估范围内，如果是在预估范围内，则直接扣减相应预估变更金额从而可以指导变更的实际发生，并且对变更的提前预估金额，可以使动态成本预测更准确。

情况二（万元） 表 6-3-4

	规划合同名称	规划金额	已签约金额	预估变更
合约规划	主体工程合同	250		0
	主体工程合同 1	200	200	
	主体工程合同 2	50	0	
	外墙装修合同	100	0	0
	防水工程合同	50	0	0
规划余量		100		

情况三（万元） 表 6-3-5

	规划合同名称	规划金额	已签约金额	预估变更
合约规划	主体工程合同	250	200	50
	外墙装修合同	100	0	0
	防水工程合同	50	0	0
规划余量		100		

➢ 合同金额＞规划金额

同样需经办部门阐述金额差距原因，并对缺口金额寻找解决方案：如果是合同范围变更，就调整相关的合约规划金额，补充为本合约规划金额；如果是原先预算不足或外部环境变化导致的合同成本增加，需查找规划余量，并从规划余量中划拨金额作为补充，同时出具项目成本超支单。

2）合同执行环节

在合同执行环节，当进行变更申报时，确定该变更（签证）是否该做、值得做，需要评估该变更的预计金额。如果合同订立时预测了预估变更，在合同发生变更时需要确认此次变更是否在预估变更范围内，如果没有做出预测，则需要考虑是否有对应的规划余量，可达到变更“事前控制成本”的目标。

当变更实施完成后进行施工确认阶段，核定是否完成、实际完成的工程量，将变更金额纳入项目成本。

最后，分析变更产生的原因及变更导致的成本分布，即进行有效成本与无效成本的情况分析。

3）合同付款环节

首先，根据工程形象进度，对“已完工”部分的工程量进行审定，反映工程的实际完工“产值”，并作为制定付款申请的重要依据；其次，梳理代扣代付和其他扣款，为款项支付提供依据；再次，根据合同付款条件及实际完工产值，修订付款计划，形成项目级付款计划；最后在付款计划范围内完成付款申请，并完成款项支付。

3. 月度资金计划是成本资金控制关键

随着地产行业的逐步规范和政府严格调控，地产企业逐步重视资金的提前计划和安排，通过对资金的合理安排，可以减少资金占用，提高资金使用率，降低资金成本，更重要的是可以防范企业的现金流风险。

月度资金计划作为资金计划的基础，有着十分重要的作用。地产企业要求各职能部门及时上报资金实际发生的情况，修订未来的资金安排（有的是三月滚动，有的是年度滚动）。地产企业的资金计划，根据涉及的时间周期，可以分年度资金计划、季度资金计划以及月度资金计划。

一般而言，月度资金计划的范围主要包含项目成本类的资金计划，即合同付款及相关费用计划。对于销售收入资金计划、部门费用资金计划、投融资计划等，可以通过全面预算管理手段进行，不在成本管理的月度资金计划中体现（图 6-3-7）。

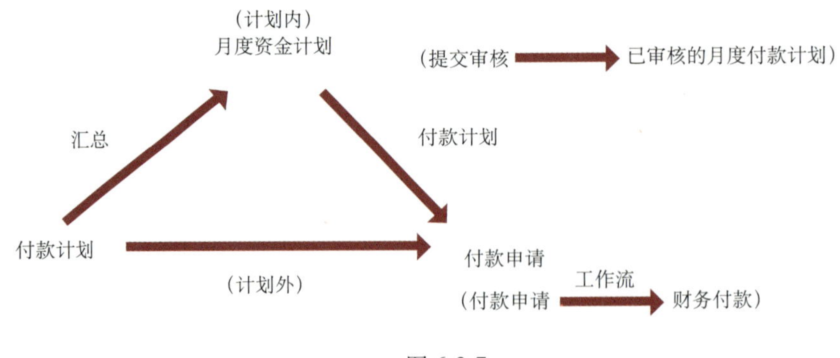

图 6-3-7

说明两个概念：计划内付款、计划外付款。

➢ 计划内付款：付款计划走月度资金计划的就是计划内付款。

➢ 计划外付款：付款计划没有走月度资金计划，直接走付款审批流程的就是计划外付款。

地产公司付款基本上都需要做月度资金计划，只是有些公司管理得严格，有些公司管理得不严格。但从管理的角度来讲，资金计划应该成为款项支付的控制条件，没有报资金计划的付款审批流程应该较有资金计划的付款审批流程严格许多。

那么，月度资金计划什么时候做？由谁来做？其关键是什么呢？

【标杆分享】某企业的月度资金计划操作规范

➢ 编制计划：各职能部门对本部门负责的合同在签订时制定付款计划，每月修订当前月份之后的滚动资金计划，对于还未签订合同但预计会有付款的，需要预测合同签约时间，同时编排资金计划；

➢ 资金平衡：每月月底（一般在25号左右）在分公司，由计划财务部组织各职能部门召开资金平衡会议，进行资金内部平衡，并提交集团审批；每月月底或本月月初在集团，由计划财务部提交资金计划管理部审批，资金计划管理部汇总各公司的月度资金计划报集团领导进行审批，审批通过后锁定资金计划；

➢ 资金使用：各项目、各部门负责人根据调整、分配后的月度资金计划情况，在项目、部门内部进行付款计划的调整（二次分配），形成最终的下月付款计划。原则是调整后总金额不能超出集团审批金额。到了当月付款时间，再由各经办人上报付款申请单，走付款审批流程；

➢ 考核分析：每月由资金计划管理员统计各职能部门月度资金计划达成率分析，同时，更新年度资金计划与实际执行的对比分析表，作为年度考核的依据之一。

通过上述标杆企业的分享，我们可以看到，月度资金计划是成本实际支付的控制前提，只有经过和实际项目运作相关联并经过确认的付款计划，才会形成月度资金计划，经过对企业内部的资金进行有效预估和合理安排之后才能实际支付。

4. 预警和强控是成本控制的创新手段

地产企业都期望“在项目进行过程中，能预测项目结束时的最终全成本，以便对‘项目基准收益指标’进行过程监控”，一般由项目成本经理完成《项目动态成本汇总表》，编制《成本动态回顾报告》，并与基准目标成本进行比对，出具分析报告，向公司管理层进行汇报（图 6-3-8）。

示例表格如图 6-3-9 所示。

图 6-3-8

科目名称 / 合约规划	目标 + 调整	已发生	待发生合约规划	预估变更	规划余量
	A	B	C	D	E=A-(B+C+D)
开发成本（01）					
…					
建安装修工程费（01.05）					
建筑工程 (01.05.01)	450	350	50	20	30
主体工程合同	300	200	0	20	
外墙装饰合同	100	150	0		
防水工程合同	50	0	50		
动态成本 =（∑已经签订合同金额 + 已确认变更 + 预估变更）+ ∑待发生合约规划金额					420

图 6-3-9

如何才能对动态成本的执行与目标成本的差异进行实时监控并干预呢？那就需要从总量上将动态成本与目标成本基准值进行比对，比对指标主要使用“预警”和“强控”指标。

在目标成本各控制级别上设定预警指标和强控指标。

➢ 预警指标：当该级别动态成本超过目标成本预警指标一定范围（比如 2% 或者某个具体金额）时，需要向相关负责人（比如项目成本经理）发出报警，但可以继续签订合同。

➢ 强控指标：当该级别动态成本超过目标成本强控指标（比如3%或者某个具体金额）时，需要向相关负责人（项目负责人）发出报警，并且必须经过审批流程调整目标成本后，方可继续签订合同。

企业一般可以采用绝对值和相对值两种维度对成本超额进行双重监控。

【标杆分享】某标杆企业动态成本预警与强控设置（表6-3-6）

某标杆企业动态成本预警与强控设置　　表6-3-6

控制范围	控制条件	控制方式
单个费项控制（按绝对值）	二级费项：超500万元	预警
	二级费项：超1000万元	跳闸（停止付款及签合同）
单个费项控制（按相对值）	二级费项：差值>3%	预警
	二级费项：差值>6%	跳闸（停止付款及签合同）
总额控制（按相对值）	总额差值>1%	预警
	总额差值>2%	跳闸（停止付款及签合同）

场景示例：

例如，对园林费用科目设置超500万元（或3%）金额，即进行预警提示；如果超过1000万元（或6%），则进行强控。

场景一：在实际业务过程中，如果某合同预计签约之后，会导致园林费用科目的金额超过500万元，则会进行实时预警并同步将此预警自动反映相关负责人；此时项目业务部门可依旧照常运行并审批，但"此超额"已经受到相关负责人关注；

场景二：如果后续成本继续超量，一旦超过"强控指标"，超过1000万元（或6%），则强行对此项成本背后的所有合同停止签约和付款，该项目业务部门就必须对该成本数据进行原因分析、总结过失和寻找对策，对目标成本进行调整处理之后，业务才能持续进行。

因此，通过预警或强控手段，项目各项成本管控就有了一道“高压线”，谁碰线，谁就会接受集团的“审查”和“整顿”。

由于预警或强控手段要求实时比对动态成本与目标成本，大多数情况下需要通过建立成本管理信息系统自动实时监控。

5. 做好成本月度回顾是成本管理保障

成本月度回顾是成本控制的重要保障。成本经理在月度总结回顾时，需要时刻思考如下几个重要方向：

- ➢ 动态成本有没有超标?
- ➢ 未来发生的合约规划有没有问题?
- ➢ 已经发生的合同成本会不会变化?
- ➢ 成本需不需要追加?

每月成本汇报前，合同责任人负责对未发生合同进行清理、预估，对已发生合同金额调整（如合同预算调整、合同变更调整）进行确认，并汇总提交给项目成本经理审核，确保当期实施的合同所发生的金额、变更及签证以及预估变更和待发生的合约规划，必须及时反映在《项目动态成本汇总表》中。

成本经理每月最后一个工作日前，编制《项目成本月度回顾报告》，并将分析报告向公司管理层汇报。以最新经过调整审批的目标成本作为对比基准；成本回顾时，对比、考核均与该基准值比较。

《项目成本月度回顾报告》需要在企业内部设立相关审批流程，报相关领导审批确定。

【标杆分享】某客户的动态成本月报审批流程

➢ 如（动态成本－执行版基准值）< 执行版基准的（开发费－土地费）×2%

审批流程：项目成本经理→项目负责人→经营团队负责人（抄送地区公司经营团队、全体项目团队成员、集团运营管理部总经理、集团运营中心、集团财务部）。

➢ 如（动态成本－执行版基准值）>执行版基准的（开发费－土地费）×2%

审批流程：项目成本经理→项目负责人→地区公司经营团队（会议形式）→

地区总经理（抄送地区公司经营团队成员、项目团队成员、集团运营管理部总经理、运营中心、集团财务部）。

➢ 如（动态成本－执行版基准值）＞执行版基准的（开发费－土地费）×5%

审批流程：项目成本经理→项目负责人→地区公司经营团队（会议形式）→地区总经理→集团运营中心→集团运营管理部总经理→集团总经理（抄送地区公司经营团队成员、项目团队成员、集团运营管理部总经理、运营中心、集团财务部）。

三、成本管理的分级管控

在追求规模化和看好地产趋势的理念下，国内地产商纷纷走出大本营，打响了全国市场“南攻、北伐”的扩张战役，一时间，抢占中原、进军长三角、布局珠三角成为地产人士高谈阔论的“热词”。

可就在这个“多项目并进、跨区域经营”的扩张进程中，地产商忽然发现，以前规范有序的“大本营”管理方法与模式，在面临新的异地区域项目时，显得有些力不从心。因此，伴随企业管理半径、管理幅度的迅速扩大，如何实现集团对区域公司和项目的高效管控？如何在收权和放权之间寻找到最佳平衡点？如何实现集团、公司、项目权责分明却又高效协同？如何实现各级高效成本管控？就成为摆在当前地产商面前的首要难题。

在建立高效的管理和运营模式的同时，为确保高效协同与合理分工，成本管理需要做好“纵向分级”与“横向分工”的管控。

1. 成本管控的“纵向分级”

具体而言，纵向分级是指从地产企业组织架构维度界定“集团级、公司级、项目级、业务经办人”四级管控模式，它强调的是纵向的分级和确定各层级权责，其管控更多表现为“下级的汇报和上级的监控”。

通过纵向分级，实现成本管理的合理授权、层层聚集；集团抓大放小，统一管理标准；公司 / 项目通过弹性的合约规划机制，保证业务的“灵活性”。

常见的集团－公司－项目的分级管控如表 6-3-7 所示。

"集团—公司—项目"成本分级管控要点　　表 6-3-7

管控要点	集　团	公　司	项　目
成本管理体系的建立	建立成本控制体系（制度、流程、绩效考核体系、模板与指引，模板包括：控制科目模板、核算科目模板、合约规划模板等），定期更新维护	执行与反馈	执行与反馈
目标成本管控	①编制土地版目标成本； ②评审各版本目标成本； ③对目标成本调整进行审批	①编制除土地版外的各版本目标成本； ②确定项目考核基线	①参与目标成本编制； ②发起目标成本调整申请
基于合约规划的合同管控	①编制合约规划模板，指导各公司合约规划的编制； ②编制合同模板，指导合同的签订； ③基于合约规划，进行关键合同审批 ④定期检查合约及合同执行情况	①检查各项目合约规划的完整性与可操作性； ②基于合约规划，进行合同审批	①编制并定期修订合约规划； ②依据合约规划进行合同的谈判与签订； ③合同执行
变更管控	大额变更与签证的审批	对权限内的变更与签证的审批	①变更的预估与申报； ②变更的执行与确认
基于资金计划的付款管控	①平衡与分配资金计划； ②资金计划达成情况检查与考核； ③计划外付款审批	①汇总形成资金计划，内部评审后提交集团审批； ②计划内付款审批	①编制合同的付款计划； ②合同付款申请
动态成本管控	①审阅成本月报； ②实时关注项目成本状态，成本超标时介入管理	①在项目运营会议中对成本月报进行审批； ②达到成本预警线时，及时进行预警	①定期回顾与编制成本月报，并上报； ②成本异常时，及时汇报与处理

1）集团成本管控制要点

➢ 管理体系构建：成本核算科目体系及成本控制科目体系的制定；集团合约管理体系的制定；集团供应商管理体系的构建；

➢ 成本审核及异动监控：区域上报的项目目标成本的复核；项目动态成本异动情况的监控；下属区域上报的项目目标成本调整的审批；

➢ 大额合同签订及资金计划审批：大额合同、变更及款项支付的审批；区域资金计划的审定，汇总形成集团资金用度计划。

2）区域成本管控要点

➢ 成本管理：项目成本测算，汇总形成目标成本；项目合约规划编制，指引合同签订；规划余量监控，预警及强控通知；成本结转、成本调整申请；成本总结及经济指标沉淀；

➢ 业务过程管理：设计类、工程类、营销类合同订立；合同变更预估、合同变更确认；公司月度资金计划汇总及上报；合同付款审批。

3）项目团队成员成本管控要点

业务过程管理：小额合同订立；合同执行；现场签证管理；付款申请的发起。

2. 成本管控的"横向分工"

横向分工是指在具体项目内部层面，对项目负责人、成本经理、营销经理、财务经理内部各自权责的明确分工与相互协作，它强调的是在成本科目、费用科目同一层次上的横向分工，其管控更多表现为项目内部的"合作与协同"是指在具体项目层面，对项目的成本经理、营销经理、财务经理三个同级权责人的分工与协作。

通过成本的横向分工，明确成本的责任主体，实现真正的责任成本管理体系。

【标杆分享】某企业横向分工案例（表 6-3-8）

某企业横向分工案例　　　　**表 6-3-8**

岗　位	主责科目	主要职责说明
项目负责人	项目全成本	➢ 项目全成本的责任人； ➢检查、督促：目标成本与合约规划制订、动态成本月度回顾
项目成本经理	开发成本	➢ 开发成本的责任人； ➢ 牵头、负责：目标成本与合约规划的编制、动态成本月度回顾； ➢ 营销费用的统计与预警
项目营销经理	营销费用	➢ 营销费用的责任人
项目财务经理	部门费用分摊	➢ 负责"部门费用"分摊； ➢ 项目预算编制； ➢ 项目收益分析与跟踪

总之，成本分级管控模式可综合表现基于企业组织分级结构和项目内部分工两大维度的“四级纵横”管控模式，即成本分级管控的“四级纵向管控”——集团级、公司级、项目级、业务经办人；和成本分工协作的“四级横向管控”——项目负责人、项目成本经理、项目营销经理、项目财务经理。

“四级纵横”的分级管控模式最终实现了异地项目外部与内部的管理统一，更重要的是它通过权责划分和不同的各级管控手段，牢牢地实现了对异地项目的远程管控和项目自身管控的高效协同，成为异地项目成本管控的新模式。

第四节 成本管理实践案例

本节介绍F企在目标成本严控下的动态成本管理。

一、F企公司简介

F企素以“稳健者”著称业内，以其成长性在2009年中国地产百强中荣膺季军。1994年，F企开始房地产开发和管理业务，秉承“以人为蓝图”经营理念，持续为中国城市新兴中产阶层打造性价比的生活、工作和休闲空间。2004年成功香港上市，随后2005年开始全国化战略，目前F企已在上海、北京、武汉、成都等12个城市攻城略地，2010年F企更是迎战未来，震撼抛出以“投资+开发”作为今后10年新战略。

经过多年的努力与积累，F企在房地产业界逐步形成了自身独特的核心竞争力：准确的产品定位能力、成熟的多项目管理能力、周转快速的资金运作能力以及完善的销售及服务体系。

二、成本管理背景

伴随F企早期跨区域多项目的全国化发展，F企集团对异地项目管控的难度成倍增加，整个项目开发和决策审批效率开始不同程度下降。而在成本管理上大多聚焦成本核算，缺乏对成本管理的事前规划和事中控制，而成本管理在操作上还依靠常规的EXCEL工具，不仅计算统计复杂，而且操作繁琐、很难共享查阅，而成本管理更是缺乏有效的异地审批工具，带来决策时效和决策风险问题。

为更好支撑集团跨区域、多项目快速发展，更为有效控制成本和构建规范的成本控制体系，F企在明源协助下构建了成本管理全国信息化平台，并通过成本工作流系统构建了基于流程驱动的成本，通过成本管理驾驶舱构建了成本数据的分析平台，最终让F企成本管理无忧。

三、成本控制体系

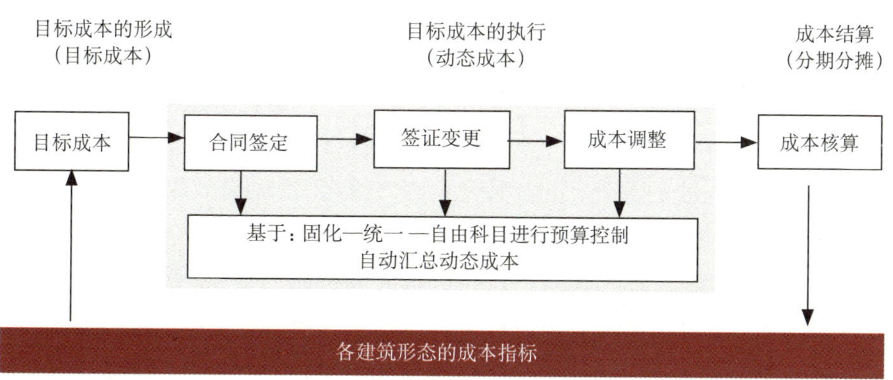

图 6-4-1

F企集团在组织模式上推行“集团→区域→项目”3级架构2级管理（图6-4-1），在决策审批上推行成本管理等职能部门，“顾问化”参谋辅助决策，在这样背景下，F企对成本管理具体进行了规范，梳理出F企成本管理流程2.0，而在成本控制上则构建了基于目标成本控制下的动态成本管理平台，并将整个成本管理分解为三大阶段，具体如下：

➢ 事前目标成本规范阶段：以可研阶段的成本测算为基础，以固化、统一、自由科目进行科目统一规范，相应作出方案阶段目标成本、施工阶段目标成本，最终作为后续成本执行过程中的“高压线”。

➢ 事中目标成本控制阶段：通过对成本执行过程中基本不变的总目标成本（偶尔调整追加）为成本支出的高压线，依托动态成本和实际成本，对实际执行中的合同签订、签证变更和成本调整进行过程中控制。

➢ 事后所有成本核算阶段：具体对所有成本进行核算，在项目结案后进行分期分摊，沉淀各建筑形态的成本指标，为今后新项目提供数据参考和借鉴。

四、成本管理策略

1. 成本科目体系清晰规范化

1）科目体系的F企要求

科目体系是成本管理的基础。F企为了成本的规范管理和精细控制，对整个成本科目细分为固化科目、统一科目和自由科目三类。实际执行过程中要求对科目进行足够程度的细分，对于固化、统一科目必须拆分为自由拆分科目。保证一个科目对应一个合同，一个合同对应多个科目，有效支撑了成本预算的精细化拆分。所有科目即为控制科目，只是区分管理层级，而在后期“动态成本控制表”时，可以清晰地看到科目预算金额，以及实际执行的动态金额，便于在过程中进行控制。

2）成本科目三大细分和定性

三项成本科目细分和定性见表6-4-1。

成本科目三大细分和定性 表 6-4-1

序号	科目细分	特 点	科目级别	关注层
1	固化科目	由集团总裁审批确定，在运营、财务、成本3条线保持一致	1~3级	集团高层关注
2	统一科目	固化科目下一级，由集团成本条线负责人审批，各区域 / 城市公司保持一致。区域 / 城市公司不能对统一科目进行修改，如需添加，应知会成本管理中心，由成本管理中心统一添加	4~6级	集团成本管理中心关注
3	自由拆分科目	属于统一科目或固化科目（但固化科目没有细分的统一科目）的下一级别科目，由各项目根据实际情况进行填写	6级以上	城市公司关注

2. 目标成本编制与调整

1）目标成本编制（图 6-4-2）

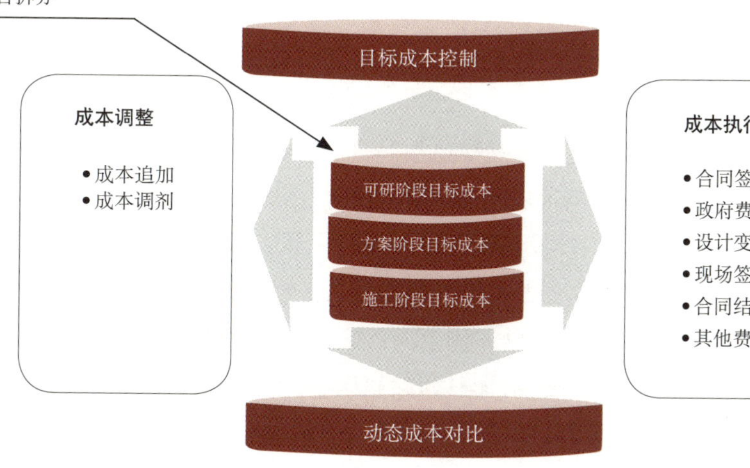

图 6-4-2

目标成本编制方法及流程如下：

➢ 由区域 / 城市合约审算部，根据历史的各建筑形态成本指标，测算当前建造成本，经过审批确定后，形成当期目标成本，作为后续开发过程中的成本控制基线。

➢ 方案阶段方法：项目成本经理根据批复的当期设计方案，基于 Excel“测算表”进行目标成本编制。方案阶段目标成本必须细化到固化客户，建议细化到统一科目。

➢ 方案阶段审批流程：项目成本经理完成“方案阶段目标成本”发起审批流程，区域 / 公司的合约审算部经理完成审核，在集团成本管理中心由专岗负责接受，并协调其他专业资源对方案目标成本进行评审，收集专业意见，再依次通过成本管理中心总监审核、集团条线副总裁审核后，交由决策条线汇总销售、工程等其他条线内容形成《分体经营计划》交由总裁审批。经总裁审批后的《分体经营计划》中的目标成本为经审批的方案阶段的目标成本。

➢ 施工阶段编制方法：项目成本经理在不突破方案阶段目标成本或集团追加总额的前提下，根据扩初或施工图，对科目进行必要的调整或细化，科目细化的程序需要能满工程招标的成本控制要求。在成本条线审批后，即形成成本控制标杆的《施工阶段目标成本》。

➢ 施工阶段审批流程：与方案阶段审批流程相同。

2）目标成本调整

目前目标成本的调整通过直接追加、自由科目间调剂、跨统一科目间调剂 3 种方式实现。统一科目下的自由拆分科目调整由区域 / 城市公司的成本经理控制下进行自由调剂；如果涉及跨统一科目间的目标成本调整，需要由区域 / 城市公司成本控制部发出调整申请，在权限控制范围内，通过集团或区域公司审批，通过后，才可以调整；如果调整不能解决目标成本的平衡问题，则需要集团审批追加预算。出现二级科目变动、三级科目变动以及四级科目超 100 万变动，分别走不同的审批流程，细化科目（含统一科目）的调整，区域成本经理审批即可。流程如表 6-4-2 所示。

目标成本调整流程　　表 6-4-2

<table>
<tr><td rowspan="6">目标成本调整</td><td rowspan="2">调整内容</td><td colspan="3">业务线</td><td colspan="2">决策线</td></tr>
<tr><td>区域成本经理</td><td>成本管理中心</td><td>分管副总裁</td><td>区域总经理</td><td>总裁</td></tr>
<tr><td>总成本已超或二级及以上</td><td>主办</td><td>审核</td><td>审核</td><td>审核</td><td>审批</td></tr>
<tr><td>三级科目调整</td><td>主办</td><td>审核</td><td>审核</td><td>审批</td><td></td></tr>
<tr><td>四级科目调整超 100 万元</td><td>主办</td><td>审核</td><td>审核</td><td>审批</td><td></td></tr>
<tr><td>上述 3 种以外情况</td><td>主办</td><td>备案</td><td></td><td>审批</td><td></td></tr>
</table>

3. 动态成本的监控

1）借助成本系统，实时更新项目的动态成本

动态成本是项目实施过程中各个时期体现的预期成本结果，通过目标成本确定项目各科目的成本对比基线，通过对合同、变更 / 签证、实际付款的拆分，形成多维度的成本分析数据，为决策提供支持。

所有业务开展，如目标成本编制与调整、合同签定、设计变更、现场签证、合同结算、付款审核、资金拨付都将基于“固化—统一—自由”科目体系进行，自动汇总动态成本数据，及时、准确反馈成本的实际与预计执行情况；

通过《项目动态成本汇总分析表》对运营计划目标、内控计划目标及已发生、动态成本进行对比分析（统计口径：已发生成本 = 已签约成本 + 已变更成本，动态成本 = 已发生成本 + 待发生成本）；通过《项目成本动态预警表》用于对当期实施合同中动态成本金额超过目标成本金额的情况进行统计汇总（图 6-4-3）。

2）通过动态成本与目标成本的比对，实现对实际成本的控制

根据目标成本、已发生成本（合同性成本和非合同性成本）和调整成本，自动计算出各核算对象的最新动态成本，为公司的成本核算、成本控制提供依据。然后通过对核算对象的目标成本、动态成本、实际成本、实付成本进行统计分析，具体包括动态成本分析、成本月度回顾、实际成本分析、多项目对比分析。最终发现不同科目下的成本问题，并结合短信、邮件接口，定义好不同成本预警的发送对象后，由系统自动完成成本超支的预警提醒。

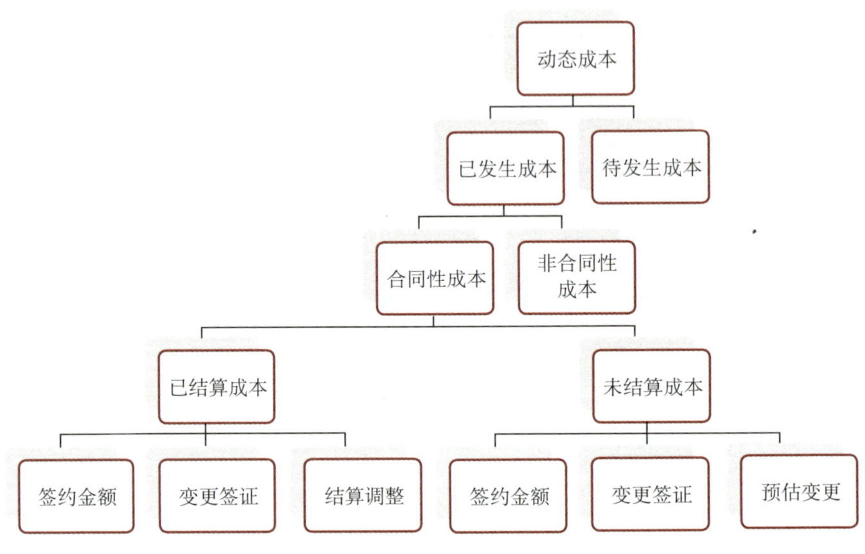

图 6-4-3

4. 通过工作流驱动的成本管理

1）F 企流程驱动的成本管理

F 企通过在成本管理系统中融入工作流系统，最终构建起通过电子审批流程驱动成本各项业务开展的高效平台。目前 F 企工作流应用在成本管理系统中主要面向四大业务的审批，即对成本调整、财务付款、合同订立和合同执行进行审批（图 6-4-4）。

对于业务中的目标成本调整、合同签定、付款等重点环节，由工作引擎实现流程驱动。由业务人员在实际工作中发出审批申请，工作流引擎自动从业务系统中收集申报数据，结合管理权责与审批权限，完成审批。审批完成的结果，再由工作引擎自动送回业务系统，实现日常操作与系统运用紧密结合，在减轻现场工作量的基础上，确保数据准确与及时，为动态成本统计与汇总提供数据来源。

在具体执行中，不同的审批也设置了差异化的审批流程，比如在合同签订领域，不同分类的合同，流程发起主体各不相同、根据合同类别及涉及的金额，参与审批的人员也不相同。

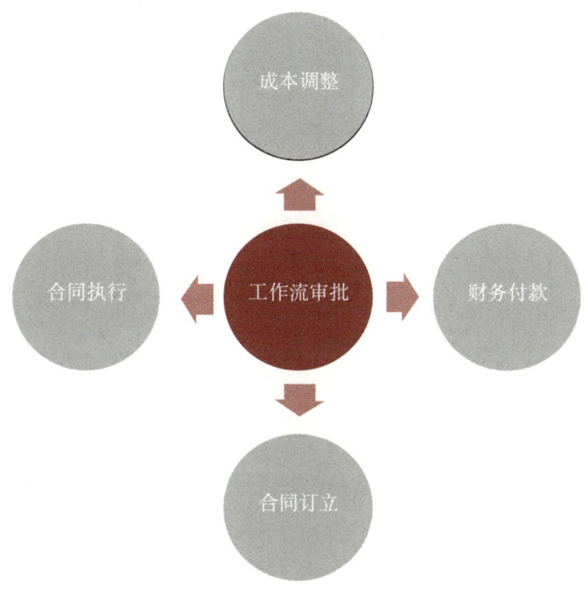

图 6-4-4

2）F 企审批双线管理

F 企为更好规避单人决策的风险，在整个决策流程上将各业务职能线设置成“顾问”参谋，比如在成本管理审批时，需要结合法律、财务、工程、设计等职能参谋线意见，最终形成基于职能业务“参谋线”和基于行政级别的“决策线”的双线决策体系，从决策流程上提升了决策的合理性和科学性。

比如 F 企在合同审批环节，经办人发起流程后，需要部门领导进行审核，审核通过后提交各业务条线的咨询意见，决策条线意见按业务条线进行汇总，有了各业务条线意见后，进入决策条线，提交项目总经理→区域总经理→总裁层次的决策。在审批完成后，正式合同文本在乙方单位盖章后、F 企集团盖章前对合同文本加以复核，以防止最终合同与审批时合同出现差异（图 6-4-5）。

3）工作流价值

工作流由于将大量成本事前控制工作流程化、电子化，例如合同订立、付款、变更等审批流程固定化，套路化，最终带来成本工作业务审批更快捷、风险在系统平台就提前规避。另外，工作流程将提高公司各部门间、集团区域项目各

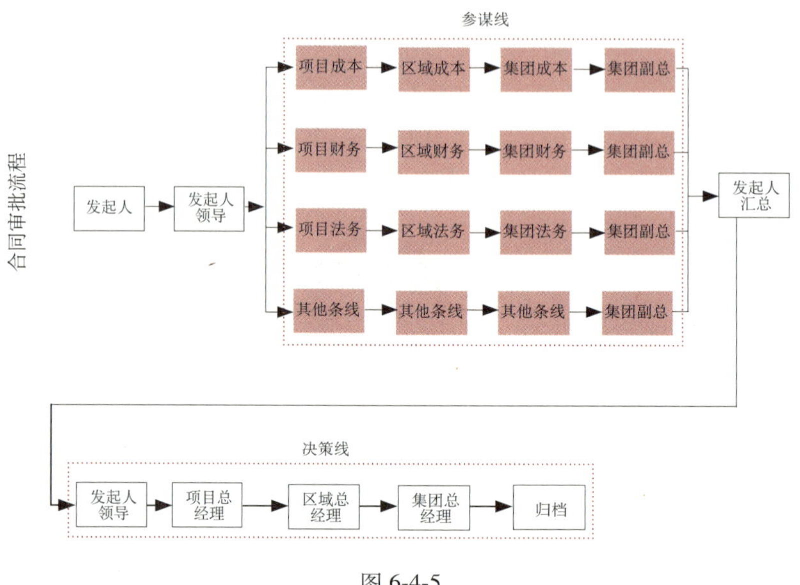

图 6-4-5

层次的协同工作，提高决策效率；实现系统操作与日常工作紧密绑定，提升了动态成本数据采集与汇总的及时性与准确性，同时避免了一线人员的重复工作量。

5. 管理与信息化价值

➢ 依托严格的目标成本高压线和实时的动态成本比对控制，实现了 F 企成本管理从原来的核算管理迈向控制管理；

➢ 通过科目统一实现了 F 企全国项目的科目规范的管理，具体通过固化、统一科目实现全国范围内成本控制管理，通过自由科目拆分体现项目个性，灵活处理合同成本分摊 ；

➢ 将成本管理和控制聚焦在合同的全过程管理中，对合同签订、合同付款、合同变更、合同分析进行精细管理，最终从合同层面有效地控制了成本；

➢ 依托成本工作流系统，有效实现了基于流程驱动的成本管理，使成本审批周期缩短，审批效率也大幅度提升；

➢ 通过参谋线、决策线的串并联审批流程，避免了单人决策和单线决策的不足，实现了 F 企跨区域、多项目的科学化决策的转变。

第七章

CHAPTER 07

房地产项目营销管控

企业经营的基础在于获取利润和源源不断的现金流，而对专业化的房地产企业而言，项目营销则直接关乎房企利润和现金流来源，尤其在前期拿地、工程建设等现金流持续为负的压力下，营销是对整个企业和项目成功运营的临门一脚，能否完成既定财务目标至关重要成功。而在项目运营中，营销专项计划也是项目运营必须关注的专项计划，因此房地产企业尤其需要构建规范高效的营销管控体系，以达到无论地产形势如何多变，房企总能以不变应万变，完成既定或调整后的营销目标。

第一节 房地产营销内部管理四大难题

对于房地产营销管理，很多地产公司都流行“立军令状”，必不可少的军令状内容就是项目总经理或项目销售总监向公司承诺“今年完成多少销售额”。由此可见，销售业绩成为对项目销售工作开展的好与不好的主要标准，在有些公司甚至是唯一标准。至于销售队伍的培养问题、跨部门协作问题乃至销售现场的组织问题都是次要问题。自己的队伍培养太慢、能力不强，就考虑找代理公司。如果因为工程部未能如期交付销售中心或样板房，导致发售延期，则就事后打工程部的板子，销售部受牵连。反正一句话，今年项目销售得好，则皆大欢喜，管理有点小纰漏是可以接受的；如果今年销售得不好，不管是市场原因还是内部管理原因，则是大家一起挨板子。

一、目标管理：销售目标是“拍”出来的，销售计划做不准

每年公司下达项目销售任务时都是痛苦的博弈，年度销售目标关系到整个项目的绩效问题，而年度销售目标也是公司根据对市场的预测及工程进度预计而估算的。因此，也难以说什么科学不科学的问题，只能看与公司的博弈结果，以及项目营销总监的胆量有多大。如果市场形势好、营销到位且产品能够及时交付，则年底的绩效奖金才有了保证。

二、内控管理：团队管理粗放，可复制性差，客户资源应用浅

1. 销售团队自建还是外聘难以取舍，销售员管理是永远的痛

很多的房地产公司都非常乐意将营销策划以及销售都外包出去，就不用自

已组建销售队伍，不用直接面临现场销售问题的处理，随之而来就是弱者更弱，地产公司自己的营销策划、销售现场以及客户资源的管理水平与日俱减。

现在很多项目都会面临自建销售团队和外聘销售代理团队的抉择。用了外聘销售代理团队，营销费用必然上升，但是销售现场管理的工作就轻松了很多，主要就是监管和反馈整改意见。如果是自建团队，就需要考虑人员招聘、培养、激励、绩效等一系列问题，同时在日常进行管理和指导。但是，到底哪一种团队对于项目销售是有利，在实际销售结果出来前，也都无法绝对的评价。

很多地产公司每年都向地产代理公司缴纳不菲的销售代理费。看起来销售代理公司也没有什么特别的，不就是一个销售经理带领一群销售员在销售现场进行客户接待、同客户签约而已。于是，有些公司就直接从代理公司挖来销售经理，组建自己的销售团队。但是，在具体操作中就发现一个头痛的问题，在开盘销售前，不好衡量销售员的工作表现，而且也无法保障现在的储客跟进是否到位。很多的公司都很担心，现场的销售接待是否会将好不容易吸引来的客户给浪费掉，而公司本身缺少一套行之有效且持续作用的现场销售管理套路，只能将宝压在了项目销售经理和销售人员的个人素质和能力上。

以上的现象在很多地产公司身上都可以见到，总的来看，因为目前地产公司的营销管理说得好听些就是“不管白猫黑猫，捉到老鼠就是好猫”，说得不好听点就是“重结果轻过程”，缺乏“精细化”的营销管控。很多地产公司认为销售是由市场大环境决定，只能顺应市场才能掌控销售，至于内部的管理难以影响到市场环境，所以市场不利时销售不理想是正常的。

2. 项目销售管理难复制、客户资源闲置浪费

由于没有哪个项目是完全一样的，总是存在产品的、市场的乃至销售团队等方面的差别。为此，很多地产公司只能将销售现场交付与销售经理进行全盘管理，依赖“能人治理”，而非公司管理能力。因此，如果缺少项目销售管理的规范机制，一旦项目快速扩张或者销售经理突然离职，那么项目的销售效率就会受到大幅影响。

现在，很多公司都提到做好客户关系管理，利用客户资源促进销售。但是，实际做到并利用得好的地产公司好像并不多。反而，销售代理公司将他们代理

销售过楼盘的客户资源利用得非常充分，二级市场交换使用，甚至还可以留到三级市场进行再次利用。

三、定价管理：销售价格定不准，去化率缺乏管控，外部应变能力差

当前房地产的产品定价，已经不是产品成本本身，而是需要考虑到与有效客户多少的博弈、与政府管制和政府政策的博弈。与竞争对手同类楼盘的价格博弈。某种意义上，产品定价成了“艺术”，销售任务的落地很大一部分就是要看产品的销售价格是否合理和可控，既要满足公司销售业绩和销售利润完成的要求，又要符合市场需求，保证既要“物有所值”而且要“价有所需”。因此，如何让产品销售价格有效合理，在过程中如何动态控制和调整，就是非常考验管理的能力。

而现实大多房企对销售价格定不准，不是卖高了走不动，就是百分之百的去化率带来价值的某种损失，整个销售定价的粗放表现出房企外部应变能力较差。

四、费用管理：营销投放高射炮打蚊子，缺乏规范和价值分析

营销投放可能是“竹篮子打水”，公司希望知道项目花费不菲的营销广告费用是否取得效果，但是没有真正成交之前，谁也不敢拍着胸脯说花的钱“物超所值”。因为，公司期望的是用有限的费用获得最大的销售成果，而营销策划又是一个创造性的工作，不是完全能够实现工作做到就一定能够获得结果的，是不能完全预测的，简单来说是要“随需而变”的。有时候，公司问项目的营销费用计提比例能不能下降0.5%，也没有把握说一定可以。

总之，项目营销总监看起来是风光无限，实际上在销售业绩的重压下，殚精竭虑，疲于应付，也都没有太多的精力去关注内部的管理提升和队伍建设。

第二节　如何快速高效构建房企营销管控体系

我们在同一些规模比较大的公司进行沟通时，大家都认为在项目销售领域虽然“合适的营销总监或销售经理”是非常重要的因素，但是随着规模的快速扩展，项目数量的快速增长，并不能仅仅依赖于对人的能力信任，都开始越来越重视沉淀营销的过程管理规范化，希望通过这种方式逐步实现“法制”而非单纯的“人治”，同时，也逐渐提升营销工作的“精细化过程管理”，而非传统的“粗放式业绩指标管理”。

优秀的房地产公司为了实现项目营销工作的“精细化过程管理”，会从以下两方面开展管理运作。

一、围绕营销指标进行过程化管控

1. 构建销售管控三类指标体系

优秀的地产公司对于营销工作的管理绝不能仅仅依赖于单一的年终销售业绩考核。而是基于核心管理指标，根据指标落地的需要，转换为系列的过程管理指标，在过程中进行直接决策和管控。我们将这些指标分为三类：核心指标（财务指标）、过程指标和例外指标。

1）销售管控的核心指标（财务指标）

通过对若干公司的企业管理报表和发展策略进行研究，发现房地产公司对于当前的形势的应对策略基本是在遵照如下的逻辑：首先，要确保企业现金流的安全，避免重蹈“顺驰”的覆辙；其次，是确保项目利润，保障公司的盈利能力；最后，是要提高销售规模，确定在房地产业的江湖地位。当然，高效的盈利能力和适当的销售规模又是目前房地产公司进行融资的重要“卖点”（图 7-2-1）。

那么这样的决策逻辑如何数据化地反映在公司管理层的视野中呢？我们对

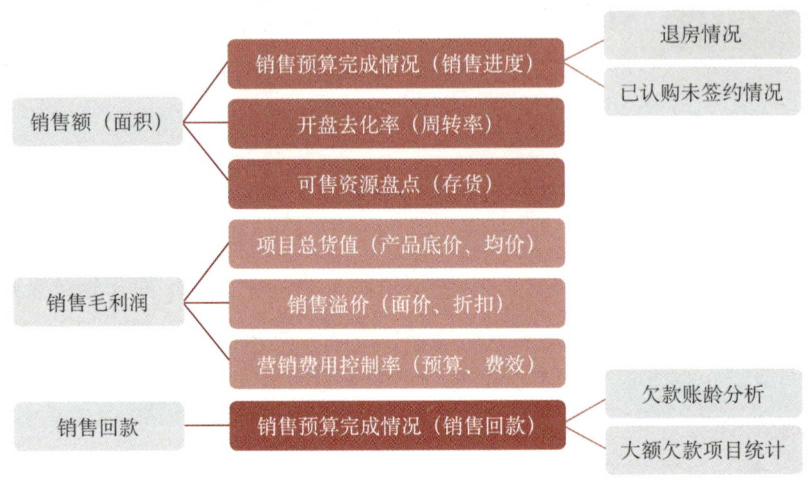

图 7-2-1

若干家标杆企业的管理指标和管理报表进行分析，发现房地产公司高管会关注如下三种财务指标：

➢ 销售规模

销售规模反映了企业在行业的“江湖地位”，排名靠前的企业也往往能够获得投资者和政府青睐，从而在土地获取和资金筹措上获得便利。

销售规模由以下内容构成：

项目数量及分布：按区域、城市公司统计项目的数量，反映企业的战略布局情况。当前的环境下，越来越多地产公司涌向了二三线城市。

销售额：指销售完成的签约套数、签约面积、签约金额。现在常见 TOP100 的排名中，最有分量的排名就是销售金额和销售面积。

➢ 销售毛利率

销售毛利率计算公式：销售毛利率＝（销售净收入－产品成本）/ 销售净收入 ×100%。

销售毛利率反映了公司产品的盈利水平，从而反映出公司的整体盈利水平。

在商品经济中有个公理“物以稀为贵”，因此，在房地产开发中，众所周知，产品定位越高售价越高，产品越有特色售价越高。从而业内都看到星河湾老板黄董事长千里迢迢从广东运石材到北京项目，打造高端产品。为此，“一流的土地，做一流的产品，卖出一流的售价”并不奇怪，但是如何做到“三流的土地，做二流的产品，卖出一流的售价”应当都是很多地产公司老板心中所向往的。

➢ 销售回款

房地产开发是资金密集性的行业，资金来源通路多样，有银行贷款、资本市场融资、销售回款等。但是除了销售回款外，其他的资金获取都是需要支付融资成本。

在 2011 年初出现过“2010 年全国房地产盈余 2.4 万亿，开发商不差钱”的报道。但是从现在的数据来看，诸如合生创展、恒大、碧桂园等一批国内地产企业在一季度发债融资，利率大部分都超过了 10%，被机构评定为激进融资。

因此，销售回款是房地产公司现金流的主要来源，同时是抗击资金风险的唯一通路。由于购房一次性的资金比较大，大部分业主会通过按揭购房。因而销售回款主要就是两种来源：客户自交款（如定金、首付款等）和银行按揭放款。其中按揭放款一般会占到总回款金额的 60% ～ 80%，按揭放款也就成为回款跟踪中的重中之重。

2）销售管控的过程指标

但是，如果将这些指标在日常的销售管理过程中进行落地，就需要进行指标细化。为此，我们发现地产公司在此三类指标上衍生出系列的管理报表，细化出更明确的过程管控指标。房地产公司的掌门人只要通过这些指标就可以指引企业职业管理团队向预定的方向开展工作。

➢ 销售计划完成情况

销售计划完成情况包含了两类信息：年度销售目标、月度销售计划、销售计划完成率（实际签约金额 / 月度计划销售金额）；年度回款目标、月度回款计划、回款计划完成率（实际回款金额 / 月度计划回款金额）。

通过这个指标直接将老板所关注的销售规模和销售回款显性化、数据化，层层落实到公司、项目的销售部门和财务部门，成为销售部门核心工作考核依据。现在很多公司的老板都不再满足每个月才能了解到销售的完成情况，而要求每天都要获知公司的销售计划完成情况。

➢ 开盘去化率

开盘去化率是指以开盘当天、周、月、三个月为统计周期，汇总和统计分析销售情况，用来考察和评价项目开盘的好坏。又可以称之为销售率。

万科在其破千亿的新闻发言中，就讲到“在万科内部，主要以周转率来考核各地公司业绩。按照万科内部的指导线，新推盘项目当月销售率达到60%才算是比较理想的销售速度。从实际情况来看，2010年8月以后基本保持在70%以上。”由此可见，正是高效的开盘去化率支撑了万科的“快速销售、快速开发”的策略，从而实现销售规模的快速增长，同时也提升资产周转率，提高资本的利用效率。

➢ 可售资源盘点

可售资源盘点也可以称之为库存盘点。主要包含以下三类数据：在建面积、可售套数和可售金额。是房地产公司老板在确定和审视销售目标和销售计划时的必备动作，

只有搞清楚自己的“家底”，才能确保销售目标及销售计划的合理性。假如偏差加大，甚至需要启动“加大项目拓展和在建工程的进度赶工”。我们常常可以在很多公司的项目运营报告内就有固定的位置要求对进度赶工情况进行描述。

➢ 销售溢价

是用以衡量产品的销售金额超出市场同类型产品销售金额的情况。所有的房地产公司老板都会关注产品的定价，需要使产品的价格既能够满足公司利润收益的要求，又能符合市场需求，确保销售目标的达成。其显性的指标就是产品的可能成交单价，可由产品标准价 × 综合销售折扣计算得到，甚至有些公司就是直接使用了产品销售均价。

某标杆企业，为了更加合理地衡量销售的溢价，确保项目整体收益不减少，提出了项目总货值的概念。在每次定价时，都会计算出新的总货值，并与上一版总货值比对，衡量项目总收益是否会增加，并作为定价决策的重要依据。

➢ 营销费用控制率

营销费用一般按照比例（一般为3% ~ 5%）计提，从比例来看并不多，但是基于几十亿的项目总投资，营销费用总金额也并不少。按照利润的计算公式，

合理利用并能实现节约成本，则就是在增加利润。因此，我们看到大部分房地产公司的分公司及项目的考核指标里面就有营销费用控制率。营销费用控制率的计算公式是：(营销费用实际金额 - 营销费用计划金额) / 营销费用计划金额。

同很多地产公司的老总交流，经常听到一句话“营销花钱不是问题，但是关键是能够带来效果，真正地促进销售目标的达成。”而且很多公司内也有个不成文的惯例“如果销售目标完成超了，那么营销费用超点也问题不大；但是如果销售目标没有完成，营销费用也超了，那就营销出了大问题。”

由此，我们看到其实对于房地产公司老板来说，对于营销费用做好总额控制就可以，关键还是要看营销的效果，让花的每分钱有物有所值。

3）销售管控的例外指标

有了以上的指标可以让房地产公司的掌门人相对从容地把控销售整体情况。不过，管理大师泰勒说过：“最高管理层将日常发生的例行工作使之规范化（标准化、程序化），然后授权给下级管理人员处理，而自己主要去处理那些没有或者不能规范化的例外工作。”为此，我们在哪些标杆企业的管理报表内还看到一些需要房地产公司高层关注的销售例外指标。

➢ 退房情况

汇总近期时间段内的退房数据，包括退房套数、面积和金额。有很多公司还要求，制作专门的退房原因分析报表，满足老板进一步深究的要求。

退房直接就会影响到销售业绩。而且，往往退房数据背后可能就隐藏着种种风险，例如市场的巨变、客户的群诉事件，甚至是内部的不规范销售行为等。大批量退房也会引发业主的恐慌，影响公司的品牌形象。

2008 年杭州万科降价引起的老业主退房事件，大家现在应当还是记忆犹新。

现在越来越多的公司将退房审批的权限进行回收，甚至有的公司要求上报集团审批。

➢ 已认购未签约情况

我们分析了多家公司的管理层报表，发现他们都在关注已认购未签约的数据。有的公司将认购签约称为换签，如果超期未签约，则称之为超签。

通过交流，发现这些公司关注此数据的原因就一个：强化公司内控，规避下属公司和项目虚报业绩，同时也规范内部炒房的行为。

如果是在绩效考核时点，该数据过大，则可能是下属公司在虚报认购数据。如果该数据持续居高不下，则就有可能存在大量的内部炒房行为，导致大量超签，“持房待售”。通过常规路径，房地产公司的掌门人们往往是难以甚至是无法了解到这些情况，现在就可以快速地发现可能的风险。

➢ 欠款账龄分析

所有的房地产公司掌门人都会关心现金流的安全，为了现金流的安全甚至不惜高利率融资。但是融资的利息费用还是比较让人心痛的，为了更好地利用好资金，大部分公司都会要求编制应收款账龄分析，从而编制资金计划，进行短期融资。

房地产公司的欠款账龄分析不同与其他行业，不是按照年为单位进行结构分析，因为房地产销售的特殊性，销售回款大部分在销售后 3 个月就应全部回收，因此，按照自然日为单位进行结构分析，如 0 ～ 15 天、15 ～ 30 天、30 ～ 60 天等。

同时，由于销售回款中的大头是银行按揭放款，因此，往往地产企业会按揭款进行单独的账龄分析。

➢ 大额欠款项目统计

管理学中有个高效管理的原则，那就是要“抓大防小”。因此，面多可能诸多的项目以及项目的销售欠款数据，某集团型的标杆地产企业就提出要盯住“大额欠款项目”，从而保障整个集团资金的整体稳定。

该公司每个月统计出超过欠款额度标准的项目，项目需要就欠款情况和跟进措施进行详细汇报，老板会亲自过问，甚至会放入项目总经理的工作绩效内。在这样的压力下，从而使欠款的追缴成为全公司都必须重视的事情，而非仅仅财务部一个部门的事情。

2. 指标落地的关键过程管控

只有管控指标是不够的，必须在营销过程中有匹配的管控动作。

根据对标杆地产公司的研究，实现指标的落地，核心就是要实现四个方面的管控：控销售、控价格、控费用和控回款。

1）销售计划管控

前文我们也了解到营销总监是扛着公司销售业绩的考核指标，为此基本所有公司的营销总监都会要求项目现场每天短信反馈当天的项目销售情况，有些应用了信息系统的公司就要求有系统每天自动将公司和项目销售进展情况通过短信或邮件形式发送给公司领导（图 7-2-2 和图 7-2-3）。

关注这些指标的背后，就是希望有效实现公司的销售目标。如何在项目开发及销售过程中从业务运作和管理中进行兑现呢?

首先，就有个前置的条件——销售目标合理性。如果销售目标设定的过高，完全不具备实现的可能性，那么针对这样的目标进行追踪管理就是无意义。为此，如何设定销售目标就成为项目与公司都要谨慎对待的。从目前地产公司对项目销售目标的确认方式和原则来看，主要就是公司从项目收益角度和项目从产品库存可兑现性角度来进行平衡博弈。俗话说“巧妇难为无米之炊”，因此，销售目标是否合理，主要就是取决于项目产品库存盘点的是否到位。项目库存盘点不仅仅要清楚掌握库存产品的套数、面积，还要掌握库存产品的类型、定位、周边的市场产品均价、历史成交价等。有了这个双方共同的基础，才能评判现有的库存是否可以满足销售目标的实现，如果不可以那么才是考虑是协商降低销售目标还是考虑加快工程进度赶工出货，而不能像菜市场买菜那样仅就数值进行“讨价还价”。为此，有些公司就专门编制了可售资源统计报表，进行库存的盘点和分析。

然后，需要项目将销售目标有效地分解到季度和月度中，成为真正可以进行过程监控的销售计划。销售目标只是解决了“做什么”,销售计划是在解决“怎么做”，只有通过销售计划才能看到销售目标是如何落地的。为此，项目自己需要根据产品库存情况和工程开发进度情况，进行“排兵布阵”，落实具体的销售计划，很多公司会将计划落实到产品类型甚至是到楼栋，规划出哪栋楼什么时候销售、销售多少。大部分公司对于项目销售计划都是放权给项目自己，公司主要就是负责审核备案。

最后，有了销售计划，就必然会存在执行监控，定期对销售计划的完成情况进行分析，调整后期的销售策略。房地产公司的营销例会基本就是在干这个事情。大部分公司会将季度或月度奖金与销售计划完成情况进行挂钩，因此如有必要还要进行销售计划的修订调整。因此，我们会常常看到房地产公司都有专门的销售月报用来汇报销售完成情况，同时，日常也会用销售日讯的形式短

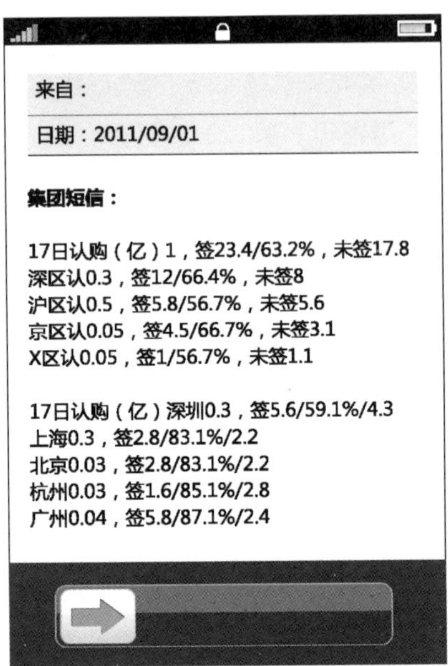
来自：
日期：2011/09/01
集团短信：
17日认购（亿）1，签23.4/63.2%，未签17.8
深区认0.3，签12/66.4%，未签8
沪区认0.5，签5.8/56.7%，未签5.6
京区认0.05，签4.5/66.7%，未签3.1
X区认0.05，签1/56.7%，未签1.1
17日认购（亿）深圳0.3，签5.6/59.1%/4.3
上海0.3，签2.8/83.1%/2.2
北京0.03，签2.8/83.1%/2.2
杭州0.03，签1.6/85.1%/2.8
广州0.04，签5.8/87.1%/2.4

图 7-2-2

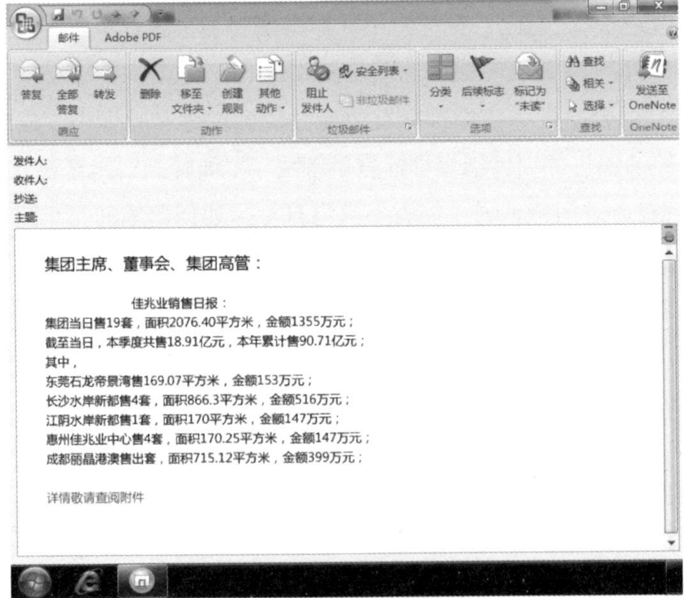
邮件
Adobe PDF
答复
全部答复
转发
删除
移至文件夹
创建规则
其他动作
阻止发件人
安全列表
非垃圾邮件
分类
后续标志
标记为"未读"
查找
相关
选择
发送至OneNote
响应
动作
垃圾邮件
选项
查找
OneNote
发件人:
收件人:
抄送:
主题:
集团主席、董事会、集团高管：
佳兆业销售日报：
集团当日售19套，面积2076.40平方米，金额1355万元；
截至当日，本季度共售18.91亿元，本年累计售90.71亿元；
其中，
东莞石龙帝景湾售169.07平方米，金额153万元；
长沙水岸新都售4套，面积866.3平方米，金额516万元；
江阴水岸新都售1套，面积170平方米，金额147万元；
惠州佳兆业中心售4套，面积170.25平方米，金额147万元；
成都丽晶港澳售出套，面积715.12平方米，金额399万元；
详情敬请查阅附件

图 7-2-3

信发送项目完成情况。

以上反映了销售目标到销售计划的管理落地，但是真正的销售计划的实现主要是依赖销售业务行动的开展，例如储客、推盘发售等等。

其中，开盘应当是最为重要的销售行动。连地产龙头万科都对外宣称说“按照万科内部的指导线，新推盘项目当月销售率达到 60% 才是比较理想的销售速度。”由此可见，开盘就是项目开发工作中的关键工作项，销售目标是否可以有效达成主要就看开盘的效果。

为此，大部分公司都会围绕开盘这个关键时点组织相关的营销工作。在开盘前，会进行系列的广告投放和现场活动组织，积累项目的人气。同时通过 VIP 登记等形式进行开盘高诚意客户的储备，很多公司为了确保项目开盘的效果要求诚意客户的储备数量必须在推盘房间数量的 3 倍以上。而在开盘当天，地产公司也会组织专门的开盘发售仪式，协调大量的人力组织现场的集中发售。开盘后，还要进行专门的开盘统计分析，进行开盘工作总结。有些地产公司的领导就要看专门开盘统计报表，查看开盘当天、当周、当月及三个月的销售去化情况。

2）销售价格管控

在与地产公司深入沟通后，就发现由于市场多变而且不同地域市场差异，因此很多公司将产品的定价权限就下发到项目，公司审批即可。

这时，有些公司的老板就会担心项目公司是否为了完成销售任务，将优质的资源（高品质好销的产品）低价销售，通过套数的增加来实现销售计划任务的达成，而将不好销售的产品留给了后面。那么就有可能出现项目存留较多的尾盘房间，或者销售完毕后未能达到立项时的销售预期目标。

然而对于项目公司来说，也很无奈，因为首先是要实现今年公司下达的销售任务，不管是卖住宅还是卖车位。在 2008 年销售低迷的情况下，很多的地产公司将车位销售作为销售任务完成的重要补充手段。

怎么管理价格，才可以既让公司放心，又让项目灵活运作呢?

有一家很聪明的地产公司提出了一个项目销售总货值的概念，即兼顾了公司的长期利益又兼顾了项目的短期利益（图 7-2-4）。

项目销售总货值由已售货值、待售货值和剩余货值三部分构成，是会随着

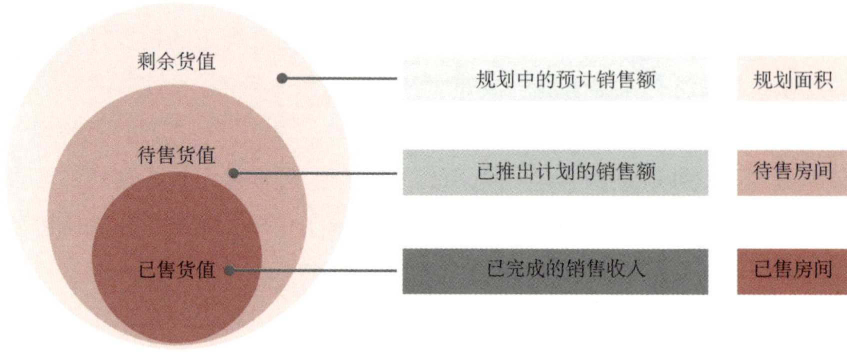

图 7-2-4

分阶段推售价格制定和实际销售情况而动态变化的。

项目立项之初，就会根据项目的规划指标、盈利要求和市场情况，确定项目预计销售收入即为启动版项目销售总货值。

在以后每批推售的产品房间价格审批中，就会根据制定的价格情况刷新项目销售总货值，并且将新的项目销售总货值与上版的销售货值进行对比，他们提炼了个全盘溢价率的指标，作为公司审批评定项目上报定价方案的重要依据。

全盘溢价率的计算公式为：(本次最新项目销售总货值－启动版项目销售总货值）/ 启动版项目销售总货值 ×100% 。

从定价审批的关键业务管理角度来说，就为以前参考市场“拍脑袋定价”的价格制定方式增加可以量化评判的依据，让公司和项目都有了共同参照指标，减少了“博弈定价”的损耗。

另外也有些公司虽然没有创造出这样的新指标来管控价格，不过他们通过房间底价管理，也实现了公司与项目在产品价格上的有效集分权。

首先，由公司根据项目盈利的要求下达整体的项目销售目标，而项目根据产品的具体情况，按照多因素定价法编制每个房间的底价，然后报公司进行审批确认。从而房价价格控制的基线——底价就产生了，有了底价就可以确保公司对项目的基本收益要求，同时在规避了。

而后，项目就可以根据市场的情况进行灵活销售，不过在销售过程中，公司以底价为基准从以下几方面进行管控：

➢ 项目可自行制定产品的房间面价（即对外公示的标准价格），但是原则上房间面价不得低于房间底价；

➢ 项目不允许推售没有底价的房间；

➢ 项目可以制定各类优惠措施，来促进产品销售，但是房间的成交总价不能低于房间的底价，如果因销售需要而低于底价销售，则必须走“特殊折扣”审批流程，经公司相关领导审批通过后，方允许最终成交。

➢ 项目因换退房业务返回的房源，公司要求必须重新审定底价，方可继续销售。

此外，公司也会根据市场变化情况，要求项目定期进行已推未售房间的底价审视和修订，确保与市场需求保持同步（图 7-2-5）。

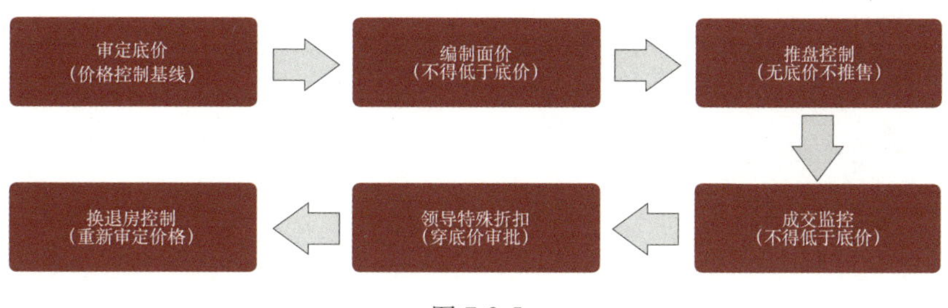

图 7-2-5

同时，虽然公司将制定房间面价的权力下放到项目，但是对面价的编制还是明确了基本原则。要求面价编制合理性评价要考虑三个纬度：项目收益（销售收入评测）、市场竞争（竞争楼盘价格）和客户反馈（成交分析、意向客户价格测试）（图 7-2-6）。

通过以上的措施就可以相对较为简单实现公司与项目在价格管理部分的合理分权，让项目在公司审定的底价基线上灵活组织销售。

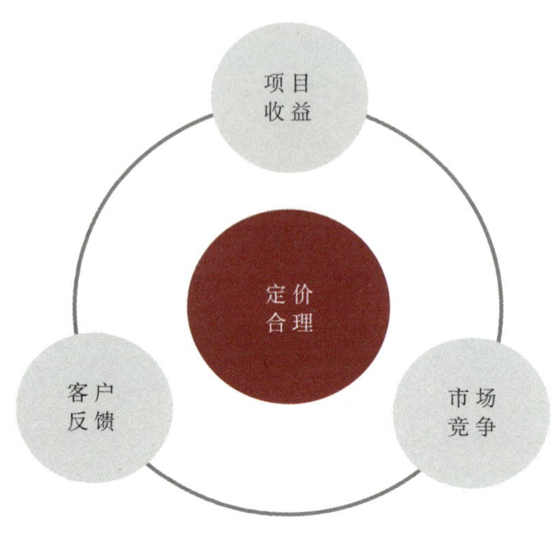

图 7-2-6

3）营销费用管控

前面说过，公司对营销总监评价的重要依据是销售业绩，其实公司对营销总监的评价还有一个重要的财务指标营销费用控制。当然，如果销售业绩大幅超出，营销费用超出一些，公司一般也问题不大。但是如果营销费用足额甚至超出，而销售业绩没有完成，公司就要秋后算账了。因此，营销费用如何有效地使用不得不成为营销总监日常思考问题。

目前大部分公司都会在项目定位后，依据产品的定位、年度项目营销费用情况以及营销广告投放的经验确定一个营销广告投放计划，但是由于市场情况是在变化的，因此这个营销广告投放计划也是在不断调整的。如何既让公司对营销费用放心，又让项目能够及时且较为准确地进行营销广告投放计划调整，就成为了公司和项目都想解决的难题。

有家公司将他们的做法介绍给了我们，觉得还是比较符合当前地产公司的业务现状和管理需要。他们将费用的管理分为以下几个关键部分（图 7-2-7）：

➢ 年度费用预算编制和审批：由项目营销经理根据年度销售目标和营销费用计提要求，按照费用结构（如媒介广告费、广告设计策划费、推广活动费等）填报项目的年度营销费用，然后由项目总经理和公司营销中心总经理审批确定。

营销费用管理示意图(万元)

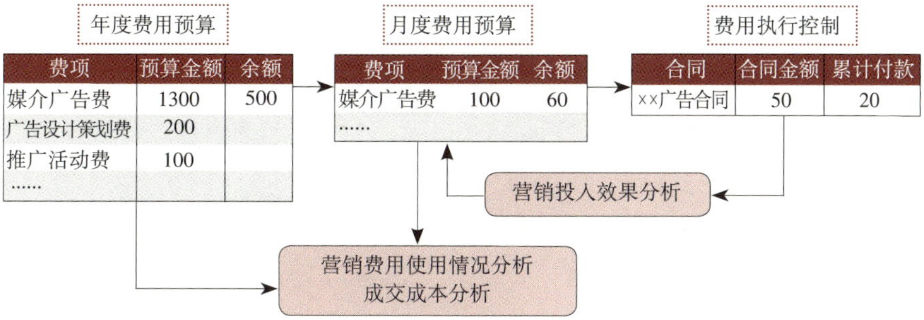

年度费用预算

费项	预算金额	余额
媒介广告费	1300	500
广告设计策划费	200	
推广活动费	100	
……		

月度费用预算

费项	预算金额	余额
媒介广告费	100	60
……		

费用执行控制

合同	合同金额	累计付款
××广告合同	50	20

营销投入效果分析

营销费用使用情况分析
成交成本分析

图 7-2-7

审批通过后的年度费用预算将作为本项目费用控制的“高压线”。如果市场变化非常大，则年中可进行一次年度费用预算的追加和调整的审批。

➢ 月度费用预算编制和审批：项目营销经理根据项目销售的进程和营销投放的需求，按照费用结构编制项目下月的营销费用计划，原则上费用的计划金额是不可以超出年度费用预算的可用余额。然后由项目总经理和公司营销中心总经理审批确认。同时，要求在此阶段项目营销经理编制项目下月营销费用计划需要汇报上月营销费用的应用情况和效果分析，且其分析的来源是销售现场接待客户和实际成交时反馈的信息。

➢ 费用执行控制：费用执行控制的核心就是对营销合同和付款的控制。项目营销经理根据实际的需要发起营销合同的审批流程，但是公司要求每个营销合同必须对应相应的营销费用费项（如广告合同对应到媒介广告费），且原则上发起的合同金额不能超过本月度费用预算该营销费用费项的可用余额。且公司还根据合同金额大小进行了分权审批，例如5万元以下的合同项目公司审批即可，5万元以上合同则需要审批到公司。同时，对于营销合同的款项支付也规定了审批流程，但是要求每个合同付款时必须依据销售现场反馈的信息进行本合同的效果分析，作为新的月度费用预算编制的参考。

其中，评判营销投放效果就成为费用执行中的重点和难点。因为需要根据营销投放效果来决定后续的投放计划，不过由于目前缺少业内同行的评判标准，而且投放效果有一定的滞后性，故此营销投放分析就不好评定。

有家地产公司针对营销投放效果分析尝试提炼了两个量化的衡量指标：万元来电来访量和万元成交量。分别从客户接待和客户成交两个业务环节，采集客户的信息途径，从而反向评价具体投放媒体及活动的效果，作为后续营销投放计划编制的参考要素（图 7-2-8）。

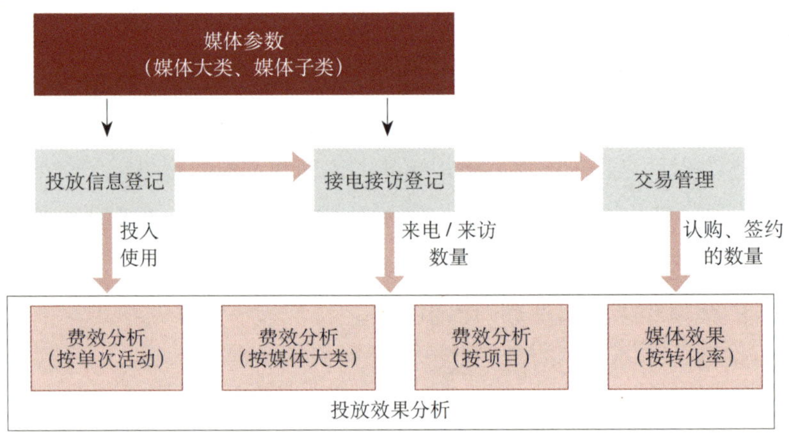

图 7-2-8

通过以上作业步骤，即让项目有自主权，同时也让公司对营销费用的使用可知、可控，大家都放心。不过该公司的营销总监也坦言：这些费用的控制要点单纯靠制度的约束，是无法确保得到有效执行，因为监控的成本太高，必需要求配套的信息系统工具支撑，将关键控制点固化下来，系统是死的，是守规矩的。

4）销售回款管控

房地产开发是资金密集性的行业，资金来源通路多样，有银行贷款、资本市场融资、销售回款等。但是除了销售回款外，其他的资金获取都是需要支付融资成本。

特别是目前国家为了抑制房价的快速上涨，多次出台房地产调控政策，其中信贷政策也是从紧从严，虽然在2011年初出现过“2010年全国房地产盈余2.4万亿，开发商不差钱”的报道。但是从现实的数据来看，诸如合生创展、恒大、碧桂园等一批国内地产企业在一季度发债融资，利率大部分都超过了10%，被机构评定为激进融资。由此反映出很多地产公司为了其快速扩张发展的需要不惜高成本融资。

而销售回款是房地产公司资金的主要来源，而且是唯一不会有融资成本的。因此，如何让销售回款更快，也就成为房地产公司越来越关注的问题。为此，很多公司就开始要求营销部门要配合财务部门加大回款和催款力度，甚至将回款完成情况也作为营销部门考核指标。

以往房地产公司是由财务部门定期（一般以周为单位）统计回款情况，制作一份欠款清单，交由项目销售经理安排人员进行回款催收，并且进行催收情况的记录，经常会反馈出部门间协作不够顺畅、回款效率偏低的问题。

为此，有家房地产公司就将催款的步骤也进行标准化定义，并且要求通过信息化工具进行落地和支撑，主要分为以下三步：

➢ 未回款项到期前3天，信息系统自动将该笔款项推送的责任置业顾问的桌面，提醒置业顾问与客户进行联系，敦促客户尽快交款。

➢ 款项到期未回收时，信息系统自动将该笔款项推送到项目销售经理和责任置业顾问的桌面，销售经理掌控项目整体欠款信息，安排置业顾问进行催收，并且要求在信息系统内汇报催收情况，销售经理每天都可监控到欠款催收情况。

➢ 款项到期10天依然未回收，财务部门通过系统输出此类欠款清单并计算出对应的滞纳金，移交给公司法务部门，统一发送欠款催收通知书。项目销售经理直接与客户对话，要求客户尽快交款如有特殊情况，则要求客户发起延迟交款的申请，进行公司审批。

由此，就可以通过信息平台让销售部门能够将催款工作进行前置，并且能够更为主动地进行催款，而不是只是等待财务部门的通知和催促。

同时，由于目前国内客户大部分是通过向银行按揭贷款进行购房，因此销售回款中按揭款占了非常大的比重。由于近年国家房地产调控政策的频繁出台，对于客户贷款购房的条件也越来越严，特别是去年出台的“限贷令”，直接就导致银行资信验证的内容加多，放款的周期拉长，甚至会出现无法足额放款的情况。为此，如何确保顺利放款也就成为销售回款重要课题。该公司主要从以下两个方面进行发力：

➢ 财务部门通过前期项目按揭银行的选择确认，理顺与银行的关系，确保符合条件的贷款申请尽快放款，并且要求在开盘认购、集中签约重要销售时点安排人员现场办公，提高验资效率；

➢ 销售部门提前告知客户按揭贷款的相关条件，进行银行贷款验资前置，在认购时就开始收集验资的相关资料，并且会为每个成交客户建立专门的资料档案，提高资料收集和审核的效率。

通过以上的措施，该公司在目前较为严峻的市场形式下依然能够保持 45 天的平均回款周期（图 7-2-9）。

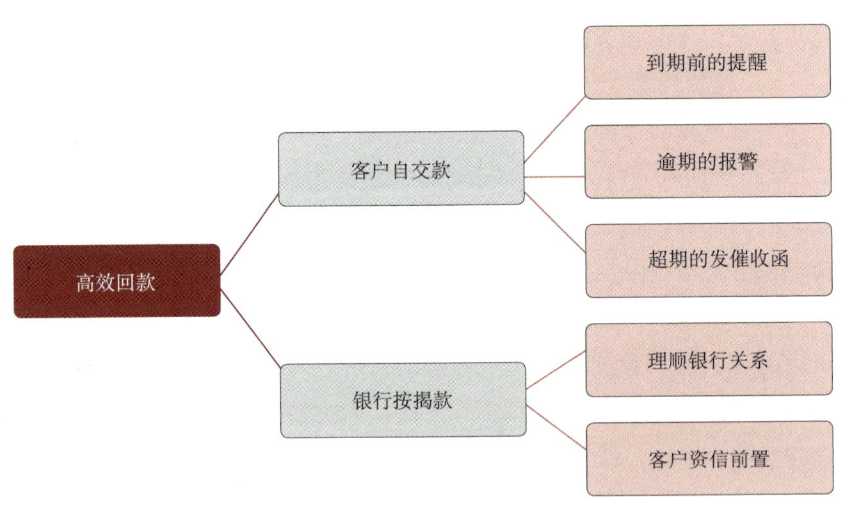

图 7-2-9

二、销售业务管理的“三个标准化”

实际的工作开展只有管控是不够，好的管理不仅是要告知做什么事是正确的，还要告知怎么正确地做事。

为此，好的地产公司为了公司持续长远的发展，会进行工作经验的分享和沉淀，对一些重点及难点工作进行规范化梳理，将销售业务工作向标准化方向发展。从而提升业务工作的效率，提升项目现场的管理水平，支撑项目销售管理的快速复制。

1. 营销专项计划——工作项标准化

大部分公司的营销工作是依赖营销总监的丰富经验以及下面销售经理们的专业和敬业。但是非常遗憾的是人的精力是有限的，难以做到面面俱到，最常见的就是面临异常问题的处理，特别是新开项目，因经验不足导致的异常问题更突出。

有家公司的分管营销副总与我们沟通能否建立一个系统，将营销工作的必要工作项有序管理起来。因为现在他们面临全面扩张的阶段，以前一年同时管到 4、5 个项目就不错了，现在立刻就要面临同时管理十几个项目，而且还是不同地域的，以前项目现场会就管得了，现在每天的待办审批都堆满了，没有办法参加所有项目的现场会。希望通过这个系统可以让他能够一目了然地了解到下面项目的营销工作状况，同时能够将他们较为成型的营销管理方法通过系统固化下来，指引新项目的营销工作开展。

为此，我们同该公司进行深入的交流，对项目销售工作的内容梳理，按照项目营销工作的前后顺序梳理为五大工作阶段：项目定位、营销策划、销售管理和售后服务。而且同公司经验丰富的销售经理和业务经理就销售工作项进行沟通确认，将公司最有经验同事的管理经验沉淀为 19 个关键工作项，并且对每个工作项都明确了责任岗位、工作时限和完成标志成果物。所有的项目都将围绕此工作计划开展营销工作，本次梳理成为该公司的营销标准化管理的重要里程碑事件（图 7-2-10）。

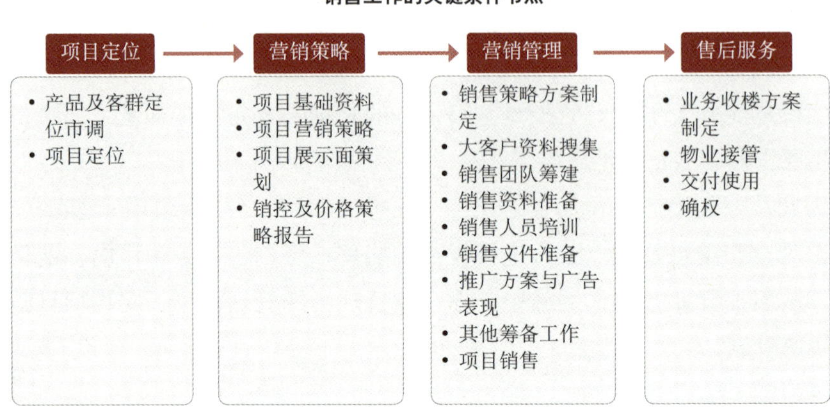

图 7-2-10

同时，借助信息化工具，项目及相关业务部门实时汇报工作完成进展情况，而且系统也会自动向计划工作项的责任岗位发送待办提醒；公司领导也可以实时查询各个项目的营销工作项的完成情况和成果物文档，监控工作进度和质量，而且系统也会自动将超时限的工作项报警给领导。从而，将其营销工作在系统的提醒和监督下有序开展，避免了某些工作项遗漏及延误而对整个项目营销工作的影响。

为此，该公司总经理评价说营销工作计划体系的建设真真正正地实现项目营销工作从“人力驱动”向“业务驱动”的转换，改变了传统上仅仅依赖于人的责任心和会议问责机制促进营销工作开展，现在建立统一透明的工作信息平台，不同层级不同专业的人员在此平台的督办下协作开展工作，实现业务穿透，避免工作项“沉底遗忘”，提高了业务效率，降低了业务风险。

此外，也将每个项目营销过程中的成果文档都进行了沉淀，成为公司营销工作的经验知识库。同时，通过定期对项目营销工作计划的执行情况进行总结，提炼出公司的工作模板和工作时限，成为公司新的营销工作标准。

由此，项目就可以自己审视营销工作是否有遗漏、缺失，参考其他项目的经验进行改进。而营销总监就可以从日常繁重的“保姆式”营销监控工作中解脱出来，管好暴露的异常工作项即可。

2. 销售现场管理——客户跟进标准化

随着越来越多的公司基于“短平快”快速见效的想法，聘请了地产销售代理公司进行现场销售跟进。但是，在实际考察和评价代理销售的效果时，就发现除了因为要跟销售业绩完成情况计提佣金外，地产开发公司对代理公司的现场约束和管理都是非常薄弱的，而且也难以评定销售业绩的好坏到底是营销投放的功劳还是销售接待的功劳。我们也经常听到项目的营销总监说，他们不可能天天到销售现场去盯着，哪怕去了现场也不能看住每批客户，就只能依赖于销售现场上报的接待来访情况以及关键销售节点时的储客情况，以此为依据进行销售预测和定价决策。那么项目销售提供的数据准不准，这个就只能选择相信销售代理公司的专业和敬业了。

当然，也有很多地产公司营销的有识之士提出为什么不梳理下销售接待及签约的标准作业过程，以及识别客户的关键信息点。然后通过一个系统性的工具将其固化，让不论是自建的项目销售团队还是外聘的销售团队都按照这个业务过程进行客户接待信息的记录。那样，公司营销总监哪怕不到项目现场就可以直观了解储客和销售的情况，对客户群进行识别和分析，支撑公司进行营销决策。

其中有家公司将销售现场接待工作进行整理，大概分为以下四个阶段（图7-2-11）：

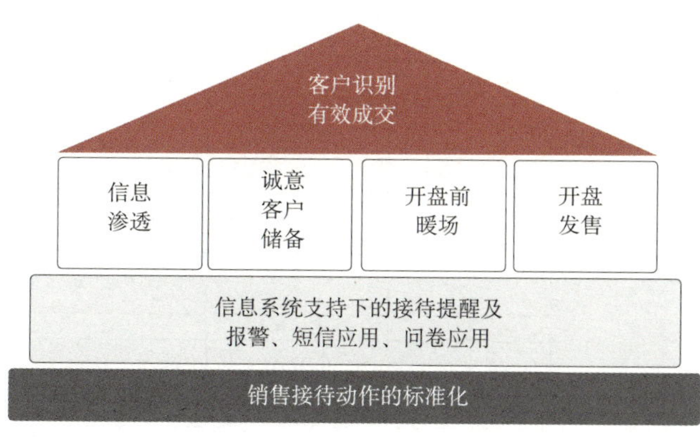

图 7-2-11

1）信息渗透

针对新客户，重点是投放项目推广广告，会吸引来客户的来访和来电客户。

针对老客户及大客户（企业），则会进行主动的推广及跟进，例如对老业主的短信推广、小区的海报宣传以及企业客户的上门推介等。

不论哪种形式，公司都要求置业顾问必须将所有的客户信息进行登记，作为客户归属评判依据。同时要求获取客户的获知途径，作为评价营销投放效果的依据。

2）诚意客户储备

公司根据项目销售的需要，会下达具体的储客数量要求。项目销售经理也会将相应的储客指标分解到每个置业顾问。而且，通过问卷规范了客户意向信息的内容，并规定客户意向信息采集与客户跟进阶段关系，从而就可以根据客户的跟进状态和意向程度，进行诚意客户的识别。

同时，公司按照对应的跟进阶段规定对应的标准跟进动作，假如置业顾问未能及时跟进，销售经理就可以对跟进超时的客户进行督办甚至是重新分配，从而确保客户都得到有效跟进（图 7-2-12）。

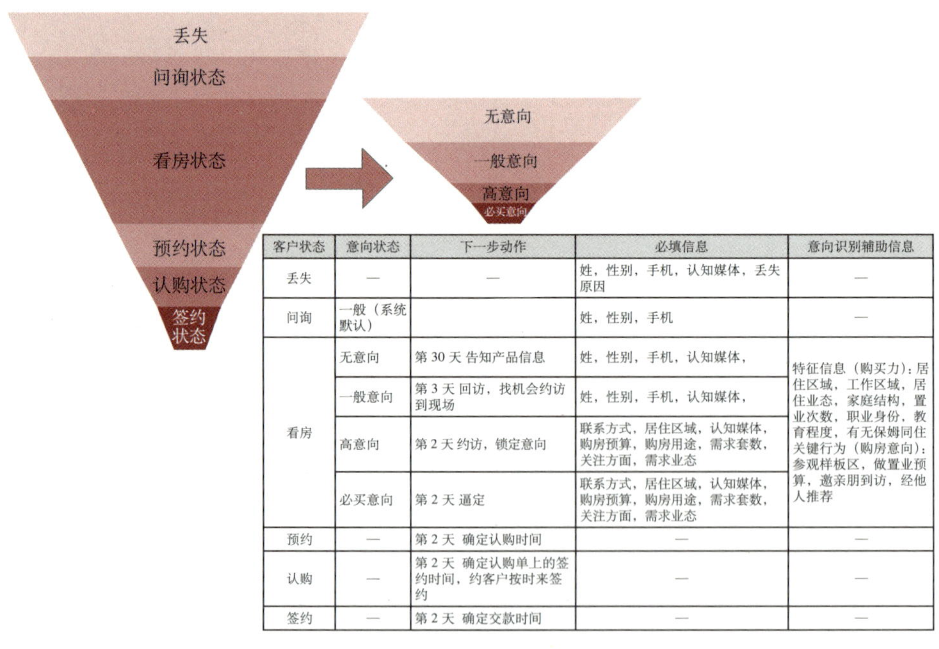

客户状态	意向状态	下一步动作	必填信息	意向识别辅助信息
丢失	—	—	姓，性别，手机，认知媒体，丢失原因	—
问询	一般（系统默认）		姓，性别，手机	—
看房	无意向	第 30 天 告知产品信息	姓，性别，手机，认知媒体，	特征信息（购买力）：居住区域，工作区域，居住业态，家庭结构，置业次数，职业身份，教育程度，有无保姆同住 关键行为（购房意向）：参观样板区，做置业预算，邀亲朋到访，经他人推荐
	一般意向	第 3 天 回访，找机会约访到现场	姓，性别，手机，认知媒体，	
	高意向	第 2 天 约访，锁定意向	联系方式，居住区域，认知媒体，购房预算，购房用途，需求套数，关注方面，需求业态	
	必买意向	第 2 天 逼定	联系方式，居住区域，认知媒体，购房预算，购房用途，需求套数，关注方面，需求业态	
预约	—	第 2 天 确定认购时间	—	—
认购	—	第 2 天 确定认购单上的签约时间，约客户按时来签约	—	—
签约	—	第 2 天 确定交款时间	—	—

图 7-2-12

3）开盘前暖场

开盘前客户储备不能只是被动的来访接待，还需要通过一些主动的邀约，聚集销售现场的人气，同时进行客户的识别，例如邀请客户加入客户俱乐部组织、通知客户销售中心开放、组织客户参观样板房乃至价格公示后邀请客户试算价格等。这些动作也进行了规范化，而且很多邀请环节还大量应用了公司批量短信形式，辅助置业顾问的主动跟进，确保了跟进客户不遗漏。

在开盘前1个月，公司会组织诚意登记，进行开盘现场的客户量储备。同时，收集该部分客户的意向信息，指引开盘推售策略的制定。

公司要求的项目诚意客户储客量要求达到推盘房间数量的3倍以上，确保开盘的效果。

项目销售经理会要求置业顾问邀请客户办理诚意登记，办理VIP卡，并下达具体办卡数量指标。同时，销售经理会根据客户的意向信息分析，要求置业顾问对客户购买意向进行引导，避免开盘选房时大量重合，影响开盘效果。

4）开盘发售

针对企业客户以及特殊客户，在正式开盘前2天，会组织内部发售。

针对普通客户，则提前进行短信及电话邀请，组织公开发售，VIP客户优先选房。

开盘发售时实时统计成交情况，结合库存情况和销售指标，灵活调整发售策略。

该公司将这些动作进行标准化和规范化，做到哪一步就记录哪一步，这样对每个客户的情况就一目了然，同时公司也可以以此为可信的依据进行分析和决策。

为此公司营销总监就不再担心销售现场的管理鞭长莫及的情况，销售现场也可以全心全意、本本分分地做好客户接待的工作，不管是自己的销售团队还是聘的销售团队，因为大家的数据和口径都一致了。从长远来看，那就是不论公司怎么扩张、项目怎么增加，营销总监都可以放心了，因为销售现场的工作方式和要点都是一致的。

3. 客户资源管理——客户资源标准化

市场营销从理论发展来看分为以下几个阶段：

➢ 生产观念：其主要表现是"我生产什么，就卖什么"。是在卖方市场条件下产生的。

➢ 产品观念：它认为消费者最喜欢高质量、多功能和具有某种特色的产品，企业应致力于生产高值产品，并不断加以改进。它产生于市场产品供不应求的"卖方市场"形势下。

➢ 推销观念：表现为"我卖什么，顾客就买什么"。 产生于由"卖方市场"向"买方市场"过渡的阶段。这种观念虽然比前两种观念前进了一步，开始重视广告术及推销术，但其实质仍然是以生产为中心的。

➢ 市场营销观念：是以满足顾客需求为出发点的，即"顾客需要什么，就生产什么"。从本质上说，市场营销观念是一种以顾客需要和欲望为导向的哲学。

➢ 客户观念：是指企业注重收集客户以往的交易信息、人口统计信息、心理活动信息、媒体习惯信息以及分销偏好信息等，根据由此确认的不同客户终生价值，分别为不同类型客户提供各自不同的产品或服务，传播不同的信息，通过提高客户忠诚度，增加客户的购买量，从而确保企业的利润增长。贯彻客户观念要求企业在信息收集、数据库建设、电脑软件和硬件购置等方面进行大量投资。

当前的房地产市场虽然从整体上来看还处于"卖方市场"，但是从社会发展的趋势以及当前的国家调控政策来看，都是在向"买方市场"发展。哪怕是在当前的"卖方市场"情况下，如何让自己的产品销售的更好、更溢价，还是需要认真、仔细的思考。分析客户需求、为客户提供差异化产品、储备和培养优质客户群就是一个不错而且有必要的解决方法。

现在只要有一定规模的房地产公司都会构建客户会，甚至内部下达了指标老业主要求 95% 入会率，新到访客户 80% 入会率，为此还配套了相应的会员销售折扣以及会员积分兑奖等会员权益制度，吸引和保留会员。但是，有些公司在客户会运作 1、2 年后，告诉我们好像没有看到储备的会员对公司产品销售的直接产值，心里没有底，在考虑是否撤销或者逐步弱化。

我们对一家做客户资源管理不错的地产公司进行调研。该公司营销总监反馈其在建立客户会的前几年也曾经有过这样的心路历程，不过，他们后来分别了解金融、电信、汽车等行业的客户管理情况，发现客户资源管理和客户关系管理已经成为这些行业的核心业务和产品研发的主要依据，成为这些企业的核心竞争能力。对比看房地产行业，虽然房产与他们哪些行业产品相比较而言，存在重复购买周期长、总价相对较高等情况，但是房产主要还是在满足客户住的需求，随着家庭结构的逐步变化会存在房产更新的需求，而且房产的居住体验造成的口碑对于销售的影响还是非常大的。

因此，他们认为从短期来看可能客户资源（会员）对于公司盈利价值的贡献没有那么突出，但是从长期来看，客户资源（会员）将是地产公司的核心资源，只是看谁能够维系和利用得更好的问题。例如，他们首先加强了老业主的客户服务管理和物业服务管理，确保老业主的居住体验，同时借用客户会的名义定期组织客户活动和节假日关怀，进行情感的维系。另外一方面，他们对客户定期进行调研，了解客户最新动态和需求，然后反馈到公司指引产品的设计和市场需求预测，同时分析客户资源，配合销售进行有针对性的产品消息传递，组织低费用但高效益的针对性营销（图 7-2-13）。

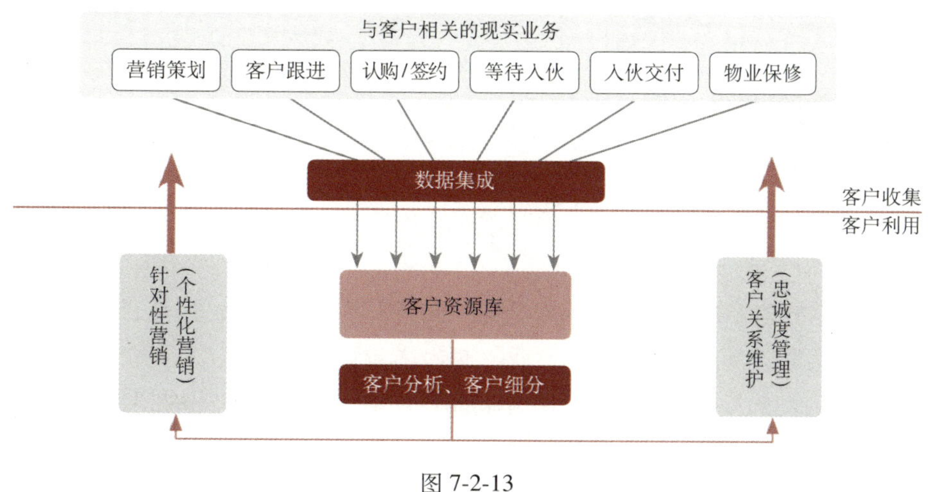

图 7-2-13

针对客户资源管理，有以下几方面建议：

➢ 公司要建立长远的客户战略眼光，客户资源管理工作要有持之以恒，“路遥知马力，日久见人心”；

➢ 要清醒地认识到客户资源管理绝对不是一个部门的事情，需要与销售、物业等部门建立例行客户资源管理研讨机制，逐步地改进客户资源管理；

➢ 客户资源的利用不能够过于短视，不能仅仅锁定在短期的客户化针对性营销，其根本还是要依附于对客户关系的长期维护，把握甚至引导客户的需求，发展一批忠诚的客户，建立长久的公司品牌形象。

【总结】

就如同托尔斯泰所讲述的“幸福的家庭都是相似的，不幸的家庭各有各的不幸”，对于房地产公司来说也是一样的。

在目前复杂多变的市场环境下，我们的房地产公司也必须充分地学习同行“幸福家庭”的优点，苦练内功，将营销工作做得更为扎实，让自己成为“幸福家庭一员”。这样，就不论市场怎么变化，我们只要抓住房地产销售工作的核心和基线,那样就可以“随需而变”,既可以自己组建团队销售也可以聘请代理销售，在公司和项目之间进行灵活的权限平衡,从而就有了在“熊市”中成长为“优质股”的资本。

第三节 百亿级城市公司营销管理“三大法宝”

有这样家公司，它只是某知名地产公司下某城市公司，但是它的销售业绩近三年在集团内都是排名前三，而且2010年销售金额突破了百亿，堪比国内任何一家大型地产公司。公司2010年同时在售有十几个项目，但是整个营销中心的人员却不到三十人，所有的项目都是聘请代理公司进行销售，地产公司在每个项目现场直接派驻的人员平均不到3人。

他们是如何应用这么少的人力实现这么高的销售业绩呢？经过归纳，我们发现该公司有以下三大管理法宝：

一、给予项目充分授权

由于公司现场派驻的人员非常精简，一般就是销售经理 + 销售主任 + 策划师的基本配置，根据项目规模大小，可能存在一名策划师兼多个项目的情况。销售经理直接就代表公司负责项目现场的工作统筹和审批事宜，销售主任常驻项目负责现场的工作监控和签约事宜，策划师负责营销投放的策划和价格的测算。公司实行“项目责任制”，对项目主要考核销售业绩指标，不会直接干涉项目现场销售管理。项目销售团队共同对项目的销售业绩负责，销售业绩完成情况与三个岗位的工作绩效直接关联。

公司将房间的价格和折扣的编制权限都下放到项目，确保项目对市场的灵敏响应。一般的折扣优惠由项目销售经理就可以决定。只是收益风险控制上，约束了成交价格不得低于底价，如果突破底价才需要公司进行特殊审批。

公司授予项目权限，可以直接与销售代理公司、物业公司进行协调，甚至是对他们进行工作评价，影响他们的收益。确保项目现场可以有力地协调公司整合的外部资源，实现项目现场可以根据销售情况的快速反应和调整。

项目根据公司下达的销售目标，编制完整的月度销售计划，在执行时还会将销售计划落实到楼栋，执行“小步快跑”的销售策略，基本每两周都会有推售，并且根据销售情况实时调整楼栋级的销售计划。

项目自己就可以根据来访和成交的情况，随时进行营销投放策略的调整，只要不超出公司审定的营销费用投放额度即可。

二、强化经验分享和流程固化

虽然施行的是“项目责任制”，充分放权给项目，但是并不能说公司可以不作为了。公司非常鼓励项目现场在营销策划、现场管理及签约回款方面进行工作创新，并且会定期进行项目工作经验分享会议，将收益显著的工作经验分享并推广到公司其他项目。此外，如果经过多个项目实践证明是可以长期有效的，就会将这些工作经验补充进入公司的项目销售工作流程指引内，作为新项目开展工作的重要指导和参考，并且公司也有专门的人员对项目在日常工作的流程应用情况进行抽检，确保流程得到标准化应用。

例如，公司经过统计分析，发现一直以来某个项目的回款周期比其他项目就是要短，为此公司就专门组织该项目分享其项目的回款秘诀。该项目总结出3个核心要点：加强对客户的事前提醒、通过多种手段（如电话、短信等）进行分阶段的客户催收和客户验资前置前置再前置，并且归纳了很多催款的技巧和用语。公司将此成为公务管理的知识库内，并推荐其他项目都进行学习和转化应用。

又例如，公司根据项目反馈的工作经验，汇编了“销售现场客户接待的规范”，明确从客户第一次到现场到成交这段期间的规定动作，清晰地指出应当做什么和不应当做什么，而且适用的对象不仅是置业顾问，还把包括现场的保安及保洁人员等所有与客户接口的岗位。同时，该规范也成为项目一线人员上岗前培训的必要内容，也是现场人员工作考核项之一。从而改善了接待过程中的客户体验，促进客户的成交。

再例如，销售开盘是公司最为重要也是操作最多的工作，公司也是根据项目操作的经验反馈，编制了“集中开盘管理规范”，将集中开盘前后的工作项进行分解，明确在什么时间由谁负责完成什么工作内容，并且配备参考的工作模版。覆盖了开盘前的营销策划、开盘现场组织到开盘后总结的全过程，落实了规定动作项，从而确保集中开盘有序运作。

总的来说，就是通过公司流程将常见的销售风险进行规避，通过项目创新让项目更为灵活主动地应对客户和市场，最终都是为了促进项目销售业绩的实现。

三、充分应用专业外包资源

集团提出整合社会领域内最优秀的资源，构建效率更高的经营方式，由以往单一增长模式走向生命型增长模式，实现从规模型增长向效益型增长的转变。为此，公司充分贯彻了集团策略，在销售方面充分地应用了外包资源，现场销售聘请了专业的销售代理公司，现场收银借调业务公司的现场助理，设定统一的签约中心,签约外包给专业的律师事务所。甚至为了促进项目现场的内部竞争，确保销售效果,而在同一项目同时聘用多家代理共同销售。有了专业公司的进场，公司并不认为就可以做“甩手掌柜”了，而是要求公司在项目现场的同事将精力更为集中在异常情况的监控和工作的改善上。

例如，销售代理公司不仅要按照自己的特色管理客户，而且需要按照地产公司的“接待规范”进行规范接待,地产公司在项目的人员会直接监控处理,同时，通过地产公司客户俱乐部的形式将所有的来访客户吸纳入公司的客户资源内，并且将客户的来访成交与会员的积分活动进行关联，再匹配相应问卷形式的客户信息采集，从而保证哪怕是销售代理公司在进行客户接待的业务，客户依然能够在地产公司的掌控中。而且对于多代理团队销售的项目，地产公司还掌控客户归属的最终判定权和客户重新分配的权力。

又例如，集中开盘的组织，地产公司可以要求销售代理公司及物业公司协调更多的人力临时进行开盘的工作支持，确保在集中开盘发售的压力下开盘的顺畅运作，当然，开盘的组织和协调工作依然是由地产公司的项目销售经理担当。

对于销售代理公司的佣金结算不仅仅是依赖于业绩完成情况，还会与入会指标、接待违规指标以及工作配合度指标等多维关联，使外包公司在公司的业务规范内灵活运作。

为此，通过充分的利用专业外包资源，应用他们的专业能力和人力资源，提高业务效率，同时有不断的改善业务规范，给外包资源予以一定管理基线，规避运营风险，从而实现高效的经营管理。

由此，可以看到该公司能够以一己之力支起百亿的销售规模，是有其背后高水平的销售管理的支撑。整体来说就是通过合理授权，让公司项目各司其职；再通过业务规范的总结和梳理，形成销售业务运作的管理基线，让内外部的资源都向统一的目标共同发力。

第八章

房地产项目运营绩效管理

随着地产行业的纵深发展，跨地域、多项目开发已成为地产企业最主要的特征，但是如何保障每一个项目的成功运营，依然是众多地产企业面临的管理难题。

我们可以看到，很多地产企业面临着项目内部管理权责模糊、工作关系不清晰、管控效率低下、质量问题层出不穷。笔者曾经调查过，几乎每个项目都出现过项目赶工、工程质量隐患等问题，例如在某些行业标杆企业出现的“楼脆脆”、“漏水门”等事件。这些事件无不昭示：地产企业要实现项目的高效运营，依然需要继续前行。

第一节 项目运营绩效管理的现状与问题

项目运营管理，需要从项目进度、质量、成本和现金流四条主线实现对整个项目的全面管理，覆盖项目发展（包括项目论证、项目策划）、规划设计、项目建设（包括采购招投标、施工等）和销售及服务等项目运营管理的重要阶段，因此需要协调设计、成本、工程、财务、营销等不同岗位的人员。基于项目的绩效管理，无疑是最直接有效的管理方式，其核心目标应该是能够支撑项目高效运营。目前项目绩效考核的方法有很多种，如BSC、KPI和工作目标（MBO）等，不同的企业可以根据实际情况选择。

由于地产项目周期长、管理环节复杂，因此在地产企业项目绩效管理的过程中，有三个重要特点：一是环境多变，需要通过持续沟通来对绩效计划做出适时调整；二是员工需要信息对称，了解项目计划任务上下游的协同与进度情况，同时获得一些资源支持，通过获得上级的信息支持，增强对工作的控制以及责任感；三是管理者需要在绩效计划执行过程中了解一些必要的信息，以便实时必要调整，帮助员工解决实际问题，以保障绩效目标的达成。

通过对部分地产企业进行调查研究，发现目前在项目管理绩效管理体系上，普遍存在着三大困境：

一、财务类和非财务指标的失衡

大多数企业的项目绩效考核指标，均注重于项目销售目标、销售净润率等财务结果指标，而缺乏对非财务指标，如工程质量达标率、客户满意度等过程进行管控。

另外，在项目绩效考核中，往往过度关注于实际的项目进度工作计划以及影响进度的相关工作，却忽视了部门、岗位的学习和发展，而这正是企业长期持续发展的重要支撑。

二、绩效指标和项目计划的重叠

业内知名咨询公司对某地产企业的绩效指标进行了梳理，其中 70% 的绩效指标是和项目工作计划相关联。结果导致在绩效考核过程中，项目相关专业人员均需要为满足项目的运营管控需要，填写和提交项目相关的文档和报表；而绩效管理，也需要相关人员定期填写相关的绩效反馈表格，有些内容甚至是重复填写项目工作计划，由此给项目人员增加了沉重的、额外的工作量。

三、绩效评估沟通反馈机制滞后

绩效考核，通常以月度、季度、半年度或年度为单位，因此绩效管理评估及其考核，往往无法和以周（甚至以天）为单位的项目运营保持同步，导致考核结果必然会滞后于实际的项目运营，因此难以发挥绩效对业务的指导和管控作用，难以对项目运营过程中的问题给予及时地干预。

第二节　构建高效项目运营绩效管理的三个关键

通过绩效管理可以促进项目内部的规范管理以及提高内部的运营效率。但诸多地产企业在项目运营过程中，怎样才能快速构建高效的项目运营绩效管理呢？需要注意三个关键因素。

一、项目绩效指标要契合管理目标

项目绩效管理指标的选取，从其重要性上来讲，无论怎样强调都不过分。

项目绩效指标又可称之为项目成功标尺，体现了公司内部对于项目成功的衡量标准。选择适宜的项目成功标尺，可以对整个项目运营团队给予明确地引导，充分发挥指标的牵引作用，并决定和指引着后续项目部门、个人绩效的设定。

项目绩效指标的选取，可以参考如图 8-2-1 所示的设计思路：

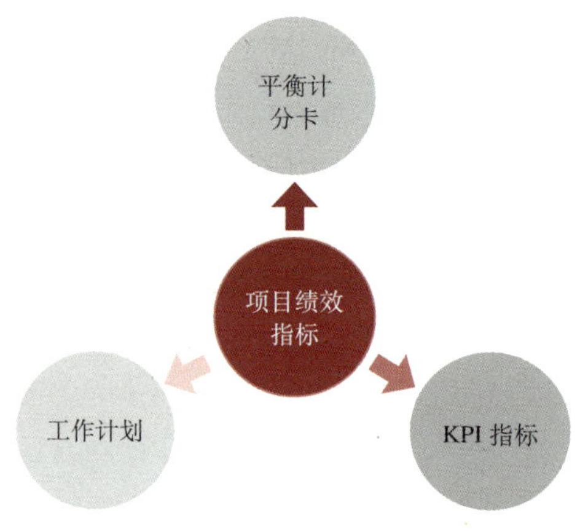

图 8-2-1

➢ 以工作计划为导向：适用于地产企业处于创业期，以计划和行为考核为主，可选取项目的工作计划作为主要的考核内容。

➢ 以 KPI 指标为导向：适用于地产企业处于快速成长期，则可以考虑以关键 KPI 指标为主进行指标体系的设计，同时辅之以态度和能力的相关指标。

➢ 以平衡计分卡为导向：适用于地产企业处于规范化运营或者是成熟期，则需要更多地考虑如何适应企业的长期发展，可以在内部的流程运作效率、客户满意度、员工的学习与成长维度给予一定的比例。

需要注意的是，由于项目一般是作为利润主体，需要尽快实现项目销售，资金回笼，因此其项目绩效指标的选取，可以更多地偏向于选取项目利润和进度指标进行考核。例如：与利润相关的指标包括规划指标、成本费用和利润目标；与开发进度相关的指标包括土地权证办理、拆迁安置、方案设计、报批报建、工程建设等项目开发关键节点计划。

项目绩效管理目标的设定，对于保障和支持项目的高效运营有着十分重要的意义，而项目绩效指标，往往和企业的发展阶段和管理能力成熟度密切相关。

在此列举两个不同发展阶段的实际企业案例进行分析。

【甲企业案例】

某个处于成长期的甲企，在本地市场通过合作等方式获取多块项目，其内部定义的项目绩效指标如表 8-2-1 所示。

甲企内部项目绩效指标　　**表 8-2-1**

编号	关键考核目标	关键考核指标值
1	销售收入	销售收入为 __ 亿元
2	销售净利润	总利润为 ___ 万元
3	营销推广费用	全年不超过 ___ 万元
4	计划达成率	项目整体进度偏离天数延迟不超过 ___ 天

绩效结果：

该企业最终的项目运营结果不尽如人意，目标成本屡屡失控，导致最终销售净利润大受影响。

点评：

由上表可以看到，该企业更多的是关注短期的财务指标的实现，缺乏对过程的管控，缺乏在项目运营过程中融入企业长期发展相关的指标。此种项目绩效导向，虽然以财务指标为最终目的，但由于缺失了对支撑财务指标实现过程的管控，如目标成本变动率、客户满意度、投诉处理完成率等，自然也无法真正实现对该项目的运营管控。

【乙企业案例】

行业内某标杆乙企业，该企业注重于全国重点区域的业务快速扩张，注重项目的品质，其内部设定的项目绩效指标如表 8-2-2 所示。

绩效结果：

在该企业项目绩效管控体系下，其项目的运营在行业内大放异彩。以该企业初入某市开发的别墅项目为例，在当时全国楼市笼罩在“调控”的大环境下，

乙企内部绩效指标 表 8-2-2

评价维度	评价指标
项目成功	1. 项目销售净利润率＞20% 财务视角（收益类指标） 2. 项目内部收益率 IRR ＞69% 财务视角（投资效率指标） 3. 一次性交房成功率＞98% 运营视角（质量指标） 4. 项目一级计划达成率＞80% 运营视角（进度指标）
项目管理成功	1. 形成满足项目管理运营制度的高标准项目运作模版 2. 锻炼出能打硬仗的项目团队：项目建设过程中，向公司其他项目团队输送人才不少于 5 人
公司成功	1. 项目品牌知名度进入前 5 2. 单项目年度销售额进入前 5 3. 项目品牌、客户满意度达标

该项目不仅蝉联该市月度别墅销售冠军，更荣登该市楼市年度累计成交冠军，创造了别墅销售量超越普通住宅销量的奇迹。

从该企业年度运营结果看，在该公司有楼盘销售的 10 个地区公司中，有 6 个城市销售名列前十位，5 个位列当地市场销售金额前三甲，包括像北京这样竞争激烈的一线市场，重庆连续 7 年排名第一位。在新进入的 5 个城市——无锡、沈阳、常州、杭州、青岛均实现了在当年组建团队快速销售，其中常州公司一举进入当地前二，无锡公司进入当地前三，青岛公司进入前十，别墅市场位列第一。

点评：

从该公司对项目的成功标尺的定义可以看出，项目评价指标中涉及：财务视角、运营视角、客户视角、学习视角，该公司关注的是企业长期和短期利益的相互结合，考虑了财务和非财务指标的平衡，也充分体现出了项目计划达成率、团队的学习与成长这些非财务指标对最终财务指标如销售净利率的支撑与驱动。而这种绩效指标的设计，其根本目的在于需要支撑公司对新区域的快速扩张，建立新区域对该品牌的渗透和认知。正是该企业构建的与企业自身发展目标相适应的项目绩效体系，才能引领该企业快速飞展，实现从优秀到卓越的快速转变。

由上述案例可以发现：项目绩效指标，往往是和企业的绩效管理发展阶段与应用水平紧密相关。

例如华南沿海多数上市地产企业，以及一些区域龙头企业，一般均逐步步入成熟阶段，他们已经能够充分认识到绩效管理对于企业战略及经营目标的重要支持，大多数已经引入基于 BSC（平衡计分卡）的绩效管理体系。

而国内一些处于成长阶段的中小地产企业，基本没有形成成熟的绩效管理体系，内部仅以简单的行为指标或关键指标进行绩效考核，注重短期的经营业绩，忽视或难以兼顾对企业长期运营更有价值的客户满意度、员工的学习与成长等。

对于某些已经走出本地、进行区域和全国运营的企业，需要根据不同区域公司、城市公司的管理成熟度进行选择。在具体选择时候需要思考该区域公司、城市公司是属于开拓阶段还是稳步发展阶段，该项目的集团定位等等，最终有针对性地制定不同的项目考核指标。

经过对企业发展阶段与项目绩效管理指标两大维度关联性进行梳理，绘制图 8-2-2。

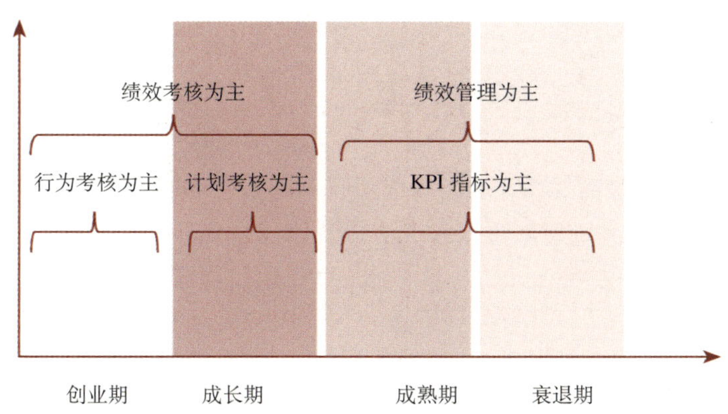

图 8-2-2

我们可以发现，正是因为企业的不同发展阶段与差异化的管理水平，直接影响了项目绩效管理指标的选取和设定。

因此，设定满足企业发展战略需要，设定多维度的明确的项目绩效指标，对于指引项目运营按照既定的目标和方向进行，是设计高效项目运营绩效管理的首要关键环节。

二、岗位绩效指标要适宜具体岗位

具体岗位绩效指标设立和选择的是否恰当，其最重要的判断标准，应该是能将项目绩效指标的压力和动力传递到具体岗位，从而能确保所有项目运营团队在完成项目绩效指标这一共同目标的情况去努力协作，执行到位（图 8-2-3）。

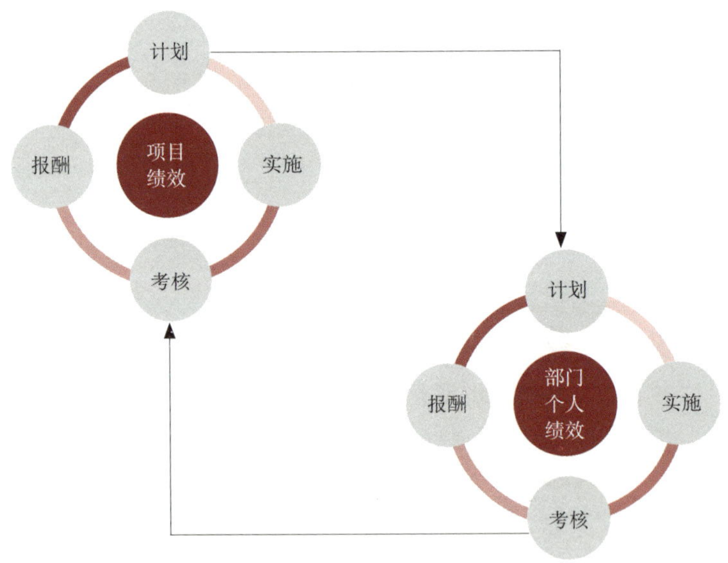

图 8-2-3

例如，某企业集团定义了其下属某项目公司的项目绩效指标，如表 8-2-3 所示。

在其项目绩效指标中，第 6 个指标是“里程碑与总控前期关注点延误天数”。这个指标涉及报批报建、设计、工程、营销、成本等众多部门，那么如何保障

某集团下属公司项目绩效指标　　表 8-2-3

维度	序号	KPI	年度目标	评估频率	权重	计算方法 / 简要说明
财务类	1	销售收入	签约收入≥ 5.9 亿元	年	30%	当年签约实际收入
	2	逾期未收款率	≤ 3%	年	5%	年末逾期未收款额 / 当年销售签约额
	3	目标成本达成率	100%	年	10%	动态成本 / 目标成本
	4	营销与管理费	营销费用不超预算	年	5%	当期营销费用
			管理费用不超预算		5%	当期管理费用
客户类	5	客户满意度	客户满意度超过70%	年	15%	项目管理中心组织第三方开展客户满意度调查评分
营运类	6	里程碑与总控前期关注点延误天数	里程碑每项延误均≤ 5d；总控前期关注点每项延误≤ 10d	年	20%	前期关注点包括完成扩初成果评审 / 取得基础工程施工许可证 / 完成主体施工图设计 / 取得建设工程施工许可证 / 完成景观施工图设计五个点
	7	工程质量评分	≥ 75 分	季度	10%	集团项目管理中心每两月工程质量核查评分平均

这一指标的贯彻执行则成为项目绩效指标能否达成的至关重要的内容。为此，该企业在众多部门及具体的岗位绩效指标中，均包含了该指标的考核。

首先，是工程设计部经理对该指标的贯彻和执行（表 8-2-4）。

其次，其他部门，例如以成本部部门经理的部分考核指标为例（表 8-2-5）。

可以看到，成本部经理的岗位中，包含了对项目绩效指标“里程碑与总控前期关注点延误天数”的贯彻和执行。

通过这种方式，可以发挥绩效管理的指导和激励作用，指引各部门、岗位共同努力去实现和完成项目绩效指标。

在实际的地产企业绩效管理实践中，许多地产企业建立了基于岗位的绩效指标库，以指导员工设立适宜的绩效指标，但是使用效果并不理想。很多企业反馈说绩效指标库不实用：指标库中的很多指标都不能用，有些时候，员工的个人绩效指标达成了，但项目绩效指标却难以保障。这种现象的产生，除了需要在项目绩效指标的前提下去设计具体的岗位绩效指标之外，还需要注意不同的

工程设计部经理对该指标的贯彻和执行　　表 8-2-4

维度	序号	KPI	年度目标	评估频率	权重
财务类	1	限额设计达成率	100%	季度	8%
	2	设计变更比率	所有项目≤ 1.5%	季度	5%
	3	工程签证偏差率	≤ 1%	季度	5%
客户类	4	营销设计指引达成率	100%	季度	7%
营运类	5	设计关注节点延误天数	≤ 5d	季度	5%
	6	里程碑（工程）延误天数	≤ 5d	季度	10%
	7	工程质量抽检分	≥ 75 分	季度	5%
学习类	8	协作满意度	≥ 80%	年度	5%

成本部部门经理的部分考核指标　　表 8-2-5

维度	序号	KPI	年度目标	评估频率	权重
财务类	1	合同成本达成率	100%	季	25%
营运类	2	里程碑采购节点延误天数	≤ 5d	季	15%
学习类	3	协作满意度	≥ 80%	年	5%

岗位指标其构成会存在着较大的差异。

例如，某企业针对项目管理部经理岗位，梳理了指标库。由于该岗位作为管理人员岗位，因此指标库主要以可量化的 KPI 为主。该岗位指标库部分内容如表 8-2-6 所示。

而对于项目管理部的现场工程师岗位，由于是执行人员岗位，难以设定岗

项目管理部经理岗位指标库部分内容 表 8-2-6

考核目标	指标定义 / 公式	考核评价标准	指标类型
项目目标成本变动率	（结算价－目标价）/ 目标价 ×100%	基准值：5%；目标值：3%；挑战值 2%	定量
部门预算变动率	（1－实际费用 / 预算费用）×100%	基准值：5%；目标值：3%；挑战值 2%	定量
投诉处理及时率	（投诉及时处理的数量 / 总投诉量）×100%	基准值：85%；目标值：90%；挑战值 95%	定量
对施工方案的比较、优化	对施工方案的比较、优化	A. 有施工方案比较、优化，并能举证实际成效（100%）； B. 有施工方案比较、优化（60%）； C. 无施工方案比较、优化（0%）	定量
设计变更与现场签证流程符合性	设计变更与现场签证审核流程符合流程规定	A. 设计变更与现场签证符合规定流程（100%）； B. 1 次≤发现流程不符合规定次数 N ≤ 2 次（80%）； C. 2 次＜ N ≤ 4 次（60%）； D. N ＞ 4 次（0%）	定量
设计变更与现场签证内容准确性、严谨性	设计变更与现场签证内容准确性、严谨性	A. 设计变更与现场签证内容准确、严谨（100%）； B. 0 次≤发现设计变更与现场签证内容不准确、欠严谨次数 N ≤ 1 次（80%）； C. 2 次＜ N ≤ 4 次（60%）； D. N ＞ 4 次（0%）	定量
安全管理目标达成率（控制型指标）	无重大人员伤亡事故	指标值≥ 3 次，得 0 分； 指标值＝ 2 次，得 60 分； 指标值＝ 1 次，得 80 分； 指标值＝ 0 次，得 100 分	定量
项目工程关键节点计划完成率	实际完成节点 / 计划完成节点 ×99%	基准值：90%；目标值：95%；挑战值 100%	定量
部门间协作	对项目管理部运作的投诉数量，总裁办裁定责任在项目管理部的按标准评分	指标值≥ 3 次，得 0 分； 指标值＝ 2 次，得 60 分； 指标值＝ 1 次，得 80 分； 指标值＝ 0 次，得 100 分	定量
公司组织员工培训计划完成率	实际参训人数 / 计划参训人数 ×100%	基准值：90%；目标值：100%；挑战值 120%	定量

位的绩效指标库，其绩效指标则以具体的工作完成情况为主，定量指标相对较少。

以其某月的绩效工作计划表部分内容示例，见表 8-2-7。

某月绩效工作计划表部分内容 表 8-2-7

工作事项	权重	工作要求描述
一期 E 区室外景观施工	15%	4 月 15 日前全面完成
一期 E 区分项验收及入伙所需资料准备，达到入伙条件	10%	4 月 15 日前完成
一期 D 区地下室顶板景观、管网改造	10%	4 月底前完成
营销配合工作	10%	按营销部要求完成
项目前期设计总结	15%	4 月 30 日前提交
一期 D 区入伙整改	5%	客户提出 15 天内完成整改
一期 D 区消防、人防工程施工	5%	4 月底前完成施工（施工单位配合为前提）

由此可见，对于具体的执行岗位，难以量化，其绩效的主要构成需要和项目的具体内容相关。从表 8-2-7 我们可以清晰地发现，对于占绝大多数的基层项目人员而言，是难以通过量化的 KPI 指标来衡量，而是需要以具体的项目工作计划为依据，进行评估考核。

需要注意的是，在实际工作中，考核指标会随着工作重点的变化而不断变化，需要通过对指标进行持续管理，追踪指标的变化情况和实际完成业绩，应该在时间、成本、数量等互相独立的维度设置考核指标，寻求考核中的平衡。若企业内部已经构建了平衡计分卡体系，则应该基于财务、顾客、内部流程、学习与成长等维度构建指标。

三、构建绩效管理要基于项目计划

前文已经提到，绩效考核，通常以月度、季度、半年度或年度为单位，因此绩效管理评估及其考核，往往无法和地产项目以周（甚至天）为单位的快速运营保持同步，导致考核结果必然会滞后于实际的在项目运营，因此难以发挥绩效对业务的指导和管控作用，难以对项目运营过程中的问题给予及时地干预。

房地产企业的项目绩效管理，和常见的其他行业的绩效管理有着较大的差异，房地产的项目运营，强调的是以项目的开发和运营为核心。

地产企业70%绩效指标是和项目工作计划相关联，因此，我们就应该基于项目计划为核心，设计管理层和执行层的绩效管理体系。因此，基于地产企业项目运营的特定前提下，我们可以考虑基于项目计划设计绩效管理体系。

我们来看一个完整的地产项目计划如何进行分解、执行和反馈。图8-2-4为常见的地产项目开发计划，有些企业也称之为项目发展计划，或者项目总控计划。

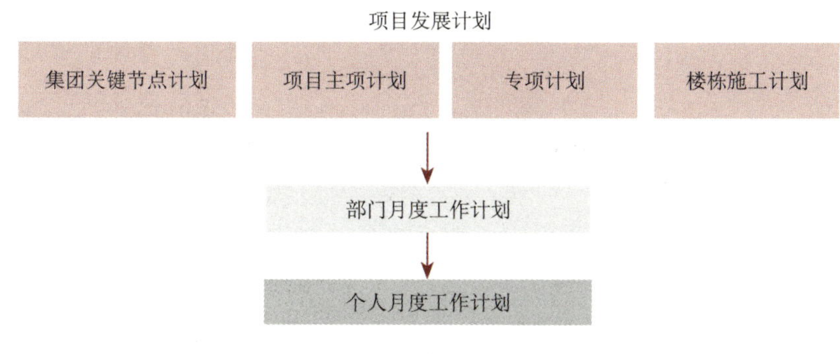

图8-2-4

在总控计划中，一般可以细分为多级计划：集团关键节点计划、项目主项计划、专项计划以及楼栋施工计划，每级计划均由不同的人员关注。在有些企业，将项目计划的所有任务分为：里程碑节点、总控关注点、阶段性成果以及一般工作项等四个类别。

将计划任务根据时间维度分解下达后，根据任务的划分，可以形成部门以及个人的月度工作计划。在此基础上，我们可将绩效KPI指标及相关行为考核内容列入部门及个人月度工作计划，将项目任务及绩效指标同时下达到部门或个人；当执行人员对计划任务进行反馈时，可以将KPI、绩效任务同时进行反馈，最终实现绩效和计划体系的联动，实现基于项目计划构建绩效管理体系。

由图 8-2-5 可以得知，项目、部门、个人月度绩效计划，均主要由相关责任人依据企业年度经营目标、项目绩效目标、项目计划等为核心内容进行抽取，其顺序依据项目月度绩效计划、部门月度绩效计划、个人月度绩效计划逐级分解。

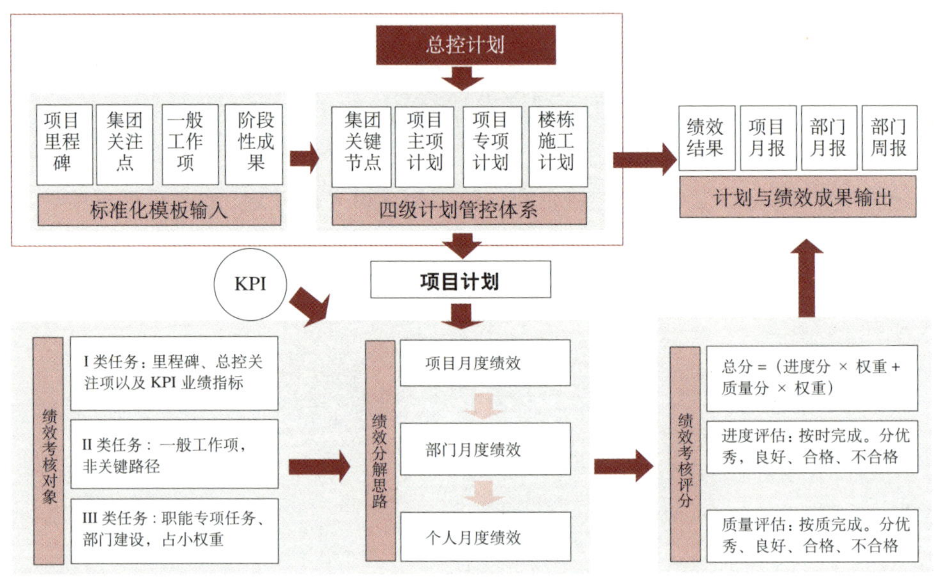

图 8-2-5

因此，要构建基于计划的绩效管理体系，应该采取如下 4 个步骤（图 8-2-6）：

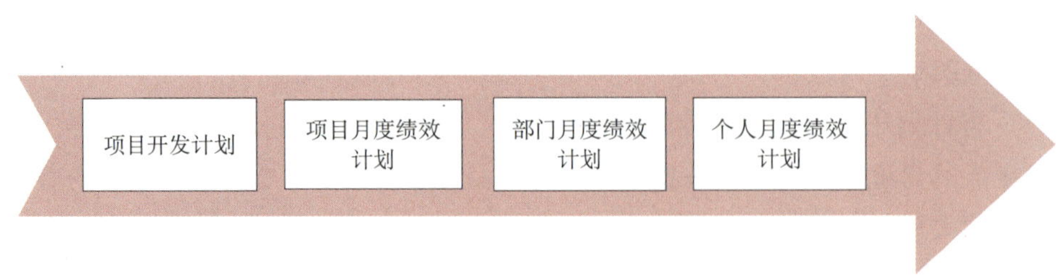

图 8-2-6

1. 编制项目开发计划

根据企业内部的项目开发计划模板，编制符合集团、分公司、项目多级管控的完整的项目开发计划。由于地产项目开发周期长，过程比较复杂，其任务项一般会超过200项以上，有些地产企业的项目计划甚至多达1000项以上。该项目开发计划的编制，一般是由项目负责人或计划经理负责，在过程中主要根据企业内部的计划标准模板进行编制。

2. 编制项目月度绩效计划

将项目开发计划，按月度切片进行分解，形成项目月度工作计划；此时，列入或增加项目绩效指标，形成项目月度绩效工作计划。

由于项目绩效月度计划，其绩效考核对象为项目负责人，因此项目总经理首先需要编制项目月度绩效计划，在该计划中可列入对项目各职能部门的工作配合及相关需求，并明确各责任部门。

项目月度绩效计划编制的依据主要来源于：

- 项目开发计划；
- 当月及跨月项目关键任务节点；
- 项目年度绩效KPI指标；
- 企业相关年度经营目标及相关管理要求。

3. 编制部门月度绩效计划

部门经理将项目绩效工作计划，根据责任部门进行按月度分解，形成部门月度工作计划；此时，列入或增加部门绩效指标，形成部门月度绩效工作计划，并明确各责任人、进度与质量目标、任务权重等。

其编制的依据主要来源于：

- 部门年度绩效指标；
- 项目月度绩效计划。

4. 编制个人月度绩效计划

各责任人根据部门月度绩效计划责任归属，编制形成个人月度工作计划；此时，列入或增加个人绩效指标，明确各任务权重配比关系，形成个人月度绩效工作计划。

经过上述步骤后，就已经完成了将项目工作计划、项目绩效融合分解到了部门及个人，形成了项目月度绩效计划、部门月度绩效计划和个人月度绩效计划，完成了项目计划和绩效指标的同时下达。

在绩效计划中，其任务主要包含这些内容：项目里程碑节点、总控关注点、关键路线任务、部门年度绩效指标、绩效相关的关键任务、学习与成长等内容。如何清晰有效地分配这些任务构成部门和个人的月度绩效计划呢？可以考虑采取如下方式将任务进行结构化分类：

I 类任务：项目开发计划中的里程碑节点、总控关注点、关键路线任务、部门年度绩效指标、绩效相关的关键任务；

II 类任务：为完成项目未来 I 类计划所需的前导性工作、各项目其他非关键路线工作任务、前期未完成且当期应完成的相关工作；

III 类任务：部门持续性发展目标及部门建设工作，如学习与成长类相关任务等。

对工作任务进行结构化分配之后，需要设置工作任务权重分配，具体比例可以根据企业实际情况进行设定。

我们在此分享某标杆企业内部的权重比例设定原则：

I 类任务累计权重占关键任务指标的 40% ～ 80%，其中 KPI 权重累计限定为 0 ～ 60%，里程碑节点单项权重至少为 10%；

II 类任务累计权重占关键任务指标的 0 ～ 20%；

III 类任务权重累计限定为 0 ～ 10%；

三类任务权重相加等于 100%。

对于财务、行政等保障支持性部门或岗位权重设定可以根据实际情况设定。

在反馈任务进度时，通过项目计划体系反馈了 KPI 指标、绩效任务、项目计划关键或非关键任务的执行、反馈和评估，绩效管理体系通过抽取相关绩效指标及任务，从而汇总形成绩效的考核和评估。

地产企业的绩效管理体系与计划管理体系紧密配合，这两大管理体系之间有着深刻的联系：绩效管理是以计划管理为基础；计划管理则是以绩效管理为依托推动执行。如果没有严格的计划管理体系就无法对员工的计划完成情况进行评价，计划经常变化或者项目运作不注重计划性，项目的绩效管理体系也无法发挥作用。

由此可见，将项目计划和绩效反馈紧密结合，不仅可以大大减少绩效填写反馈的工作量，快速提升绩效考核质量，还可以将绩效管理对计划任务的评估实时反馈到项目计划，对项目计划执行提供强有力的支撑和保障。

第三节 六步快速构建高效项目运营绩效管理

由上述我们可以看到，企业要破解面临的三大困境，要构建适应项目高效运营的绩效管理体系，基于我们对目前行业的广泛调研和研究，需要重点做好如下三方面工作：

➢ 设定项目绩效指标——设定适宜公司发展期望的项目绩效指标，以此作为构建项目团队绩效体系的根本指引，从而可以确保项目的成功。

➢ 构建计划绩效体系——基于项目的开发计划任务为依托，构建绩效管理体系，在项目开发计划分解形成部门计划、个人计划时，融合相关的KPI绩效指标，设定好工作任务和KPI绩效指标的权重比例，可以构建基于项目开发计划为核心的绩效管理体系。

➢ 计划绩效反馈联动——通过绩效反馈和任务反馈关联，即在完成项目例行汇报时，同时完成绩效指标的填写汇报，通过质量或进度等多个维度进行评估，可以通过绩效实时指导和控制项目工作。

那么企业如何才能快速构建高效的项目运营绩效管理体系呢？我们根据实

践整理了快速实施项目计划绩效联动6步法，而对于绩效评分如何分布以及绩效结果如何使用,则将不进行重点介绍。该6步法包括如下6个步骤（图8-3-1）：

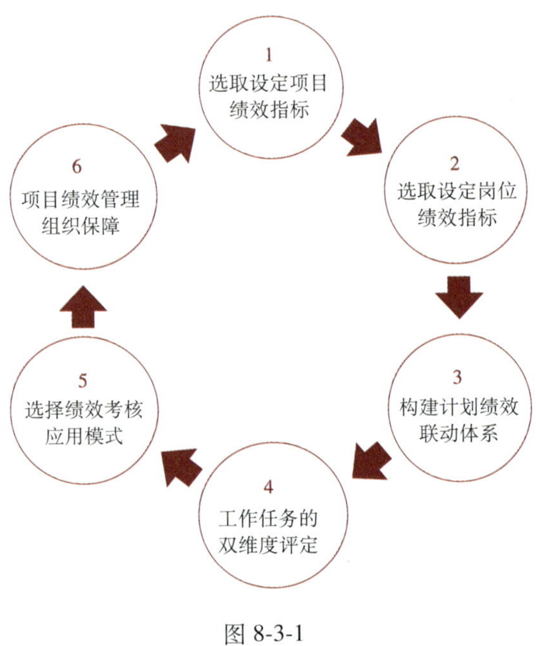

图8-3-1

第1步：选取设定项目绩效指标

上文已经提到，项目绩效管理指标的选取，是和企业的绩效管理发展阶段与应用水平紧密相关，决定和指引着后续项目部门、个人绩效的设定。

因此，企业根据发展战略需要，设定多维度的明确的项目绩效指标，对于指引项目运营按照既定的目标和方向进行，是非常关键的绩效管理环节。

在完成公司级（项目）的绩效指标设定之后，接下来就是设计管理层和执行层的绩效指标体系。

第2步：选取设定岗位绩效指标

具体的岗位绩效指标因企业、岗位的不同发展阶段而存在较大的差异，对于指标可以分成定量和定性两种类别。那么究竟该如何设计呢？核心原则如下：

➢ 对于管理人员的考核指标设计方面，越是高层越是采用可量化的指标为主的方式；

➢ 对于执行层如普通员工的考核指标，则强调以工作计划考核为主，KPI指标则相对较少，并辅之以行为指标。

其中，行为指标可以重点关注与公司核心价值观以及公司核心竞争优势等方面的内容，如客户意识、执行力、学习成长、责任心等指标。

如某标杆企业，其指标设计思路如下：

➢ 对于总监层面（包括副总）的考核通常基于采用4、5、6方式，即平衡计分卡的4个维度、客户满意调查的5个维度（包括新客户购买率、客户满意度、投诉率、重复购买率、推荐购买率等）以及员工满意调查的6个维度（包括工作回报、工作背景、人际关系、企业管理、企业经营、工作本身）。

➢ 部门经理层面则采用所管理的部门的平衡计分卡的指标分解，并会结合行为指标及管理能力进行评价。

➢ 对于普通员工的考核，则主要以计划考核为主（通常占70%），比较少运用量化的KPI指标，行为和能力指标大约占30%左右。

第3步：构建计划绩效联动体系

基于项目计划构建绩效管理体系，重点需要平衡好KPI的权重要分配问题，需要考虑权重如何合理化。在实际中，可以采用5分跳跃经验法来确定。比如说在本月绩效构成中，总共有3项KPI指标，按比重应该占60分，那么平均每项就是20分，重要程度上升一级权重就增加5分，反之，重要程度下降就减少5分。

当然，企业内部的权重比例如何分配比较合理，可以在最终确定KPI指标值前，进行KPI考核模拟。即考核人和被考核人对可能达到的考核值进行一个试算，分值大部分应该落在70～90分值之间，这样可以避免绩效权重分配时出现避重就轻的问题。

第4步：工作任务的双维度评定

如何对融入项目绩效KPI指标的部门及个人月度绩效计划进行考核和评

估？如何对I、II、III等三类指标进行评价呢？由于项目开发计划每项任务均存在着上下游相互影响的可能性，因此应该通过进度与质量两个维度进行评价，形成进度分与质量分，并按照进度分与质量分的各自权重比例，综合起来按百分制进行评定，比如各占总分的50%等进行加权平均计算。示意图如图8-3-2所示。

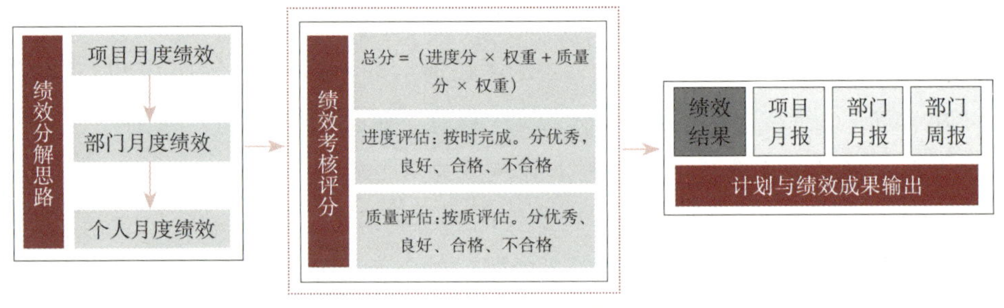

图 8-3-2

➢ 进度分的评定人员：主要由部门负责人打分；若有工作成果，则由工作成果的下游使用部门负责人打分；若成果未涉及下游部门的，则由上级领导评定即可。

➢ 质量分的评价人员：服务支持项目的工作质量分由项目负责人打分。其他工作的质量分可由工作成果的使用部门负责人打分。工程施工质量分、营销目标及营销计划质量分可由上级公司的相关部门介入进行评价。通过设定项目任务或项目成果的上下游相互评价机制，上下游的工作人员也会关注或监视着前面工作节点的完成情况，因为如果之前延期或者出问题了，他们也会受到影响，从而可以保障项目每项任务的质量合乎要求，加强了内部的协作效率和质量。

当然，对于工作任务的评估，具体可根据集团、公司、项目的管理运营要求，设置不同的评定细节，以适应企业自身的具体情况。一般而言，可参考以下几个基本原则：

➢ 工作要求描述：必须写明完成的具体时间，不可笼统地计为月底，并且符合公司及项目的进度要求。必须写明完成的具体成果（最终成果或阶段成果，未写明的按最终成果计）。

➢ 上下游确认：有些事项只是下游部门的主要工作，上游部门月度计划中并不列入，下游部门应该主动找上游部门沟通，明确（签字确认为佳）其对该项工作结果的要求。

➢ 工作质量评定者：工作成果的使用者。使用者涉及多个部门时，分别评价后加权平均。成果未涉及下游部门的，由上级领导评定。

需要说明的是，企业应该根据自身的实际情况，设置考核分数对应的优秀、一般、及格、不合格等考核等级。对于个人及部门在不同考评等级上的数量分布，可以考虑采用强制分配的思路进行设计，并根据企业的实际绩效制度，设计不同考核等级对应的绩效结果系数，以计算员工的绩效部分工资，本篇对此部分内容不再赘述。

第 5 步：选择绩效考核应用模式

由上述我们可以看到，基于计划的绩效管理体系，其管控的颗粒度，可以从项目绩效、部门绩效到个人绩效。为了适应不同企业的实际情况与发展阶段，其管控的颗粒度可以有所侧重，主要可以分为如下三种应用模式（表 8-3-1）：

➢ 项目考核型：强调的是对一线项目的运营能力指数进行统一管理和考核，可以有力地保障和促进项目的高效运营。一般而言，该模式适用于管理成熟度较高的企业，可以抓大放小，给予下属公司较高的自由度。

➢ 部门考核型：强调的是以部门为维度进行考核，个人的考核在部门内部自主进行，因此其考核带来的工作量相对较少，管理相对简单粗放，适用于企业处于快速发展阶段。

➢ 岗位考核型：这种模式涉及个人的绩效评定，因此其工作量相对比较大，但是可以实现将项目开发计划逐一落实到责任人，管控精细，适用于企业处于相对成熟的阶段。

企业可以根据自身的发展情况，选择适合自身的绩效考核应用模式。

绩效考核应用模式 A　　表 8-3-1

应用模式	管控颗粒度	适用情况
项目考核型	✓ 通过对一线项目公司进行整体考核，强调对项目运营效率能力的考核，主要通过季度、年度检查项目运营指标的达成。 ✓ 对于一线项目公司内部的考核和管控，则给予较大的自治权，集团职能部门对分公司的对口业务部门给予业务指导和建议为主	✓ 适用于战略管控型的集团，对一线项目公司进行整体考核，其分公司内部的考核则由分公司自行进行
部门考核型	✓ 绩效编制方式： • 基于项目绩效指标、开发计划形成部门月度绩效计划，基于部门月度绩效计划、个人绩效指标分解形成月度绩效计划。 ✓ 考核评估方式： • 通过部门负责人对部门任务项的进度和成果进行反馈后，由项目负责人进行进度和质量的二维评价，完成对部门的月度绩效计划评估（对于任务进度的反馈和评估，可以用部门文员统一填写之后，交由部门负责人审阅后提交）。 • 对于个人月度绩效计划，主要由部门负责人进行审核即可，可以和项目开发计划相脱离。 • 项目负责人考评可以以季度、半年度、年度为维度进行考核，考核的形式主要为关键绩效指标（主要由人力资源部或绩效管理委员会组织考核）	✓ 企业处于快速成长阶段，内部绩效、项目管控体系均有待提升
岗位考核型	✓ 绩效编制方式： • 基于项目绩效指标、开发计划形成部门月度绩效计划，基于部门月度绩效计划、个人绩效指标分解形成月度绩效计划。 ✓ 考核评估方式： • 通过对个人任务项的进度和质量的二维评价，完成对个人绩效计划的评估。 • 基于个人月度绩效计划的评估，完成部门的月度绩效计划评估。 • 项目负责人考评可以以季度、半年度、年度为维度进行考核，考核的形式主要为关键绩效指标（主要由人力资源部或绩效管理委员会组织考核）	✓ 企业内部形成规范的绩效管理体系； ✓ 内部形成标准的项目开发总控计划； ✓ 企业处于成熟稳定阶段

第 6 步：项目绩效管理组织保障

我们可以看到，基于项目开发计划为核心的绩效管理体系，其考核的组织有两个部门，一是传统的人力资源部；二是负责项目计划运营的管理部门。但是考核的侧重点发生了比较大的差异，如表 8-3-2 所示。

绩效考核管理体系　　表 8-3-2

考核对象	人力资源部主责（绩效管理委员会）	计划运营管理部主责（运营管理中心）
项目负责人	●	◎
部门或部门负责人	◎	●
员工（开发设计等专业）	◎	●
员工（行政人力等职能）	●	○

注：●表示负主责；◎表示协助或审查；○表示不参与。

将项目运营过程中的核心业务环节和职能管理的考核相分离，可以实现对项目运营过程的精准管控。涉及项目开发计划等核心业务环节，由企业内部的计划运营管理部主要负责，人力资源部只是审查其考核的合规性与公平性；而对于项目负责人、行政人力等管理部门或职能部门员工，则主要由人力资源部负责考核。具体的组织保障形式，可以根据企业的具体情况设计集团—公司—项目或公司—项目等多级组织绩效管理体系。

通过以上 6 步构建基于项目计划的绩效管理体系，通过项目计划可以实现对任务及绩效指标的及时反馈，通过绩效管理实现对项目业务的及时指导和控制，最终牢牢把握项目绩效指标的成功实现。

第四节 项目运营绩效案例解读

一、百亿A房企如何构建部门考核型项目绩效体系

1. 管理现状

A企业是西部发展起来的地产百强企业，近年以“依托基地，挺进长三角，拓展环渤海，扩大中西部，发展中等城市”的全国化扩张战略思路，成功进入北京、重庆、四川、湖南、江苏等省（市）的10个城市进行项目开发，每年以约30%的业绩增长在全国化扩张步伐稳步向前，2010年更是以130亿的业绩跻身地产百亿军团。

目前，A企业总部仍采用的是较大规模的职能型管控。常规来讲，采用职能型总部管控模式的企业，一般是立足于本地化或初期小规模异地化发展。一般总部的管理半径、管理幅度、管理内容面临大幅度的增加，会减缓集团规模化的发展和运营效率，产品品质也极可能出现严重下降。但从近年A企业的发展来看，其发展速度不但没减缓，且各地产品质量仍得到了市场广泛的赞誉，这和其内部选择使于基于项目计划的绩效管控的关键考核型应用模式有一定关系。

2. 解决思路：基于计划的关键考核型项目绩效体系

1）《年度目标责任书》的编制支持与跟踪管理

每年初，集团总部对各城市公司都会下达《年度目标责任书》，按财务维度、客户维度、运营维度、学习成长与可持续发展四个维度划分，涉及城市公司所有职能部门的主要年度目标。城市公司负责人的年度绩效评定是以《年度目标责任书》为主要指标，城市公司各分管副总的年度绩效指标也需包括《年度目标责任书》中对应的指标。

年初经营目标制定时，总经办主任组织总经办依据各项目的总控计划与各

项目的目标收益模型，制定城市公司年度经营目标的初稿，提供给总经理及分管副总提供经营目标设定的参考。经营过程中，总经办定期（按月、季）对《年度目标责任书》中经营性指标实现的过程统计、回顾，并将重大风险提供给总经理及城市公司经营管理团队。每年末，《年度目标责任书》中所有指标经集团各分管部门审核评价后，总经办负责《年度目标责任书》中所有指标的汇总统计。

年终，在城市公司对年度目标达成情况自查基础上，集团本部相关职能部门将对各地产公司年度指标进行评价与考核。考核结果即为地产公司年度绩效，并直接影响地产公司上自董事长、总经理，下至基层员工的年度收入。

2）部门月度计划先由计划经理审核，再由分管副总或总经理批准

A 企业城市公司中，部门月度计划由部门负责人编制，通过计划信息系统提交给计划经理审核，最后由分管副总或总经理批准。消除了项目计划管理与部门计划管理脱节的问题。

部门负责人每月 28 ～ 30 日编制部门月度计划，需按将月度计划目标按“关键业绩指标、重点工作、基础工作”进行分类，并对每一项工作制定权重，其中“关键业绩指标、重点工作”要求不低于 80%。“关键业绩指标、重点工作”中涉及项目进度计划的工作，要求必须从信息平台中的“项目计划”中引入，以建立部门月度计划与项目计划的相关性、一致性。需其他部门或岗位支持配合的工作必须在部门计划中写明。

计划经理在审核部门月度计划时，重点审核部门月度计划的四个方面：

➢ 部门计划是否有漏项。计划会议上确定的项目计划工作分解，部门负责人是否都列入了部门计划；需要前置性开展的项目计划是否已考虑了。

➢ 部门计划的完成日期是否满足于各项目计划中的要求。

➢ 涉及项目计划的工作项权重配比是否合理。避免项目计划中的工作在部门计划中被弱化。

➢ 需要体现部门间的重点支持配合工作。规避和协调此类问题：A 部门列出某项工作需要 B 部门重点支持，但 B 部门的计划中并没考虑给 A 部门提供支持。

分管副总及总经理在批准部门月度计划时，将综合部门负责人、计划经理的意见给出决策和批准意见，最终形成各部门月度计划。

3）部门月度计划达成情况先由计划经理核实，再由分管副总或总经理考核评价

每月末各部门负责人将反馈和自评部门计划完成情况，计划经理对各部门计划完成情况进行核实，核实后的部门月度计划完成情况表将送达至各部门分管副总及总经理，并以此作为月度计划会议的上会准备资料之一。

月度计划会议上，计划经理将对各部门计划达成的点评，分管副总或总经理会依据计划达成核实情况对所管部门月度计划达成进行评分。计划会议后履行正式的工作流审批，形成各部门月度计划达成的最终评分。

4）部门月度计划考核结果作为部门月度绩效得分

集团各部门、城市公司各部门的部门月度计划就是各部门的月度绩效目标，部门月度计划的达成得分就是各部门的月度绩效得分，直接应用于各部门月度绩效奖金的计算。由于计划考核与绩效考核在月度上的紧密结合，很好地牵引了和激励了各部门对项目目标的统一、对项目计划的重视，同时也赋予了计划经理有效的正式权力。

5）周计划——部门月度计划管理的必要补充

在城市公司生产经营过程中，新情况、新问题不断出现，仅有月度计划是不够的。A 企业还规定，各城市公司必须每周定期召开工作计划会，补充月度工作内容、协调计划执行中出现的问题、统筹推进各职能部门工作，保障月度计划完成。

6）公司年度的项目绩效考核指标量化

A 企业对城市公司的项目绩效考核指标以量化为主。例如，项目的进度年度考核指标主要为“关键节点达成、关键节点调整率”，占公司年度平衡计分卡 9% 的权重。

关键节点达成的考核中，“交房”节点控制最严，每延误 1 天，扣权重的 5%，且不保底；“取得施工许可证、示范区展示”节点控制次之，并给予了一定的激励，每提前或延后 1 天，增减权重的 5%；其他关键节点如延误 10 天以上，每延误 1 天，扣权重的 5%。

7）业务流程效率的量化考核

A 企业在城市公司的各类业务流程中，制定了较细致的时间效率衡量标准。例如 A 企业在实际执行过程中，对一般的审批工作流程设置了通用的、严格的、细化至每个审批步骤的时间限制，审核、会签的审批时限为16个工作小时，最终审批步骤的时限为24个工作小时。

综上，A企业在多城市多项目并联开发模式下，其总部仍采用的是较大规模的职能型管控，其基于计划和绩效联动构建的项目绩效管理体系，其管理的颗粒度是以达到部门级，强调通过对部门的绩效管理，实现对项目绩效指标的达成。

二、跨区域发展中B房企如何构建岗位考核型项目绩效体系

1. 管理现状

B企业是经过国家工商总局核准成立的跨行业、跨地区的外商投资集团公司，正式成立于1996年，主要从事房地产开发、物业管理、不动产担保等业务。经十余年发展，B企业已成长为立足深圳、在中国具有领先地位的大型商业及住宅综合性地产开发集团，连续六年被中国指数研究院评比为中国房地产百强企业。

2005年，B企业制定“3 + 2 + X”全国战略发展规划，锁定珠三角、长三角、环渤海三大经济圈作为重点区域，优先进入一线城市，并辐射周边有潜力的二线城市，时机适当时，布局中部、西部的重点潜力城市。

目前，B企业已经形成了商务和住宅物业并举的“双引擎”业务开发模式，藉CBD商务标杆和城市人居引领者定位，有效抵御风险，在一线及高GDP高增长城市不断推出商务和住宅系列产品。

目前B企业内部构建了计划管理系统，在计划管理系统中，构建了具有对基层员工进行考核的绩效管理模块。

2. 管理面临问题

伴随B企业业务模式从过去商业地产为主到以商业、住宅地产并举的转变，伴随B企业跨区域多项目发展中集团与分公司管控边界、权责的变化，B企业整个内部计划管理开始出现诸多问题，具体如下：

➢ 集团缺乏集中规范和制约：集团对各分公司计划缺乏集中规范和有效管理，比如缺乏项目总控计划标准模板，而各分公司大多按各自理解执行计划，导致不同分公司计划管理水平参差不齐，集团很难管控。

➢ 计划管理粗放混乱：主要表现在计划编制与计划实际执行完全脱节，而在计划的具体编制上过于复杂、计划调整麻烦、计划考核缺乏量化数据和客观依据使得绩效管理效果不佳，最终出现计划编制难、调整难、考核难三大典型问题。

➢ 计划与绩效脱节：计划系统和绩效管理模块分属两个部门，管理体系没有有效结合，因此导致计划与绩效相互脱离，绩效管理与计划管理对于分公司的管控形成了“两个山头”。这也直接带来B企业计划人员对计划系统的相关任务进行汇报和反馈后，还需要在绩效模块进行反馈和评价；计划发生调整之后，还需要人工在绩效模块中进行调整。

3. 解决思路：基于计划的精细考核型项目绩效体系

为更好解决计划管理与绩效管理脱节问题，以及在内部推行以结果为导向的绩效文化，最终B企业借助明源计划管理信息系统，实现了B企业计划与绩效在信息系统中紧密绑定和深度联动。通过对项目总控计划的精细、量化管理，确保了各职能部门计划支撑服务于项目计划，并最终确保公司年度经营目标和项目总控计划得以按计划实现。

需要注意的是，对于项目所涉及的职能部门和基层员工，实现了基于计划管理系统的绩效考核，其绩效考核周期为每月进行；而对于项目负责人、分公司负责人、集团职能部门的考核，则采用传统的BSC方式进行，考核周期则根据岗位级别的差异，分为按季度或半年度进行绩效考核。

B企业计划管理关键思路是实现计划与绩效绑定、构建绩效驱动的项目总控计划管理体系通过以绩效驱动计划执行，保障了计划执行的严肃性和达成率，具体构建思路如图8-4-1所示。整个思路分为四步。

➢ 其一是首先让计划本身规范化、标准化，并实现计划自身的易编易调，此为基础。

➢ 其二是根据项目总控计划和年度目标编制绩效，具体按照项目总控计

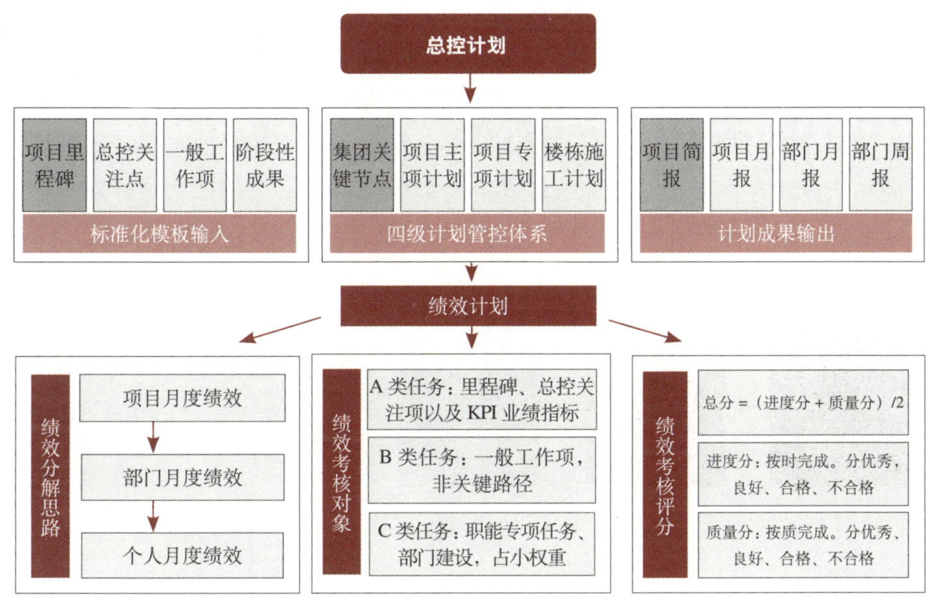

图 8-4-1

划—项目月度绩效—部门月度绩效—个人月度绩效对计划进行相应绩效的分解。

➢ 其三是明确计划的考核对象，将所有计划划分为差异化的 A、B、C 三类。

➢ 其四是在执行中考核的多维度评价计划执行的好坏，最终得到各部门、各员工的绩效评分。

4. 构建基于绩效驱动的计划管理的两大关键步骤

1）确保计划易编易调与规范——细分总控计划、做好标准模板、强化计划编制规范

B 企业为更好实现项目总控计划管理的标准和精细化，对整个项目总控计划进行了规范设置。具体而言，集团项目管理中心对计划编制做了规范和统一，并在不同产品维度（别墅、洋房、小高层等）设置了各自的项目里程碑节点和总控关注点工作项，最终在此基础上形成一套标准化的总控计划模板。在这个标准化模板上，各分公司只要调整一般工作项就可快速编制总控计划，而在计

划执行上为更好调整，B 企业要求对项目的里程碑节点不设置前置上下游关系，对总控计划的工作项也不进行强关联。

2）绩效层层编制路线——立足项目总控计划，构建以绩效驱动的计划管理

项目总控计划编制的规范和标准，是 B 企业后续绩效管理关联绩效管理的前提和依据所在。整个基于绩效驱动的计划管理遵循了“项目总控计划—项目月度绩效—部门月度绩效—个人月度绩效—绩效评分”，详情请见图 8-4-2。

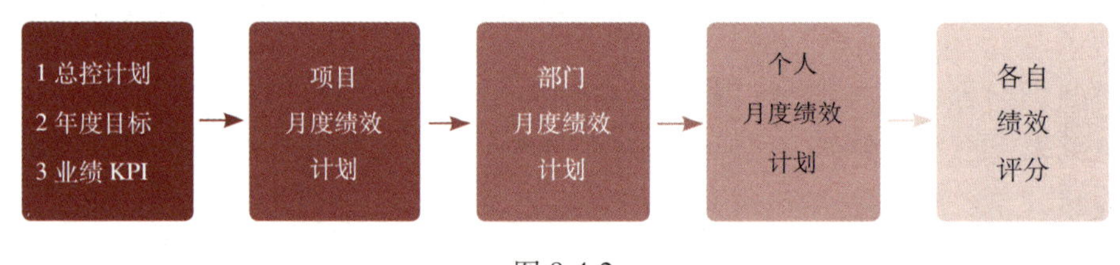

图 8-4-2

具体内容如下：

➢ 项目月度绩效计划：由项目总经理在每月 25 日前根据项目总控计划、当前项目关键路线、公司年度经营目标及运营决策以及集团对项目营销目标和营销计划的建议，制定下月度的《项目月度绩效计划》，并对各职能部门提出配合需求。

➢ 部门月度绩效计划：每月 28 号前 B 企业各职能部门和项目部根据《部门年度目标责任书》、《项目月度绩效计划》编制《部门月度绩效计划》，并明确各项目工作任务责任人，进度与质量目标、工作评级人以及各项任务权重。

➢ 个人月度绩效计划：部门负责人在《部门月度绩效计划》发布后，与部门员工沟通后将部门工作任务具体分解到具体责任人，最终细化为个人月度绩效计划。

综上，计划系统直接关联 B 企业核心运营体系，并同时包含了部门日常工作，可谓涉及面广、重要程度高、因此 B 企业计划管理的好坏也直接反映了企业运营的好坏。

B 企业通过以绩效驱动计划的岗位精细考核型应用模式，借助信息化精细的管理手段，基于项目计划构建了绩效管理体系，实现了基于项目任务对绩效的实时反馈，也通过绩效的管控可以实时指导项目计划的达成，从而有效保障和支撑了项目的高效运营。

【总结】

由于房地产的项目运营，是以项目的开发和运营为核心，因此也需要人力资源部门考虑如何将绩效管理体系和计划管理体系紧密配合。

从目前在行业内的实践来看，基于项目计划的绩效管理体系，充分发挥了项目计划反馈实时高效的优点，也发挥了绩效管理指导控制的结果导向型特点，两个体系相得益彰，大大减轻了企业、部门以及员工的考核工作量。而项目考核型、部门考核型以及岗位考核型的多种应用模式，可以满足地产企业从粗放到快速成长等多个发展阶段的绩效管理。地产企业人力资源部门，也可以根据自身的实际情况，结合被考核部门的职责差异，对部分实施细则和细节进行调整，以更好地契合项目的绩效管理。